Eine lernfeldorientierte Prüfungsvorbereitung

von

Grit Dietze
Odette Steiner

unter Mitarbeit der Verlagsredaktion

Unsere Autorinnen:

Dietze, Grit: Lehrerin für Krankenpflege am Institut für berufliche Bildung des Vivantes Klinikum Berlin; Diplom-Medizinpädagogin; Fachkrankenschwester für Anästhesie und Intensivmedizin

Steiner, Odette: Bereichsleiterin Pflege des Zentrums für berufliche Bildung an der Akademie der Gesundheit Berlin/Brandenburg e.V., Campus Berlin-Buch; Diplom-Medizinpädagogin; Krankenschwester

Weitere Titel der Reihe „In guten Händen"

Altenpflege, Band 1
(ISBN 978-3-464-45211-0)
Altenpflege, Band 2
(ISBN 978-3-464-45212-7)
Arbeitsbuch 1
(ISBN 978-3-464-45281-3)
Arbeitsbuch 2
(ISBN 978-3-464-45282-0)
Handreichungen für den Unterricht zu Arbeitsbuch 1 und 2
(ISBN 978-3-464-45213-4)
Anleitung und Prüfungsvorbereitung für die Praxis
(ISBN 978-3-464-45284-4)

Projektleitung: Edith Schlicht
Redaktion: Anja Lull
Umschlaggestaltung: Wolfgang Lorenz
Layout: sign, Berlin
Technische Umsetzung: sign, Berlin
Titel: Joachim Gottwald, Berlin

www.cornelsen.de

1. Auflage, 2. Druck 2007

Alle Drucke dieser Auflage können im Unterricht nebeneinander verwendet werden.

Druck: CS-Druck CornelsenStürtz, Berlin

ISBN 978-3-464-45285-1

 Inhalt gedruckt auf säurefreiem Papier aus nachhaltiger Forstwirtschaft.

Vorwort

Mit dem vorliegenden Buch „Vorbereitung für die lernfeldorientierte Prüfung" ist ein weiterer wesentlicher Baustein der Reihe „Altenpflege – In guten Händen" entstanden. Es soll in erster Linie von Lernenden, aber auch von Lehrenden in der Altenpflege als Arbeitsmittel zur effektiven Vorbereitung auf eine lernfeldorientierte schriftliche Abschlussprüfung genutzt werden. Damit wird den Anforderungen der neuen Ausbildungs- und Prüfungsverordnung für den Beruf der Altenpflege Rechnung getragen. In der Rechtsverordnung ist eine Umstrukturierung der Lerninhalte von der bisherigen Fächerstruktur zur Lernfeldstruktur gefordert.

Ziel der Neugestaltung der beruflichen Ausbildung ist es, den Lernenden komplexes berufliches Handlungswissen zu vermitteln. Damit soll ihnen die Möglichkeit gegeben werden, sich besser auf die Herausforderungen der Pflegepraxis vorzubereiten.
Neue lernfeldorientierte Ausbildungsstrukturen erfordern ein neues Prüfungskonzept mit angemessenen Aufgabenstellungen. Bisherige Prüfungsmethoden, bei denen die Wiedergabe punktuellen fachspezifischen Wissens im Vordergrund stand, müssen im Rahmen der Etablierung des Lernfeldkonzeptes zu Gunsten der Überprüfung komplexer beruflicher Handlungskompetenz angepasst werden. Die Entscheidungsträger auf Länderebene sehen diesbezüglich fallbasierte handlungsorientierte Prüfungsaufgaben als eine geeignete Methode an.
Anhand der Prüfungsfälle entstehen berufliche Handlungssituationen als Basis für Prüfungsaufgaben. Die Lernenden werden angeregt, Pflegephänomene zu erkennen, zu benennen und darauf zu reagieren. Zur Bearbeitung und Beantwortung der Aufgaben werden den Lernenden praxisnahe Arbeitsmaterialien an die Hand gegeben.

In Realisierung der Vorgaben der Ausbildungs- und Prüfungsverordnung des Altenpflegegesetzes, § 10 „Schriftlicher Teil der Prüfung", sind zu den Lernfeldern 1.1 und 1.2, 1.3 und 1.5 und zum Lernfeld 2.1 jeweils Aufsichtsarbeiten in einem Zeitumfang von 120 Minuten zu schreiben.
Die von den Autorinnen entwickelten Prüfungssituationen bedienen die in der Ausbildungs- und Prüfungsverordnung festgelegten Inhalte als Themenschwerpunkte mit jeweils einem Beispiel. Die Aufgabenstellungen zu den Prüfungssituationen orientieren sich an den Inhalten der Fach- und Arbeitsbücher der Lehrbuchreihe „In guten Händen". Lösungen können in den jeweiligen Kapiteln nachgelesen sowie in den Fach- und Arbeitsbüchern vertieft werden. Somit können sich die Lernenden mit diesem Buch eigenständig auf die schriftliche Abschlussprüfung vorbereiten.
Die Autorinnen möchten sich herzlich bei den Mitarbeitern des Cornelsen-Verlages bedanken, die durch ihre hervorragende redaktionelle Betreuung und konstruktiven Ergänzungen das Erscheinen des Buches ermöglicht haben.
Den Lernenden wünschen die Autorinnen viel Spaß bei der Arbeit mit dem Buch, aber vor allem viel Erfolg für die schriftlichen Abschlussprüfungen und ihre berufliche Zukunft.

Dezember 2005

Die Autorinnen
Odette Steiner & Grit Dietze

Inhalt

Inhalt

Tipps zur Arbeit mit dem Buch

Allgemeine Informationen:

Die **Arbeitsaufträge** zu den konstruierten Prüfungssituationen bedienen die pflegerelevanten Grundlagen der einzelnen Fachgebiete (Anatomie, Physiologie, Pharmakologie, Soziologie usw.) nur auszugsweise. Aus diesem Grund ist es zur vollständigen Prüfungsvorbereitung notwendig, eigene Unsicherheiten in den pflegerelevanten Grundlagen zu erkennen und zielgerichtet daran zu arbeiten.

Im ersten Teil des Buches finden Sie zahlreiche Fälle als **Prüfungssituationen** mit dazugehörigen Aufgabenstellungen zum intensiven Üben und Vorbereiten auf die schriftliche Abschlussprüfung. Die in diesen Prüfungssituationen bearbeiteten Themen orientieren sich an den inhaltlichen Vorgaben der Ausbildungs- und Prüfungsverordnung des bundeseinheitlichen Altenpflegegesetzes und decken diese ab.

Der zweite Teil des Buches besteht aus **Arbeitsmaterialien**, die Ihnen zur Bearbeitung und Lösung der Aufgaben dienen.

Im dritten Teil des Buches finden Sie drei **Probeklausuren** für den Ernstfall „Prüfung". Eine Klausur sollte in einem Zeitraum von 120 Minuten vollständig bearbeitet werden können. Dies entspricht der vom Gesetzgeber vorgegebenen Prüfungszeit für die schriftliche Prüfung. Ihre Antworten können Sie mit Hilfe der ausformulierten Lösungen im Nachhinein überprüfen. Nicht mogeln!

Tipps zur Bearbeitung einer Fallsituation und zum Lösen der entsprechenden Aufgaben:

1 Lesen Sie sich zuerst die Prüfungssituation und die dazugehörigen Arbeitsaufträge in Ruhe durch.

2 Unterstreichen Sie Textstellen, die Ihnen zur Lösung der Arbeitsaufträge wichtig erscheinen.

3 Bearbeiten Sie die Arbeitsaufträge, wenn möglich, nach der vorgegebenen Reihenfolge. Die Lösungen bauen mitunter aufeinander auf.

4 Die Arbeitsaufträge variieren im Schwierigkeitsgrad. Die ersten Aufträge zu einer Prüfungssituation sind in der Regel einfacher zu beantworten als die letzten.

5 Die einzelnen Prüfungssituationen unterscheiden sich im Umfang der Aufgabenstellungen und damit auch im dazu nötigen Zeitaufwand.

6 Die Lösungsansätze zu einer Prüfungssituation befinden sich jeweils auf der Rückseite. Beachten Sie bitte, dass es sich hierbei um Lösungsskizzen, nicht um komplette Lösungen handelt.

7 Zum Nachschlagen und Überprüfen der kompletten Lösung dienen entsprechende Seitenverweise in die Fach- bzw. Arbeitsbücher der Reihe „In guten Händen".

8 Im zweiten Teil des Buches befinden sich zur vertiefenden Bearbeitung der Aufgaben Arbeitsmaterialien in Form von anatomischen Darstellungen, Dokumentationsunterlagen oder Assessmentinstrumenten.

9 Die Basics im Anschluss an die Lösungsskizzen fassen das Wichtigste zu jedem Thema zusammen.

Nun aber ran an die Arbeit!
Gutes Gelingen und viel Erfolg für die schriftliche Abschlussprüfung wünschen die Autorinnen!

Alter, Gesundheit, Krankheit, Behinderung und Pflegebedürftigkeit; Rehabilitation

Themenschwerpunkt aus LF 1.1

Prüfungssituation

Herr Lupisch will zu Hause wohnen bleiben

Herr Lupisch ist 73 Jahre alt und wohnt in seiner Erdgeschosswohnung in der Nähe des Stadtparks. Er ist Witwer und versorgte sich bis jetzt allein. Er wurde vor drei Wochen auf Grund eines diabetischen Gangräns mit massiven Durchblutungsstörungen zum wiederholten Mal in die Klinik eingewiesen. Der linke Unterschenkel musste amputiert werden, da alle bisher angestrebten Therapien keinen Erfolg brachten.
Bis die Wunde am Beinstumpf abgeheilt sein wird, ist Herr Lupisch nur mit dem Rollstuhl mobil und auf die Hilfe der Pflegefachkräfte angewiesen. Die Wunde ist sehr schmerzhaft und heilt nur langsam. So konnte die Beinprothese noch nicht angepasst werden.
Herr Lupisch soll nach entsprechenden Wundheilungsfortschritten für drei weitere Wochen in eine Klinik für geriatrische Rehabilitation verlegt werden. Er macht sich große Sorgen um seine Zukunft, da er keinesfalls in ein Heim möchte. Die Fortschritte im Rahmen der Mobilisation gehen ihm zu langsam. Nach einem eingehenden Beratungsgespräch mit dem Arzt, der Sozialarbeiterin, einer Pflegefachkraft der benachbarten Sozialstation und seiner Tochter wird gemeinsam entschieden, dass Herr Lupisch zu Hause wohnen bleibt. Voraussetzung hierfür ist eine Umgestaltung seiner Erdgeschosswohnung: Die Schwellen zwischen den Räumen müssen entfernt werden. Weiterhin müssen seine Schränke so umgeräumt werden, dass die wichtigsten Dinge für ihn aus dem Rollstuhl heraus erreichbar liegen. Es ergibt sich auch die Frage nach einem Pflegebett, aus welchem Herr Lupisch mit einer Mobilisationshilfe sicherer aufstehen und sich selbstständig in den Rollstuhl transferieren kann. Durch den Umbau des Badezimmers hätte Herr Lupisch auch wieder die Möglichkeit, die Körperpflege selbstständig durchzuführen. Nachdem die Kostenübernahme geklärt ist, können die Bauarbeiten losgehen.

Arbeitsaufträge

1. Erklären Sie die Begriffe Behinderung, Rehabilitation und Pflegebedürftigkeit. Halten Sie sich hierbei an die gesetzlichen Vorgaben durch das SGB XI, das PflegeVG und die WHO.
2. Interpretieren Sie das Salutogenese-Modell von Antonovsky in Bezug auf die aktuelle Lebenssituation von Herrn Lupisch.
3. Erklären Sie Ihr Verständnis von Gesundheit im Alter. Erläutern Sie dabei, welchen Einfluss die Inhalte Ihrer Altenpflegeausbildung auf Ihr Verständnis hatten.
4. Herr Lupisch wundert sich, dass bei all den neuen Sparmaßnahmen im Gesundheitswesen so viel Geld in den Umbau seiner Wohnung gesteckt wird. Interpretieren Sie den Leitsatz: „Rehabilitation vor Pflege" in Bezug auf die Situation von Herrn Lupisch.
5. Erklären Sie Aufgaben und Zielstellung geriatrischer Rehabilitation.
6. Führen Sie auf, in welchen Einrichtungen geriatrische Rehabilitation geleistet werden kann.
7. Zeigen Sie Möglichkeiten auf, mit denen Herrn Lupischs Motivation zu seiner Genesung gestärkt werden kann.

Lösungsskizzen

1 Behinderung (SGB IX): „Menschen sind behindert, wenn ihre körperlichen Funktionen, geistige Fähigkeit oder seelische Gesundheit mit hoher Wahrscheinlichkeit länger als sechs Monate von dem für das Lebensalter typischen Zustand abweichen und daher ihre Teilhabe am Leben in der Gesellschaft beeinträchtigt ist. Sie sind von Behinderung bedroht, wenn diese Beeinträchtigung zu erwarten ist.“; Pflegebedürftigkeit im Sinne des PflegeVG (§14) liegt bei solchen Personen vor, „… die wegen einer körperlichen, geistigen oder seelischen Krankheit oder Behinderung für die gewöhnlichen und regelmäßig wiederkehrenden Verrichtungen im Ablauf des täglichen Lebens auf Dauer, voraussichtlich für mindestens sechs Monate, in erheblichem oder höherem Maße der Hilfe bedürfen.“, Aktivitäten des täglichen Lebens sind laut Gesetz: Körperpflege, Mobilität, hauswirtschaftliche Versorgung; Rehabilitation (WHO): „…die Gesamtheit der Aktivitäten, die nötig sind, um dem Behinderten bestmögliche körperliche, geistige und soziale Bedingungen zu sichern, die es ihm erlauben, mit seinen eigenen Mitteln einen möglichst normalen Platz in der Gesellschaft einzunehmen.“. 2 Kernstück Gesundheits-Krankheits-Kontinuum; Gesundheit und Krankheit bilden einen fließenden Übergang; gesunde Menschen haben kranke Anteile, kranke Menschen haben gesunde Anteile; Bewegung eines Menschen auf dem Gesundheits-Krankheits-Kontinuum ist abhängig von seinem Kohärenzgefühl und seinen Widerstandsressourcen. 3 Erhaltene Aktivität im Sinne der Ausübung persönlich bedeutsamer Aufgaben und auch bei körperlichen und seelischen Erkrankungen; Selbstständigkeit im Alltag sowie Selbstständigkeit in der Alltagsgestaltung und Lebensplanung; Offenheit für neue Erfahrungen und Anregungen sowie Fähigkeit zum reflektierten Umgang mit Belastungen und Konflikten; Fähigkeit zur Kompensation bleibender Einschränkungen und Verluste. 4 Ziel des Grundsatzes ist die Vermeidung von Pflegebedürftigkeit durch alle geeigneten Maßnahmen von Prävention, Krankenbehandlung und Rehabilitation, dieser Grundsatz ist im Pflegeversicherungsgesetz verankert. Langfristig soll dies auch finanzielle Ressourcen einsparen. 5 Gemeinsame Planung von Diagnostik und Therapie im therapeutischen Team (Pflegende, Mediziner, Ergotherapeuten, Logopäden, Sozialarbeiter und -pädagogen); Einbeziehung von Betroffenen und Angehörigen; gemeinsame Informationssammlung, Planung, Zielsetzung, Umsetzung und Evaluation in kontinuierlichen Teambesprechungen. 6 Schwerpunktmäßig in der geriatrischen Rehabilitationsklinik; geriatrische Rehabilitation ist auch in Einrichtungen der Kurzzeitpflege, stationären Altenpflegeeinrichtungen, in Tageskliniken, ambulant oder als mobile Rehabilitation im häuslichen Umfeld möglich. 7 Bedürfnisse und Prioritäten berücksichtigen, an biografische Erlebnisse anknüpfen, positive Bestätigung bei Teilerfolgen, gemeinsame Therapiezielfestlegung.

Basics

Gesundheit im Alter ist nicht allein eine Frage der körperlichen und seelischen Gesundheit, sondern vielmehr ein komplexer, mehrdimensionaler Prozess, der neben gesundheitlichem Wohlbefinden und gesundheitsbewusstem Verhalten auch die aktive Lebensführung und eine positive Lebenseinstellung umfasst.

Nach dem → Salutogenese-Modell von A. Antonovsky spielen Faktoren (Kohärenzgefühl, Widerstandsquellen) eine Rolle, die die Ressourcen, Belastungen, Lebensweise und Einstellungen der Person in der Vergangenheit und Gegenwart betreffen. Ebenso beeinflussen Faktoren, die die allgemeinen gesellschaftlichen Bedingungen, soziale Beziehungen, Wohnbedingungen, ökologische und infrastrukturelle Bedingungen betreffen, die Gesundheit im Alter.

Im Rahmen der geriatrischen → Rehabilitation sind alle Maßnahmen auf die Erhaltung und Erlangung größtmöglicher Selbstständigkeit alter Menschen ausgerichtet.

Der Grundgedanke der rehabilitativen Pflege alter Menschen ist nicht die Reintegration ins Berufsleben oder die Heilung aller Krankheiten, sondern vielmehr die „Hilfe zur Selbsthilfe“ mit einer größtmöglichen Selbstbestimmung für den Betroffenen. Geriatrische Rehabilitation ist das Ergebnis einer erfolgreichen Zusammenarbeit im → therapeutischen Team einerseits und die kontinuierliche Einbeziehung des Betroffenen und seiner Angehörigen andererseits.

Salutogenese-Modell → S. 44

Rehabilitation → S. 47

therapeutisches Team → S. 365

Konzepte, Modelle und Theorien der Pflege

Themenschwerpunkt aus LF 1.1

Prüfungssituation

Pflege braucht Wissenschaft

Sie befinden sich im dritten Ausbildungsjahr und stehen kurz vor Ihrem Staatsexamen. Mit Ihrer Pflegelehrerin, Frau Siegel, verstehen Sie sich sehr gut. Sie schafft es immer wieder, Sie vor allem auch zu schwierigen Unterrichtsthemen zu motivieren. Sie erinnern sich noch gut daran, wie Frau Siegel Ihnen das Thema „Pflegewissenschaft" nahe gebracht hat. Damit hat Sie bei Ihnen Interesse geweckt und Sie veranlasst, ab und zu in wissenschaftlichen Büchern zu stöbern und einen Pflegekongress zum Thema „Pflegetheorien" zu besuchen.

Frau Siegel hat mit Freude Ihr Engagement während der gesamten Ausbildungszeit verfolgt. Heute kommt sie im Schulhaus auf Sie zu und bittet Sie darum, den Schülerinnen im ersten Ausbildungsjahr einen Vortrag zum Thema „Pflegetheorien" zu halten. Sie sind zunächst skeptisch, ob Sie dieser Aufgabe gewachsen sind, sehen jedoch darin auch die Chance, Ihr Wissen und die letzten Neuigkeiten vom Kongress an Ihre zukünftigen Kolleginnen weiterzugeben.

Nun sitzen Sie zu Hause am Schreibtisch und überlegen, welche Inhalte Sie in diesem Vortrag bringen wollen. Womit könnte man am besten anfangen?

Arbeitsaufträge

1 Stellen Sie wichtige Abschnitte in der geschichtlichen Entwicklung der Pflegewissenschaft dar.

2 Stellen Sie zwei Definitionen für den Begriff „Pflege" vor und interpretieren Sie diese.

3 Erklären Sie den Begriff „Pflegetheorie" und beschreiben Sie die Bedeutung von Pflegetheorien für die Pflegewissenschaft.

4 Ordnen Sie die nachfolgenden Aussagen den entsprechenden Theoriearten zu.

Theoriearten:	Aussagen:
1) Große Theorien (Grand Theories)	a) weniger abstrakt, haben eingeschränkten Blickwinkel, verschiedene Bereiche der Pflege werden verknüpft
2) Praxistheorien (Narrow-Range Theories)	b) geben Pflege theoretischen Unterbau, haben häufig pädagogischen Hintergrund
3) Theorien mittlerer Reichweite (Middle-Range Theories)	c) betrachten einzelne Pflegephänomene bzw. eingeschränkten Bereich der Pflege.

5 Erläutern Sie den Zweck der einzelnen Theoriearten und bringen Sie je ein Beispiel dazu.

6 Diskutieren Sie die Aussage: „Es gibt keine allein richtige Theorie."

Lösungsskizzen

1 Florence Nightingales (1820–1910) „Notes on Nursing" als erste pflegewissenschaftliche Arbeit, Gründung einer Pflegeschule in England; während des Zweiten Weltkriegs verrichteten Krankenschwestern in den USA ärztliche Tätigkeiten und gewannen an berufsbezogenem Selbstvertrauen, damit Beginn pflegewissenschaftlicher Grundlagenforschung in den USA und Großbritannien. 1980 Beginn der Pflegeforschung in Deutschland, ab 90er-Jahre Gründung von Instituten für Pflegewissenschaft an Universitäten und Fachhochschulen. ***2*** *Definition 1: Pflege ist das Erkennen und Behandeln menschlicher Reaktionen auf gesundheitliche Probleme. Der Mensch mit seinem Gesundheitsproblem steht im Mittelpunkt, nicht nur das Problem, sondern auch die Reaktionen hierauf werden behandelt; Definition 2: Pflege ist eine Profession. Abgrenzung zum Begriff Beruf, Stellung der Pflege wird bewertet.* ***3*** *Pflegetheorien beschreiben Ideen über die Pflege, Pflegephänomene und deren Zusammenhänge. Sie sind Gedankengerüste. Eine vereinfachte Darstellung einer Theorie bezeichnet man als Modell. Theorien sind Werkzeuge der Wissenschaft. Sie sind so lange gültig, bis sie widerlegt werden.* ***4*** *1b; 2c; 3a* ***5*** *Große Theorien: geben Pflege theoretischen Unterbau, versuchen gesamtes Pflegehandeln in einer Theorie zusammenzufassen, können Grundlage für Pflegeausbildungen sein, Grundlage für Pflegeleitbilder, Beispiele: Selbstpflegedefizitmodell von D. E. Orem, „Elemente der Pflege" von Roper, Logan & Tierney; Theorien mittlerer Reichweite: haben direkten Praxisbezug, Grundlage für Forschungszwecke, Beispiele: „Modell der zwischenmenschlichen Beziehungen in der Pflege" von H. Peplau; Praxistheorien: werden entwickelt, um greifbare Probleme in der Praxis zu lösen, werden für eine individuelle Situation entwickelt, Beispiele: Pflegediagnosen, evidenzbasierte Pflege.* ***6*** *Heutige Wissenschaftskultur lässt verschiedene Theorien zu, Wandel vom Theoriemonismus zum Theorienpluralismus, verschiedene Theorien erfüllen verschiedene Zwecke, haben verschiedene Schwerpunkte, ergänzen sich mitunter.*

Basics

→ Pflegewissenschaft kann als die Wissenschaft verstanden werden, die durch verschiedene Methoden Wissen über die Pflege identifiziert, beschreibt und erklärt.
→ Pflegetheorien beschreiben Ideen über die Pflege und Pflegephänomene.
Pflegetheorien werden eingeteilt in Metatheorien, Große Theorien, Theorien mittlerer Reichweite und Praxistheorien. Der Begriff Reichweite bezieht sich auf die Dimension des pflegerischen Handelns. Jede Theorieart erfüllt einen eigenen Zweck.
Im letzten Jahrhundert entwickelte sich eine Wissenschaftskultur, welche verschiedene Theorien zulässt, dieses nennt man Theorienpluralismus.
Große Theorien bilden die Grundlage für die Entwicklung von Pflegeleitbildern.
Pflegediagnosen sind ein Beispiel für eine Praxistheorie.

Pflegewissenschaft → S. 22

Pflegetheorien → S. 24

Handlungsrelevanz von Konzepten und Modellen der Plege anhand konkreter Pflegesituationen

Themenschwerpunkt aus LF 1.1

Prüfungssituation

„... und wieder einmal wird der Kaffee kalt!"

Sie haben sich soeben mit Ihrer Tasse Kaffee an den Frühstückstisch gesetzt und packen Ihre Frühstücksbrote aus. Da kommt Ihre gleichaltrige Kollegin Frau Sasse in den Pausenraum und legt ihre Zeitschrift „Pflege aktuell" auf den Tisch. Frau Rosenschon, eine ältere Kollegin, schaut interessiert und fragt Frau Sasse, welche Themen diesmal Gegenstand der Zeitschrift sind.
Frau Sasse erzählt, dass sie gerade einen Artikel über Professionalisierungstendenzen der Pflegefachberufe in Deutschland liest. Frau Rosenschon winkt ab, solche Themen interessieren sie nicht. Altenpflegerin sei ein bodenständiger Beruf und sie verstehe nicht, was Professionalisierung der Pflege für einen Sinn haben solle. Frau Sasse argumentiert, dass mit einer Professionalisierung durchaus die Aufwertung unseres Berufsstandes erfolge und wissenschaftliche Erkenntnisse oder Pflegetheorien unmittelbarer in die Praxis übertragen werden können.
Frau Rosenschon ist immer noch nicht überzeugt. Sie habe in all den Jahren noch nie erlebt, dass eine Pflegetheorie in die Praxis eingeführt wurde. Jetzt legen Sie Ihr Pausenbrot zur Seite und holen aus dem Dienstzimmer das neue Dokumentationssystem, dass nach den AEDL aufgebaut ist, und beginnen mitzudiskutieren ...

Arbeitsaufträge

1 a Erklären Sie Ihrer Kollegin Frau Rosenschon, was Sie unter dem Begriff AEDL verstehen und in welche Pflegetheorie dieser Begriff einzuordnen ist.
b Erläutern Sie weiterhin, welche ursprünglichen Theorien dabei aufgegriffen und für den deutschsprachigen Raum weiterentwickelt wurden.
c Begründen Sie, warum gerade diese Theorie für die Altenpflege relevant ist.
d Bewerten Sie die Bedeutung von Pflegetheorien für die Professionalisierung der Pflege.

2 Benennen Sie Kriterien, die für eine Professionalisierung der Pflege gefordert werden. Bewerten Sie die heutige Situation diesbezüglich in Deutschland.

3 Um eine Professionalisierung der Pflege zu erreichen, müssen Voraussetzungen in Form von Rahmenbedingungen geschaffen sein. Nennen und erläutern Sie diese Voraussetzungen.

4 Erklären Sie, was Sie unter dem Begriff „Evidenzbasierte Pflege" (EBN) verstehen.

5 Erläutern Sie die fünf Stufen des Vorgehens bei Evidenzbasierter Pflege. Zeigen Sie mögliche Probleme bei EBN auf.

6 Argumentieren Sie gegenüber Ihrer Kollegin, worin Sie Vorteile einer Professionalisierung der Pflege sehen.

Lösungsskizzen

1 a) AEDL steht für „Aktivitäten und existenzielle Erfahrungen des Lebens". Sie entstammen dem Rahmenmodell einer ganzheitlich fördernden Prozesspflege nach Monika Krohwinkel. b) Krohwinkel hat die Pflegetheorie von Roper, Logan, Tierney, welche wiederum auf der Hendersons („Die Elemente der Pflege") aufbaut, für den deutschsprachigen Raum weiterentwickelt. c) ganzheitlich rehabilitativer Ansatz, Prozesscharakter, ressourcenorientierter Ansatz; d) Ein gefordertes Kriterium für die Professionalisierung der Pflege sind theoriegeleitete Grundlagen der Pflege, die Pflegetheorien. Sie liefern die wissenschaftlich-theoretische Grundlage für die Praxis. 2 Beispiele für Professionalisierungsansätze: universitäre Ausbildung (Pflegestudiengänge), theoretische Grundlage (Pflegetheorien), Berufsethik, Selbstverwaltung (Pflegekammer), Handlungsmonopol (Weisungsbefugnis); in Deutschland ist der Pflegeberuf immer noch Hilfsberuf, die Medizin dominiert im Gesundheitswesen; Professionalisierungsbewegung hat eingesetzt, Voraussetzungen entstehen langsam, erste Veränderungen sind spürbar. 3 Gesellschaftliche Voraussetzungen: Forderung, unterstützt durch Gesetzesnovellierungen, dass Pflegefachkraft Pflegefachwissen besitzen soll, Fachwissen soll (lt. AltPflG) wissenschaftlich untermauert sein; Institutionelle Voraussetzungen:Forderung nach Akademisierung der Pflege führt zur Gründung wissenschaftlicher Institute; Voraussetzungen der Pflegefachkräfte: wissenschaftlich-theoretisches Grundverständnis, Fähigkeit zur Anwendung wissenschaftlicher Forschungsergebnisse. 4 Der Evidenzbasierten Pflege (Evidence based nursing, EBN) liegt als Kerngedanke zu Grunde, dass eine pflegerische Entscheidung evidenzbasiert, d.h. auf wissenschaftlich fundierter Basis getroffen, aber auch mit den Bedürfnissen des Pflegebedürftigen in Einklang gebracht werden soll. 5 1. Informationsbedarf anhand konkreter Fragestellung formulieren, 2. Literatursuche, 3. Ergebnisse überprüfen, 4. Endergebnisse der Recherche auf Pflegebedürftigen abstimmen, 5. Ergebnis evaluieren; Probleme: bei Recherche oft verschiedene Ergebnisse, Auswahl der richtigen Maßnahme schwierig; Sprachprobleme (Englisch, Fachbegriffe) 6 Mögliche Argumente: Beruf „Altenpflegerin" findet stärkere Anerkennung, wird dadurch attraktiver. Junge Berufseinsteiger haben bessere Aufstiegs- und Entwicklungschancen. Anforderungen an die Pflegeberufe wachsen ständig, Ausbildung muss diesen Anforderungen angepasst werden. Dazu sind ein theoretisches Fundament, Wissenschaft und Professionalisierung notwendig.

Basics

Altenpflege wird im Altenpflegegesetz als Beruf definiert. Diese Definition ist aus heutiger pflegerischer Sicht nicht ausreichend und führt zu Professionalisierungsbestrebungen. Neben berufsorganisatorischen Kriterien stehen die wissenschaftlichen und besonders die theoretischen Grundlagen der Pflege zur → Professionalisierung im Vordergrund.

Um eine Professionalisierung der Pflege voranzutreiben, müssen entsprechende Rahmenbedingungen in Form von gesellschaftlichen, institutionellen und personellen Voraussetzungen geschaffen werden.

Theoriegeleitete Pflege, so z. B. Pflege anhand der AEDL nach → Krohwinkel, beweist die Handlungsrelevanz von Pflegemodellen in der Praxis. Das „Rahmenmodell ganzheitlich fördernder Prozesspflege" findet gerade in der Altenpflege seine Berechtigung.

→ Evidenzbasiertes Pflegen ist eine Vorgehensweise, die wissenschaftliche Erkenntnisse in der Pflegepraxis anwendet.

Professionalisierung → S. 31

Pflegemodell nach Krohwinkel → S. 33

Evidenzbasierte Pflege → S. 34

Pflegeforschung und Umsetzung von Forschungsergebnissen

Themenschwerpunkt aus LF 1.1

Prüfungssituation

Ein Eisbecher mit Wissenschaft

Der Frühdienst ist zu Ende und Sie freuen sich auf Ihren freien Nachmittag. Sie haben sich mit Ihrer Freundin Ulrike im Café „Um die Ecke" zu einem Eisbecher verabredet. Ulrike ist noch nicht da, bestimmt ist sie noch in der Fachschule. Ulrike erlernt den Beruf der Altenpflegerin und ist im zweiten Ausbildungsjahr. Sie erinnern sich noch gern an Ihre eigene Ausbildungszeit, die Sie vor knapp einem Jahr beendet haben.
‚Ach, da kommt ja Ulrike. Aber was macht sie nur für ein Gesicht?' Ulrike lässt sich stöhnend auf den Stuhl fallen und fängt sofort an, sich aufzuregen: „Sag mal, habt ihr in eurer Ausbildung auch diesen Quatsch mit der Pflegeforschung gehabt? Ich weiß gar nicht, wozu ich so etwas wissen muss! Ich will ja schließlich keine Pflegeforscherin werden! Und außerdem verstehe ich gar nicht, was das alles sein soll – ein Forschungsprozess, eine Hypothese, qualitative und quantitative Forschung und wie der ganze Sülz heißt!"
Sie schauen Ihre Freundin mit großen Augen an: „Aber natürlich ist es wichtig, dass man als Pflegefachkraft etwas über Pflegeforschung weiß!" Sie kramen in Ihrem Gedächtnis nach und fangen an zu erklären …

Arbeitsaufträge

1 Nennen, ordnen und erläutern Sie Ihrer Freundin die Stufen des Forschungsprozesses.
2 Erklären Sie Ulrike, was Sie unter einer Hypothese verstehen und wozu diese im Forschungsprozess notwendig ist.
3 Beschreiben Sie Ihrer Freundin, was Sie unter einer experimentellen und einer nicht-experimentellen Studie verstehen.
4 Stellen Sie die Unterschiede zwischen qualitativer und quantitativer Forschung dar.
5 a Erklären Sie, zu welchem Zweck Implementierungsmodelle (Umsetzungsmodelle) für Forschungsergebnisse entwickelt und angewendet werden.
b Wählen Sie ein Ihnen bekanntes Umsetzungsmodell für Forschungsergebnisse aus und erläutern Sie kurz die einzelnen Schritte.
6 Sammeln Sie schriftlich Argumente, mit denen Sie Ihre Freundin davon überzeugen können, dass es wichtig ist, als Altenpflegerin Wissen über Pflegeforschung zu haben.

Lösungsskizzen

*1 1. Auswahl des Forschungsproblems: Problem erkennen und benennen, Forschungsfrage daraus ableiten und konkret formulieren; 2. Literatursuche: Suche nach bereits vorhandener Literatur, Nutzung von Datenbanken; 3. Aufstellen der Hypothese; 4. Auswahl der Forschungsmethode: Wahl des Studiendesigns unter Berücksichtigung von Forschungsvariablen und Setting; 5. Datensammlung: mittels Interview, Fragebogen oder Beobachtung; 6. Datenanalyse: statistische Auswertung, Vergleich mit Hypothese; 7. Ergebnissicherung: Veröffentlichung; 8. Implementierung: Umsetzung in die Praxis **2** Die Hypothese beschreibt das erwartete Untersuchungsergebnis, deren Formulierung ist das Kernstück des Forschungsprozesses, sie wird am Ende des Prozesses bestätigt oder widerlegt. **3** Experimentelle Studie: Studiendesign, in welchem die Forschungvariablen von der Forscherin kontrolliert wird, sodass keine Fehlerquellen das Untersuchungsergebnis verfälschen. Nicht-experimentelle Studie: Forscherin beobachtet, hat keine Kontrolle über die Forschungsvariable. **4** Qualitative Forschung: induktives Grundprinzip, Ursprung – Geistes- und Sozialwissenschaften, interpretative Datenanalyse, Zweck – Theorie- und Hypothesenbildung, subjektive Sichtweise; quantitative Forschung: deduktives Grundprinzip, Ursprung – Naturwissenschaften, statistisch-mathematische Datenanalyse, Theorie- und Hypothesenüberprüfung, objektive Sichtweise. **5** a) Dient der Umsetzung von Forschungsergebnissen durch die einzelne Pflegefachkraft oder durch eine Einrichtung bzw. externe Institution. b)Beispiel Stetler-Modell: 1. Vorbereitungsphase: Bedarf für Veränderung feststellen und geeignete Studie auswählen; 2. Bewertungsphase: Beurteilung der gefundenen Studie; 3. Vergleichsphase: Studie mit der eigenen Situation vergleichen (hinsichtlich Setting, Durchführbarkeit usw.); 4. Entscheidungsphase: entscheiden, ob Studie geeignet ist; 5. Anwendungsphase: Forschungsergebnis einführen; 6. Überprüfung der neuen Pflegepraxis. **6** mögliche Argumente: Wunsch jeder Pflegekraft, nach neuesten wissenschaftlichen Erkenntnissen zu arbeiten, Wissen erlangen, wie diese Erkenntnisse gewonnen wurden, Anerkennung der Pflege als Wissenschaft, Professionalisierung des Pflegeberufes, Entwicklung des eigenen Berufsbildes und -verständnisses.*

Basics

Die Pflegewissenschaft ist eine praxisgeleitete Teildisziplin der Human- und Gesundheitswissenschaften. Problem- und Fragestellungen der Forschung richten sich auf den gesunden und den kranken Menschen.
Der → Forschungsprozess umfasst generelle Abschnitte, die unabhängig vom Forschungsansatz (empirisch oder analytisch) durchlaufen werden.
Man unterscheidet in → qualitative und quantitative Forschung.
Pflegende möchten nach neuesten wissenschaftlichen Erkenntnissen arbeiten, doch Forschungsergebnisse finden ihren Weg in die Praxis nur langsam. Forschungsergebnisse können durch eine externe Gruppe oder durch die Pflegefachkraft selbst in die Praxis umgesetzt werden. Ein Modell für die Implementierung von Forschungsergebnissen durch die Pflegefachkraft ist das → Stetler-Modell.

Forschungsprozess → S. 35

qualitative und quantitative Forschung → S. 39

Stetler-Modell → S. 41

Gesundheitsförderung und Prävention

Themenschwerpunkt aus LF 1.1

Prüfungssituation

Verantwortung für die Gesundheit übernehmen

Sie arbeiten seit mehreren Jahren in einer mehrgliedrigen Einrichtung für Senioren. In jedem Jahr gibt es einen Fortbildungsschwerpunkt für Mitarbeiter des Pflegebereiches, so ist beispielsweise das Thema des letzten Jahres „Prophylaktisches Handeln im Pflegealltag" gewesen. Für das kommende Geschäftsjahr sind die Fortbildungen in verschiedenen Gruppen organisiert. Nach reiflicher Überlegung haben Sie sich für die Mitarbeit in der Arbeitsgruppe „Gesundheitsförderung und Prävention" entschieden.
Im Ergebnis dieser Fortbildungen soll ein Konzept für Ihre Einrichtung entwickelt werden, in welches Mitarbeiter und Klienten gleichermaßen einbezogen werden. Die Geschäftsleitung verfolgt hierbei die Strategie, die fortgebildeten Mitarbeiter als „Multiplikatoren" zu nutzen, um das Bewusstsein für Prävention und Gesundheitsförderung im Unternehmen zu fördern.
Aus diesem Grunde wird als gemeinsames Ziel der Gruppe „Gesundheitsförderung und Prävention" festgelegt, ein Konzept für die Umsetzung von gesundheitsfördernden und präventiven Maßnahmen in Ihrer Einrichtung zu erarbeiten. Ihre Aufgabe wird es sein, die Ergebnisse in einem kurzen Artikel für die Verbandszeitschrift zusammenzufassen.

Arbeitsaufträge

1. Erklären Sie Ihr Verständnis der Begriffe Gesundheitsförderung, Prävention und Public Health. Achten Sie auf Gemeinsamkeiten und Unterschiede.
2. Erläutern Sie, welche Bedeutung ein Konzept der „Gesundheitsförderung und Prävention" für altenpflegerisches Handeln haben kann. Beziehen Sie dazu aus der Sicht der Geschäftsführung Stellung.
3. Die bekannteste und komplexeste Gesundheitstheorie ist das Modell der Salutogenese von Aron Antonovsky. Führen Sie aus, welche Bedeutung dieses Modell für die Sichtweise von Gesundheit und Krankheit in der Arbeit mit alten Menschen hat.
4. Benennen Sie mindestens vier integrative Möglichkeiten der Gesundheitsförderung und Prävention bei alten Menschen im Pflegealltag. Wählen Sie jeweils ein entsprechendes Beispiel aus der Praxis.
5. Im Rahmen Ihrer Rolle als Multiplikator für Gesundheitsförderung und Prävention ist es wichtig, Mitarbeiter für eigenes Gesundheitsverhalten zu sensibilisieren und zu überzeugen. Dabei ist die Diskussion zur Thematik Stress immer wieder von Bedeutung. Erklären Sie anschaulich den Zusammenhang von Krankheitsentstehung und Stress.
6. Stellen Sie eine Übersicht von mindestes vier möglichen gesundheitsfördernden Angeboten für im Schichtdienst arbeitende Mitarbeiter der Pflege zusammen. Formulieren Sie diese Übersicht als Ergebnissicherung der Fortbildung für den Artikel in der Verbandszeitschrift.

Lösungsskizzen

*1 Public Health: „öffentliche Gesundheitspflege", umfasst alle öffentlichen und organisatorischen Anstrengungen zur Erkennung, Beseitigung und Verhinderung von Gesundheitsproblemen; Ziel: Gesundheitsverbesserung vor dem individuellen gesellschaftlichen und kulturellen Hintergrund; steht in Bezug zu Bevölkerungsgruppen und organisierten Systemen der Gesundheitsförderung, der Prävention, der Krankheitsbekämpfung, der Rehabilitation und der Pflege; im weiteren Sinne auch die Disziplin der Gesundheitswissenschaften. Gesundheitsförderung: zielt auf ein höheres Maß an Selbstbestimmung und Stärkung von Gesundheit, beruft sich auf Ressourcen der Person und deren „behutsame" Entfaltung, deshalb besonders in der Altenpflege von Bedeutung, berücksichtigt ebenso gesellschaftliche Ressourcen zur Gesunderhaltung und zum Wohlbefinden. Prävention: zuvorkommen, Vorbeugung, zielt primär auf Risikoerkennung zur Verhinderung einer Erkrankung sowie deren Verschlechterung und Sekundärerkrankungen; beinhaltet Kenntnisse über Entstehung und Verlauf von Gesundheit und Krankheit. **2** Verhinderung von Pflegebedürftigkeit, Einschränkung der Selbstständigkeit und Verminderung der Lebensqualität. **3** Kernstück von Antonovskys Theorie ist, dass jeder Mensch neben kranken auch über gesunde Anteile verfügt (Gesundheits-Krankheits-Kontinuum), dementsprechend müssen Gesundheitsförderung bzw. Prävention individuell greifen; positive Sicht auf die Situation alter Menschen, da nicht Defizite im Blickfeld stehen, sondern auch „gesunde Anteile", die im altenpflegerischen Handeln situativ genutzt werden können. **4** Erfassen von Risikofaktoren für die Gesundheit (z. B. Immobilität, soziale Isolation), Erarbeitung eines individuellen präventiven Konzeptes, z. B. regelmäßige Blutdruckkontrollen, Angebote der Ernährungsberatung, Krebsvorsorgeuntersuchungen, regelmäßige körperliche Bewegung; prophylaktisches Handeln im Rahmen der Grundpflege: z. B. Dekubitus-, Pneumonie-, Kontrakturen-, Thromboseprophylaxe. **5** Stress = starke Belastung des Körpers durch innere oder äußere Auslöser (Stressoren); Unterscheidung positiver (Eustress) und negativer Stress (Disstress); Person muss Bewusstsein für negative Stressoren und Strategien im Umgang mit diesen entwickeln; Stresssensibilität und -bewältigung sind individuell unterschiedlich, nach Antonovsky abhängig vom Gefühl des „Sich-Zusammenhaltens" und den individuellen Widerstandsressourcen eines Menschen, die im Kindes- und Jugendalter erworben werden. **6** Zeitbedingten Stress durch detaillierte Planung abbauen, z. B. langfristige Dienstplangestaltung, Berücksichtigung persönlicher Vorhaben; Entspannungstechniken kennen und bei Bedarf einsetzen, kontinuierliche Teamberatungen, Mitarbeitergespräche, Supervisionsrunden, kontinuierliche Gewährleistung von Pausenzeiten.*

Basics

Die Thematik der → Gesundheitsförderung und Prävention gewinnt in unserer Gesellschaft immer mehr an Bedeutung. Auch die Generation älterer und alter Menschen ist in diese Diskussion eingeschlossen. Durch die steigende Lebenserwartung und die Zunahme von chronischen Erkrankungen verlieren Präventionsmaßnahmen und Heilungsabsichten ihre eigentliche Bedeutung. Im Vordergrund altenpflegerischen Handelns steht die Förderung von individuellen Ressourcen mit dem Ziel, Selbstständigkeit zu erhalten und Pflegebedarf zu verhindern bzw. zu minimieren.

Für Pflegekräfte ist neben dieser Aufgabe die Erhaltung und Förderung der eigenen Gesundheit wichtiger alltäglicher Handlungsteil. Wissen um Stressentstehung, Stressvermeidung und -bewältigung sind wesentlicher Bestandteil individueller Gesundheitsförderung.

Gesundheitsförderung und Prävention → S. 42

Stress → S. 54

Stress → S. 303

Biografiearbeit

Themenschwerpunkt aus LF 1.1

Prüfungssituation

Frau Einstein ist einsam

Sie haben in der letzten Woche zusammen mit vier Kolleginnen aus dem ambulanten Pflegedienst „Morgenstern" eine interessante Fortbildung zum Thema „Biografieorientiertes Pflegen im ambulanten Bereich" besucht. Für heute hat Ihre Pflegedienstleitung die monatliche Teamberatung unter diese Thematik gestellt und Sie gebeten, einige Anregungen zur Realisierung biografieorientierten Pflegens vorzubereiten. Sie beginnen mit einer Fallbeschreibung aus Ihrem Arbeitsbereich:

„Ich möchte euch Frau Einstein vorstellen, die neue Dame aus der Morgentour in der Ost-Stadt. Vorige Woche war ich das erste Mal bei ihr, sie öffnete vorsichtig die Tür und lief emsig vor mir her zum Spiegel: ‚Also, Schwester, ich war heute Vormittag zwei Stunden auf dem Balkon und habe meine Gartenkräuter gepflegt, und schon habe ich einen Sonnenbrand. Das kenne ich gar nicht – früher war ich acht Stunden im Hochsommer auf dem Feld und hatte nie Sonnenbrand. Ja, ja, früher ...' Sie sah plötzlich traurig aus.

Auf dem Vertiko im Wohnzimmer stehen viele gerahmte Fotos – immer wieder Bilder von Gärten, Blumen- und Gemüsebeeten. Überall im Wohnzimmer stehen gut gepflegte Pflanzen. Auf meine Frage, ob sie die vielen Pflanzen selbst pflege, antwortete sie entsetzt, dass ihr Vater Gärtnermeister war und sie 40 Jahre tagaus, tagein in der Gärtnerei gearbeitet hat. ‚... da war keine Zeit zum Sitzen – und jetzt muss ich hier den ganzen Tag in der Wohnung sitzen, keiner braucht mich, immer bin ich allein, besser, ich wäre schon unter der Erde!' Frau Einstein sah jetzt noch trauriger aus. Während des Verbandswechsels befragte ich sie nach dem Tagesablauf in so einer Landgärtnerei und die Erinnerungen sprudelten nur so aus ihr heraus.

Leider war nach einer halben Stunde meine Zeit abgelaufen. Dennoch sah Frau Einstein nun viel zufriedener aus und erklärte mir: ‚... und wenn Sie morgen kommen, erzähl ich Ihnen mal, wie man Spargel sticht. Wir hatten den besten Spargel weit und breit ...'. Ihre Augen glänzten und auch ich war zufrieden.

Anhand dieses von mir selbst erlebten Beispiels kann ich euch wunderbar erläutern, welche Möglichkeiten die biografieorientierte Pflege uns eigentlich bietet ..."

Arbeitsaufträge

1. Definieren Sie biografieorientierte Pflege.
2. Schildern Sie in Form eines Pflegeberichtes, welche Bedeutung die von Frau Einstein geschilderten Erinnerungen für sie haben.
3. Formulieren Sie Pflegeziele der Biografiearbeit bei Frau Einstein und nennen Sie pflegerische Maßnahmen und Methoden, um diese umzusetzen.
4. In der von Ihnen besuchten Fortbildung haben Sie sich auch mit der eigenen Biografie auseinandergesetzt. Beschreiben Sie, welche Voraussetzungen Pflegende haben müssen, um biografieorientiert arbeiten zu können.
5. Geben Sie einen Überblick über notwendige Voraussetzungen innerhalb der Einrichtung, um Biografiearbeit im Pflege- und Betreuungsteam zu etablieren.
6. Erklären Sie Ihren Kolleginnen, wie Sie mögliche Themen für ein biografisches Gespräch mit Frau Einstein zusammenstellen und welches diese Themen im Einzelnen sind.

Lösungsskizzen

1 Biografieorientierte Pflege bedeutet wertschätzende Orientierung an der Lebenswelt und Lebensgeschichte eines alten Menschen; sie kann Pflegenden Wege aufzeigen, wie Konflikte, Widerstände, unverständliche Verhaltensweisen begründet sind und bearbeitet werden können. 2 Ergebnis eines biografieorientierten Gespräches während der Behandlungspflege: Erinnerung bedeutet für Frau Einstein Identität, innere Stärke finden, Lebensleistungen und Status hervorheben, Aufwertung der eigenen Person, Ge-
‑esserung der Kommunikationsfähig-
‑ntität, Aktivierung kognitiver Fähig-
‑erarbeitung von Lebenserfahrungen.
‑ng: Tätigkeiten aus dem früheren
‑r betrachten, Erinnerungen präsen-
‑e). 4 Voraussetzungen Pflegender:
und Methoden der Biografiearbeit;
‑ lernen und zu verstehen; Fähigkeit,
‑ zu bewältigen. 5 Fortbildung aller
‑schichte; fortlaufende Informations-
‑issen und adäquate Dokumentation
‑h aller an Pflege und Betreuung be-
6 Erinnerung an die Erntezeit in der
‑ Gemüse, Tagesablauf der Frauen in

Basics

Das gegenwärtige Erleben alter Menschen und die Verarbeitung von Einschränkungen und Pflegebedürftigkeit ist von individuellen biografischen Erfahrungen abhängig. Pflegefachkräfte müssen daher die Bereitschaft entwickeln, die Lebenswelt alter Menschen zu kennen und zu verstehen. Darauf basierend kann Biografiearbeit entwickelt werden, da gerade ältere Menschen oft das Bedürfnis haben, „Offenes“ aus ihrem Leben zu verarbeiten.
Pflegefachkräfte können diesen Prozess aktiv unterstützen, indem sie gezielt Erinnerungsarbeit fördern. Wesentliche Voraussetzungen dafür sind die → biografische Selbstreflexion und eine entsprechende Kommunikationsfähigkeit.

Biografiearbeit → S. 48

biografische Selbstreflexion → S. 400

Biografiearbeit → S. 97

Biografiearbeit → S. 123

biografische Selbstreflexion → S. 14

Pflegerelevante Grundlagen der Ethik

Themenschwerpunkt aus LF 1.1

Prüfungssituation

Hin und her gerissen

Sie haben heute Spätdienst in der Abteilung III im Altenheim „Abendstern". Es ist Ihnen heute schwergefallen, zum Dienst zu gehen, denn Frau Schrader liegt im Sterben ...

Frau Schrader ist 90 Jahre alt. Sie haben Sie vor zwei Jahren kennen gelernt, als Sie Ihren ersten Praktikumseinsatz, damals noch als Altenpflegeschülerin, im Heim „Abendstern" hatten. Seitdem mögen Sie Frau Schrader sehr. Wenn Sie etwas Zeit hatten, gingen Sie oft auf einen kleinen Plausch zu Frau Schrader oder hörten ihren Geschichten vom Gutshof in Ostpreußen zu.

Doch ausgerechnet heute ist die einzige weitere „Examinierte" in der Schicht kurzfristig erkrankt und Sie müssen im Spätdienst alleine mit der Altenpflegehelferin Frau Kanther zurechtkommen. Sie haben das dringende Bedürfnis, Frau Schrader, die keine Angehörigen hat, im Sterbeprozess zu begleiten. Doch alle anderen Heimbewohner müssen auch versorgt werden und Sie kennen die Arbeitsmoral von Frau Kanther! Wie sollen Sie das alles schaffen? Sie fühlen sich hin und her gerissen. Wenn Sie an Frau Schrader denken, kommen Ihnen die Tränen ...

So eine Situation wollen Sie nicht noch einmal erleben, darum beschließen Sie, dieses Problem morgen im Team anzusprechen!

Arbeitsaufträge

1 Beschreiben Sie den Zwiespalt, in dem Sie sich innerhalb dieser Situation befinden, und benennen Sie ethische Prinzipien, die sich Ihrer Meinung nach in diesem Falle gegenüberstehen.

2 Benennen Sie weitere
- a allgemeine ethische Prinzipien und
- b ethische Prinzipien aus dem Ethikcode für Pflegekräfte der ICN.
- c Erläutern Sie, welche Bedeutung ethische Prinzipien für die Pflegepraxis haben.

3 Erklären Sie, was Sie unter dem Begriff „Ethik" verstehen.

4 Beschreiben Sie die Entwicklung von Moral (z. B. anhand des Modells der Moralentwicklung nach Carol Gilligan in Form eines Stufenschemas). Belegen Sie Ihre Aussage mit einem selbst gewählten Beispiel.

5 Ein ethischer Konflikt, wie er Ihnen in der Prüfungssituation widerfahren ist, kann innerhalb eines Teams durch verschiedene Methoden gelöst werden. In Ihrem Falle bietet sich die „Nijmegener Fallbesprechung" an.
- a Erklären Sie, wodurch sich diese Methode von anderen Methoden unterscheidet.
- b Erklären Sie die vier Hauptschritte in der Vorgehensweise nach der Nijmegener Methode.

6 Ein Grundziel der Ethik ist die Erhaltung der Menschenwürde jedes einzelnen Menschen.
Legen Sie anhand eigener Gedanken dar, was Sie als Altenpflegefachkraft unter Erhaltung der Menschenwürde speziell bei Pflegebedürftigen verstehen. Formulieren Sie mindestens drei Gedankengänge aus.

Lösungsskizzen

__1__ Die Sterbebetreuung von Frau Schrader und die notwendige Pflege der anderen Heimbewohner sind auf Grund des Personalmangels unvereinbar. Der ethische Konflikt entsteht durch ein ethisches Dilemma, einer Zwangslage zwischen zwei „Übeln". Recht auf Pflege steht dem Recht auf einen würdevollen Tod gegenüber. __2__ a) Prinzip der Selbstbestimmung, Prinzip der Gerechtigkeit, Prinzip der Unversehrtheit des Menschen, Fürsorgeprinzip, Vertrauensprinzip; b) Gesundheit fördern und wiederherstellen, Krankheit vermeiden, Leiden lindern, Recht auf Leben, Würde und Respekt; c) Erstellen von Pflegeleitbildern, zeigen Grenzen auf. __3__ Teilgebiet der Philosophie, beobachtet und bewertet menschliches Handeln, Verhalten und menschliche Einstellungen; Gegenstand sind persönliche (Einstellungen) und gesellschaftliche Moral (Werte und Normen). Glaube spielt in der Ethik als Wissenschaft keine Rolle. __4__ Beispiel: Modell nach Gilligan; Ebene 1: Orientierung zum individuellen Überleben; Ebene 2: Güte als Selbstaufopferung; Ebene 3: Moral der Gewaltlosigkeit. __5__ a) nicht abstrakt, hat engen Praxisbezug, Entscheidungsfindung im Voraus (prospektiv), b) 1. Problem formulieren; 2. Fakten sammeln; 3. Einschätzen des/der Pflegebedürftigen; 4. Entscheidungsfindung. __6__ Alte, pflegebedürftige Menschen haben ein Recht auf Selbstbestimmung (z. B. Entscheidungen akzeptieren, ernst nehmen), Unversehrtheit der Seele, des Geistes und des Körpers (z. B. keine Gewaltanwendung), haben Recht auf Fürsorge, Würde und Respekt.

Basics

→ Ethik als Teilgebiet der Philosophie richtet sich auf die Beobachtung menschlicher Haltung, menschlichen Verhaltens und Handelns. Sie umfasst eine persönliche (z. B. Einstellungen zur Sterbehilfe) und eine gesellschaftliche Komponente (Werte und Normen, z. B. in Form von Gesetzen).

Der Glaube spielt in der Ethik als Wissenschaft keine Rolle, eine absolute Wahrheit gibt es jedoch auch nicht.

Grundziel der Ethik ist die Freiheit des Einzelnen in der Gesellschaft und die Menschenwürde, aus der für die Altenpflege typische Fragestellungen abgeleitet werden.

→ Ethische Prinzipien sind Maßstäbe, die wir unserer moralischen Urteilsbildung zu Grunde legen. Sie lenken unser Handeln. Hierzu gehört u. a das Prinzip der Fürsorge und der Selbstbestimmung.

Für die Pflege sind die ethischen Prinzipien aus dem Ethikcode der ICN bindend. In der Pflegepraxis kann es zu moralischen Zwangslagen, so genannten ethischen Dilemmata, kommen.

Ethische Konflikte können im Team durch verschiedene Methoden (z. B. → Nijmegener Fallbesprechung) gelöst werden.

Ethik → S. 53

Ethische Prinzipien → S. 54

Nijmegener Fallbesprechung → S. 55

Ethik → S. 50; S. 147

Ethik → S. 89; S. 127

Wahrnehmung und Beobachtung

Themenschwerpunkt aus LF 1.2

Prüfungssituation

Herr Klausen verhält sich heute irgendwie anders als sonst?!

Sie arbeiten seit einem reichlichen Jahr im ambulanten Pflegedienst „Mobile Hilfe". Heute haben Sie Frühdienst und klingeln gerade an der Wohnungstür von Herrn Klausen.

Herr Klausen ist 73 Jahre alt und wohnt seit dem Tod seiner Frau allein in einer Zweizimmerwohnung in der Stadt. Seine Tochter und sein Schwiegersohn kümmern sich um den Haushalt, den Einkauf und achten auch darauf, dass Herr Klausen sich regelmäßig sein Insulin spritzt. Früher hat sich seine Frau um diese Dinge gekümmert. Seine Tochter ist mit ihrer Familie im Urlaub. Herr Klausen hat seit fast 30 Jahren Diabetes mellitus Typ I. Sie kennen Herrn Klausen schon seit einem halben Jahr und wissen, dass er Ihre Ratschläge und Hinweise nicht immer befolgt und auch manchmal etwas eigensinnig ist. Heute dauert es ungewöhnlich lange, bis Herr Klausen die Wohnungstür öffnet. Beim Betreten der Wohnung nehmen Sie einen leichten Azetongeruch wahr. Ihre Sinne sind geschärft: Benimmt sich Herr Klausen heute irgendwie auffällig? Seine Bewegungen erscheinen verlangsamt! Und dann noch der Geruch im Raum und sein gerötetes Gesicht – er hat sich bestimmt sein Insulin nicht gespritzt!

Sie befragen Herrn Klausen und erfahren, dass er gerade geschlafen hat, sich wohl fühlt und sich auch sein Insulin gespritzt hat. Sie beobachten (jetzt bewusst), dass Herr Klausen schwitzt, weil es sehr warm im Raum ist und das Fenster geschlossen ist. Auf dem Tisch steht eine Schale mit halb verfaultem Obst – ach, daher der Azetongeruch! Herr Klausen ist nun auch richtig wach und führt seine Bewegungen in der für ihn normalen Schnelligkeit aus. Sie kontrollieren den Blutzucker, den Blutdruck und die Temperatur von Herrn Klausen und sind beruhigt, alles ist in Ordnung. Anschließend dokumentieren Sie alle Werte. Sie fragen sich, weshalb Sie so beunruhigt waren.

Arbeitsaufträge

1. Beschreiben Sie die der „Sinnestäuschung" zu Grunde liegende Verdachtsdiagnose in der Prüfungssituation.
2. Benennen Sie die vier Schritte des Wahrnehmungsprozesses und bringen Sie diese in die richtige Reihenfolge.
3. Nennen Sie die menschlichen Sinne und ordnen Sie jedem das entsprechende Sinnesorgan und einen Reiz zu.
4. Beschreiben Sie, welche Reize Sie beim Betreten der Wohnung von Herrn Klausen wahrgenommen und wie Sie diese interpretiert haben.
5. Erläutern Sie, wodurch sich eine zufällige/unbewusste Beobachtung von einer wissenschaftlichen/systematischen Beobachtung unterscheidet.
6. Beantworten Sie folgende Fragen:
   a Was können Sie an anderen Menschen gezielt beobachten?
   b Welche dieser Parameter haben Sie bei Herrn Klausen beobachtet?
7. Bringen Sie die nachfolgend aufgezählten Schritte des Beobachtungsprozesses in ihre logische Reihenfolge.
   - Beurteilung der Beobachtungsergebnisse
   - Planung der Beobachtung
   - Durchführung der Beobachtung
   - Auswertung der Ergebnisse
   - Dokumentation der Beobachtung
8. Wahrnehmungen können von verschiedenen Faktoren beeinflusst werden. Erklären Sie am Beispiel von Herrn Klausen, welche Faktoren die Wahrnehmung beeinflussen können.
   Erläutern Sie Ihre Schlussfolgerungen.
9. Erinnern Sie sich an Ihre anfängliche Wahrnehmung beim Betreten der Wohnung von Herrn Klausen. Welcher „Wahrnehmungsfehler" könnte Ihnen unterlaufen sein? Begründen Sie Ihre Entscheidung.

Lösungsskizzen

Lösungen (auf dem Kopf gedruckt):

1 Überzuckerung (Hyperglykämie)

2 1. Empfinden, 2. Organisieren, 3. Identifizieren, 4. Einordnen

3

Sinn	*Sinnesorgan*	*Reiz*
Sehen	*Auge*	*Lichtwellen*
Hören	*Ohr*	*Schallwellen*
Geruch	*Nase*	*Geruchsstoffe*
Empfindung der Haut	*Haut*	*Berührung, Wärme*
Gleichgewicht	*Innenohr*	*Schwerkraft*
Geschmack	*Zunge*	*Geschmacksstoffe*
Bewegung	*Sehnen, Muskeln, Gelenke*	*Bewegung*

***4** Wahrnehmung: Azetongeruch – Interpretation: Herr Klausen riecht nach Azeton und hat möglicherweise einen überhöhten Blutzucker; Wahrnehmung: gerötetes Gesicht von Herrn Klausen – Interpretation: Herr Klausen hat Fieber; Wahrnehmung: Herr Klausen braucht lange zur Wohnungstür – Interpretation: Er ist in seinen Bewegungen verlangsamt. Fieber, Azetongeruch, motorische Verlangsamung sind Hinweise auf einen überhöhten Blutzucker. **5** Eine unbewusste/indirekte Beobachtung erfolgt ohne eine gewisse Zielstellung. Bei der direkten/wissenschaftlichen Beobachtung wird vorher genau festgelegt, was beobachtet werden soll. **6** a) Beobachtet werden können: menschliche Handlungen, sprachliche Äußerungen, nonverbale Reaktionen (Mimik, Gestik, Körpersprache), Veränderungen des Körpers (Hautfarbe, Zittern), soziale Merkmale (Kleidung, Rituale, Symbole). b) Menschliche Handlung (Geschwindigkeit), sprachliche Äußerungen, Veränderungen des Körpers (Hautfarbe, Geruch). **7** 1. Planung der Beobachtung. 2. Durchführung der Beobachtung. 3. Auswertung der Beobachtung. 4. Dokumentation der Beobachtung. 5. Beurteilung der Beobachtungsergebnisse. **8** Vorwissen: Sie wissen als Fachkraft, dass Azetongeruch, Fieber und Bewegungsverlangsamungen/Schläfrigkeit Anzeichen für einen stark überhöhten Blutzucker sein können. Die Tochter von Herrn Klausen ist im Urlaub. Vorerfahrung: Sie haben erfahren, dass Herr Klausen Ihre Ratschläge nicht immer befolgt und manchmal etwas eigensinnig ist. Umwelteinflüsse: Halb verfaultes Obst riecht nach Azeton. Schlussfolgerung: Die eigentliche Beobachtung muss objektiv, wertfrei und vollständig sein, sonst können Fehler unterlaufen. Beobachtung, Beurteilung und Bewertung sind strikt voneinander zu trennen. **9** Wahrnehmungsfehler: Logikfehler: Herr Klausen ist Diabetiker, sorgt momentan allein für sich (Tochter im Urlaub), ist manchmal etwas eigensinnig, Azetongeruch, gerötetes Gesicht, Schläfrigkeit → Herr Klausen hat sich sein Insulin nicht gespritzt.*

Wahrnehmungsprozess
→ S. 60

Basics

Wir als Personen nehmen unsere Umwelt wahr und erstellen uns unsere eigene Realität. Der → Wahrnehmungsprozess besteht aus den Schritten Empfinden (Reizaufnahme), Organisieren, Identifizieren und Einordnen.

Der menschliche Körper nimmt Umweltreize mit verschiedenen Sinnesorganen wahr. Sehen, Hören, Empfinden, Geruch, Geschmack, Gleichgewicht und Bewegung gehören zu den menschlichen Sinnen.

Wahrnehmungen können Täuschungen unterliegen. Vorwissen, Vorerfahrungen, Umwelteinflüsse und Erwartungshaltungen beeinflussen unsere Wahrnehmung (Kontext- und Erwartungseinflüsse).

Beobachtung findet häufig unbewusst statt. Bewusstes systematisches Beobachten von Pflegebedürftigen ist in der Altenpflege sehr wichtig. Direkt beobachtet werden menschliche Handlungen, sprachliche Äußerungen, nonverbale Reaktionen, Veränderungen des Körpers und soziale Merkmale.

Eine systematische Beobachtung besteht aus den Schritten Planung, Durchführung, Auswertung, Dokumentation und Beurteilung.

Unsere Beobachtung wird stark von Wahrnehmungsprozessen beeinflusst. Dadurch kann es zu Beobachtungsfehlern kommen, wie den Halo-Effekt, den Logikfehler, den Korrekturfehler u. a.

Die Beobachtung ist strikt von der Bewertung und Beurteilung zu trennen!

Pflegeprozess

Themenschwerpunkt aus LF 1.2

Prüfungssituation

Eine Arbeitsmethode mit Struktur

Im Seniorenstift „Frohsinn" herrscht Betriebsamkeit. Die Pflegefachkräfte erwarten in drei Wochen die Visitatoren einer Zertifizierungsagentur und sind mit letzten inhaltlichen Absprachen beschäftigt. Heute können mit der anwesenden Qualitätsbeauftragten nochmals bisherige Schwachstellen zur Thematik Pflegeprozess diskutiert werden.

Einige der Mitarbeiter sind leicht verstimmt, da sie der Meinung sind, bereits alles über diese Problematik zu wissen. „Schließlich ist die ewige Schreiberei uns so in Fleisch und Blut übergegangen, dass man das schon routinemäßig abwickelt!", wird argumentiert.

Die Qualitätsbeauftragte will mit einigen Beispielen aufzeigen, welche Fehler sich trotz der erreichten Routine immer wieder einschleichen:

„Da ist das Beispiel von Frau M. aus dem Wohnbereich 4: Zu ihr musste vor drei Wochen der Notarzt gerufen werden. Die Diagnose lautete Hyperglykämie. Frau M. hatte trotz verordneter Diät exzessiv genascht. Bei der Aufarbeitung der Pflegedokumentation und Gesprächen mit den Mitarbeiterinnen haben wir festgestellt, dass Frau M. bereits Tage vorher ihren Heißhunger auf Süßes angekündigt hatte. Aber keine der Pflegekräfte hatte es in der Dokumentation vermerkt. Weiterhin stellten wir fest, dass es zu Unregelmäßigkeiten bei der Einhaltung der Injektionszeiten für ihr Insulin gekommen ist. Frau M. spritzt ihr Insulin selbstständig. Auch diese Fakten waren nur lückenhaft in der Dokumentation belegt. Der Notarzteinsatz und insbesondere die Hyperglykämie wären durch eine strikte Umsetzung des Pflegeprozesses zu verhindern gewesen!"

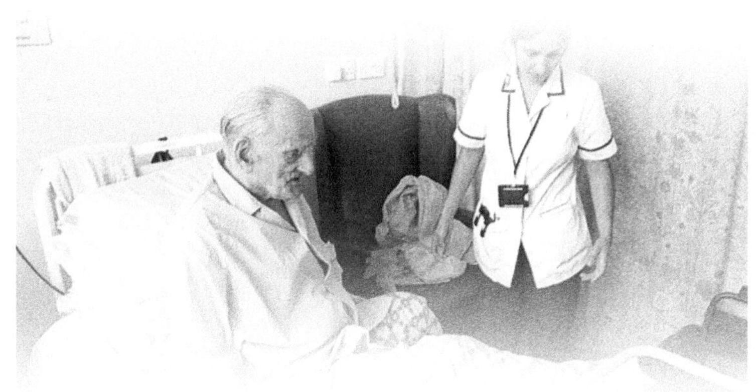

Arbeitsaufträge

1. In Deutschland ist die Dokumentationspflicht im Bereich der Pflege in verschiedenen Gesetzen und Richtlinien verankert. Benennen Sie diese.
2. Zählen sie mindestens fünf Grundsätze auf, welche in der Pflegedokumentation eingehalten werden müssen.
3. Erläutern Sie am Beispiel von Frau M., warum das kompetente Handling der Pflegedokumentation für Pflegekräfte und Klienten so wichtig ist.
4. Es gibt unterschiedliche Modelle des Pflegeprozesses. Geben Sie eine Übersicht zu dem 6-Stufen-Modell nach Fiechtner & Meyer. Ordnen Sie jedem Schritt des Pflegeprozesses eine mögliche Information aus der Prüfungssituation zu.
5. Interpretieren Sie die Aussage: Pflege ist ein Problemlösungs- und Beziehungsprozess.
6. Erklären Sie anhand von zwei Beispielen, wie durch Assessmentinstrumente eine professionelle Informationssammlung im prozessorientierten Pflegehandeln unterstützt wird.
7. Eine Möglichkeit, Arbeitsabläufe in der Pflege zu optimieren, ist die Formulierung von Standardpflegeplänen. Diese werden in Fachkreisen allerdings kontrovers diskutiert. Stellen Sie Pro- und Kontra-Argumente für den Einsatz von standardisierten Pflegeplänen gegenüber. Führen Sie Ihre eigene Meinung kurz aus.

Lösungsskizzen

1 Pflegeversicherung SGB XI; Krankenversicherung SGB V; Heimgesetz HeimG; Zivil- und Strafrecht. 2 Kurz, einfach, informativ, konkret, zeitnahe und kontinuierliche Dokumentation. 3 Transparenz pflegerischer Leistungen, Sicherung von Pflegequalität, Darstellung professioneller Pflegeleistung, rechtliche Absicherung für Pflegekräfte; aus der Information über Frau M.s Heißhunger hätten sich veränderte Pflegeziele und Maßnahmen ergeben müssen; die Transparenz durch eine lückenlose Dokumentation ist hierzu unerlässlich. 4 6-Stufen-Modell nach Fiechtner & Meyer: 1. Informationssammlung (Frau M. hat einen insulinpflichtigen Diabetes mellitus), 2. Erkennen von Problemen und Ressourcen (Frau M. spritzt ihr Insulin selber), 3. Festlegen der Pflegeziele (Vermeiden von Heißhungerattacken, stabiler Blutzucker), 4. Planung der Pflegemaßnahmen (Kontrolle und Dokumentation der gespritzten Insulinmengen; Unterstützung bei der Einhaltung der Diät), 5. Durchführung der Pflege (Dokumentation von BZ- Werten und Insulinmengen), 6. Evaluation (Festhalten im Pflegebericht, dass Frau M. Heißhunger hat, evtl. engmaschigere BZ-Kontrollen, Ernährungsberatung). 5 Problemlösungsprozess: Pflegeprozess besteht aus einer Reihe von logisch voneinander abhängigen Handlungsschritten, die auf eine Problemlösung, also auf ein Ziel gerichtet sind; Beziehungsprozess: Pflege ist ein zwischenmenschlicher Beziehungsprozess, bei dem Pflegende und Gepflegte zueinander in Kontakt treten, um ein gemeinsames Ziel (Pflegeziel) zu erreichen. 6 Assessment (engl. = Einschätzung) ist die Sammlung von pflegerelevanten Informationen bzw. Daten, auch Pflegeanamnese genannt; Assessmentinstrumente sind pflegerische Messinstrumente, die die Möglichkeit der systematischen Einschätzung (Assessment) bestimmter Pflegephänomene bieten. Sie müssen vor ihrem Einsatz auf ihre Messgenauigkeit und Gültigkeit getestet werden. Beispiele: Braden-Skala zur Messung des Dekubitusrisikos, Glaskow-Koma-Skala zur Messung des Bewusstseinszustandes. 7 Pro-Argumente: Möglichkeit, gleichmäßiges Qualitätsmaß für Pflegehandlungen zu etablieren, Arbeitserleichterung für Pflegende, insbesondere bei Pflegemaßnahmen die regelmäßig durchgeführt werden (z. B. postoperative Pflege); Kontra-Argumente: häufig stark krankheitsorientiert, Individualität in der Pflege kann eingeschränkt werden, Innovationen Pflegender gehen verloren.

Pflegeprozess → S. 66

Pflegestandards → S. 79

Pflegeplanung → S. 32

Basics

Der → Pflegeprozess ist ein Problemlösungs- und Beziehungsprozess, der in Deutschland seit Ende der 80er-Jahre etabliert wurde. Er besteht aus einer Reihe von logischen, voneinander abhängigen Handlungsschritten, die Pflegenden eine Hilfestellung in der Strukturierung und Reflexion ihrer Arbeit bieten. Mittels unterschiedlicher Assessmentinstrumente können Pflegephänomene eindeutiger erfasst und beschrieben werden. Sie vereinfachen die Informationssammlung und Evaluation.

→ Pflegestandards haben sich als Mittel zur Qualitätssicherung bewährt und bieten eine gute Möglichkeit, ein festgelegtes Leistungsniveau zu erreichen. Dabei muss die Pflegedokumentation am Pflegeprozess orientiert sein und von allen Pflegekräften fachlich korrekt beherrscht werden.

Pflegediagnostik

Themenschwerpunkt aus LF 1.2

Prüfungssituation

Frau Rosen zieht ins Heim ein

Heute soll eine neue Bewohnerin ins Altenheim „Abendstern" einziehen. Die Heimbewohner und Pflegekräfte der Abteilung III sind schon sehr gespannt auf den „Neuankömmling". In Ihren Aufgabenbereich fällt es heute, Frau Rosen, die neue Heimbewohnerin, aufzunehmen.
Sie heißen Frau Rosen im Namen aller herzlich willkommen. Nachdem Sie gemeinsam die vorerst wichtigsten Sachen von Frau Rosen in den Schränken verstaut haben, beginnen Sie mit der Pflegeanamnese.
Frau Rosen beginnt gleich zu erzählen: Sie erfahren, dass Frau Rosen vor ungefähr einem Jahr die Kellertreppe hinunterstürzte. Dabei zog sie sich schwere Verletzungen zu. Der rechte Ober- und Unterschenkel waren gebrochen. Nach langer Krankenhauszeit und Anschlussheilbehandlung kehrte sie damals in ihre Zweizimmerwohnung in die zweite Etage eines Mietshauses zurück. Ein ambulanter Pflegedienst versorgte Frau Rosen und auch die Nachbarin erledigte kleine Besorgungen. Seit dem Unfall kann Frau Rosen nur noch mit zwei Gehstützen gehen. Das Treppensteigen bereitet ihr große Probleme und auch die Schmerzen sind oft sehr stark. Frau Rosen ist 76 Jahre alt. Wie sie sagt, merkt sie, dass die Kräfte nachlassen. Ihre Mahlzeiten konnte sich Frau Rosen bisher selbstständig zubereiten. Auch zu leichter Hausarbeit wie Staubwischen und Blumengießen reichte ihre Kraft aus. Beim Baden und Füßewaschen braucht sie Hilfe. Vor einem erneuten Sturz hat sie große Angst.
Frau Rosens Sohn arbeitet viel und wohnt in einer anderen Stadt. Er und seine Frau kommen ab und an zu Besuch. Frau Rosen erzählt weiter, dass sie sich seit der Rückkehr von der Kur sehr einsam fühlt. Sie vermisst ihre wöchentlichen Gemeindetreffen, an denen sie auf Grund ihres Unfalls nicht mehr teilnehmen kann. Sie sagt von sich, dass sie ein sehr geselliger Mensch ist. Aus diesem Grund hat sie sich nun endlich entschieden, in ein Heim umzuziehen. Sie spielt gern Karten oder Halma, rätselt gern und schaut sich Quizsendungen im Fernsehen an.
Sie messen einen Blutdruck von 140/90 mmHg bei Frau Rosen. Nun hat Frau Rosen so viel erzählt! Was wollten Sie denn eigentlich noch fragen?

Arbeitsaufträge

1 Beantworten Sie folgende Fragen:
- a Welche Daten sollten für eine ausführliche Pflegeanamnese erhoben werden?
- b Welche Daten fehlen Ihnen noch bei Frau Rosen zu einer vollständigen Pflegeanamnese?
- c Aus welchem Grund führen Sie eine ausführliche Pflegeanamnese durch?
- d An welcher Stelle des Pflegeprozesses steht die Pflegeanamnese?

2 Daten, die bei einer Pflegeanamnese von Pflegekräften erhoben werden, lassen sich in subjektive, objektive, vergangene und aktuelle Daten kategorisieren. Ordnen Sie jeder Kategorie ein Beispiel zu. Verwenden Sie dazu die Daten, die Sie in dem Anamnesegespräch mit Frau Rosen gewonnen haben.

3 Eine Anamnese kann man auch als Assessment (Einschätzung) bezeichnen. Die Pflegeabhängigkeitsskala (PAS) ist ein Instrument zur Durchführung eines solchen Assessments. Schätzen Sie anhand der PAS die Pflegeabhängigkeit von Frau Rosen ein. (→ Material, S. 99)

4 Die PAS ist ein Overview-Instrument. Erklären Sie kurz, zu welchem Zweck ein Overview-Instrument eingesetzt wird. Benennen Sie ein weiteres.

5 Definieren Sie den Begriff „Pflegediagnose". Stellen Sie dabei den Unterschied zu einer medizinischen Diagnose heraus.

6 Beschreiben Sie den Aufbau einer Pflegediagnose. Verwenden Sie dazu ein Pflegeproblem von Frau Rosen.

7 Neben aktuellen Pflegediagnosen gibt es auch Risikodiagnosen und Gesundheitsdiagnosen. Erläutern Sie, was Sie unter einer Risikodiagnose und einer Gesundheitsdiagnose verstehen. Bringen Sie je ein Beispiel.

8 Beurteilen Sie die Bedeutung der Pflegediagnosen in der Pflegepraxis.

Lösungsskizzen

*1 a) Angaben zur Person, Vorgeschichte (Allgemeinbefinden, Erkrankungen, Gewohnheiten), aktuelle Anamnese (Beschwerden, soziale Situation), Familienanamnese, psychosoziale Anamnese, medikamentöse Behandlung, Untersuchung von Körpersystemen (z. B. Kreislauf). b) Angaben zur eigenen Person (Biografie), Familienanamnese, medikamentöse Anamnese, Untersuchungen zu Körpersystemen (z. B. Bewegungsapparat). c) Die Pflegeanamnese dient der Sammlung pflegerelevanter Informationen. Anhand der Pflegeanamnese können die Pflegediagnosen gestellt und realistische Pflegeziele abgeleitet werden. Sie ist Bestandteil der Pflegediagnostik. d) Die Pflegeanamnese ist der erste Schritt im Pflegeprozess und damit der Ausgangspunkt. Aus ihr heraus ergeben sich alle weiteren Schritte. Auf der Basis dieser Informationen erfolgt die Erstellung der Pflegediagnosen. Daraus leiten sich wiederum die Pflegeziele und die entsprechenden Maßnahmen ab (Pflegeplanung). **2** Subjektive Daten: „... Kräfte lassen nach"; objektive Daten: Blutdruck 140/90 mmHg; vergangene Daten: langer Krankenhausaufenthalt auf Grund eines Ober- und Unterschenkelbruchs nach Treppensturz; aktuelle Daten: eingeschränkte Gehfähigkeit, Schmerzen. **3** Ergebnis der Einschätzung: A–5, B–5, C–4, D–2, E–5, F–4, G–5, H–3, I–3, J–5, K–5, L–5, M–3, N–5, O–5=64; bei Frau Rosen besteht eine geringer Grad an Pflegeabhängigkeit. **4** Overview-Instrumente vermitteln einen Überblick über den Allgemeinzustand eines Menschen. Barthel-Index. **5** Eine Pflegediagnose ist eine Aussage, die ein aktuelles oder potenzielles gesundheitliches Problem beschreibt, das zu behandeln Pflegepersonen berechtigt und befähigt sind. Medizinische Diagnosen erkennen und benennen eine Krankheit. Dagegen beschreiben Pflegediagnosen pflegerische Probleme, Risiken und Ressourcen eines Menschen oder einer Gruppe von Menschen. **6** Pflegediagnosen sind nach der so genannten PÄS-Struktur aufgebaut. PÄS steht für Problem, Ätiologie und Symptom. Beisp.: Frau Rosens Pflegeproblem: chronische Schmerzen; Ätiologie: Unfall mit Beinbruch und Behinderung; Symptom: berichtet über Schmerzen, die länger als sechs Monate andauern, hat Angst vor erneuter Verletzung. **7** Risikodiagnosen beschreiben eine potentielle Gefährdung, Beisp.: Gefahr einer Thromboseentstehung. Gesundheitsdiagnosen beschreiben die Bereitschaft von Patienten/Klienten, gesundheitsförderliches Verhalten anzustreben, Beisp.: vorhandene Kooperationsbereitschaft. **8** Pflegediagnosen leisten ihren Beitrag zur Verbesserung der Pflegequalität. Sie führen zu einer einheitlichen Sprache in der Pflegepraxis und bieten somit den Pflegenden in ihrer täglichen Arbeit. Auch für Lehre und Forschung bieten einheitliche Begriffe eine solide Grundlage. Pflegediagnosen strukturieren pflegerisches Wissen. Sie werden zunehmend im Rahmen neuer Abrechnungssysteme eingesetzt. In Deutschland hat sich die Pflege anhand von Pflegediagnosen noch nicht in allen Bereichen der Pflegepraxis etabliert.*

Basics

Innerhalb des pflegerischen Diagnoseprozesses stellt die Pflegefachkraft nach eingehender(m) Anamnese/Assessment eine oder mehrere Pflegediagnosen fest. Auf Grund der Pflegediagnosen kann die Pflegeplanung und Durchführung erfolgen.

Ausgangspunkt im Pflegeprozess ist die Pflegeanamnese. Sie dient zur Sammlung pflegerelevanter Informationen. Diese Informationen können in subjektive, objektive, vergangene und aktuelle Daten eingeteilt werden. In der Anamnese werden zu vorgegebenen Kriterien Daten erhoben und im Dokumentationssystem festgehalten.

Zur Einschätzung eines Menschen werden Assessmentinstrumente wie die PAS oder die Glasgow-Koma-Skala eingesetzt.

Eine Pflegediagnose ist eine Aussage, die ein aktuelles oder potenzielles Gesundheitsproblem beschreibt. Pflegediagnosen zeichnen sich durch den Aufbau Problem (P), Ätiologie/Ursache (Ä) und Symptom (S) aus (PÄS). Neben aktuellen Pflegediagnosen gibt es Risiko- und Gesundheitsdiagnosen.

Pflegediagnosen führen zu einer einheitlichen Benennung von Pflegephänomenen. Sie werden nach verschiedenen Kriterien klassifiziert. Gängige Klassifikationssysteme sind die NANDA und die ICNP.

Pflegediagnostik → S. 69

Pflegediagnostik → S. 57

Planung, Durchführung und Evaluation der Pflege

Themenschwerpunkt aus LF 1.2

Prüfungssituation

Erkältungszeit

Seit der vergangenen Woche geht eine Erkältungswelle durchs Heim „Abendstern". Einige Heimbewohner husten und niesen. Nun hat es auch noch Frau Gartenschläger erwischt. Bereits gestern, als Sie ihr bei der Abendtoilette behilflich waren, erwähnte sie, dass sie sich so schlapp fühle. Als Sie nun heute zum Spätdienst kommen, liegt Frau Gartenschläger im Bett. Sie hat ein gerötetes Gesicht und schwitzt stark. Außerdem hustet und niest sie fortwährend. Am Vormittag war schon der Arzt vor Ort, hat sie untersucht und entsprechende Medikamente (Antipyretika, Sekretolytika) verordnet.
Frau Gartenschläger ist schon 82 Jahre alt und hat einen BMI von 17,5. Sie machen sich um ihren Zustand Gedanken. Die Messung der Körpertemperatur von Frau Gartenschläger bestätigt Ihren Verdacht, sie hat 38,9 °C Fieber. Das Fieber beeinträchtigt Frau Gartenschläger auch in ihrem Allgemeinbefinden sehr stark.
Nach eingehendem Assessment stellen Sie folgende aktuelle Pflegediagnose:

Problem: Hyperthermie
Ursache: Virusinfekt
Symptome: erhöhte Körpertemperatur von 38,9 °C, starkes Schwitzen

Außerdem bestehen bei Frau Gartenschläger auf Grund ihres BMI und ihres Alters folgende Risikodiagnosen:

- Gefahr einer Pneumonie durch Erkrankung der oberen Luftwege;
- Gefahr einer Hautschädigung durch Immobilität und starkes Schwitzen;
- Gefahr eines unausgeglichenen Flüssigkeitshaushalts durch starkes Schwitzen.

Arbeitsaufträge

1 Sie haben bei Frau Gartenschläger insgesamt vier Pflegediagnosen (eine aktuelle, drei Risikodiagnosen) gestellt. Setzen Sie nun Prioritäten und bringen Sie die Pflegediagnosen in eine sinnvolle Reihenfolge! Begründen Sie, weshalb eine Prioritätensetzung notwendig ist.

2 Gemeinsam mit Frau Gartenschläger planen Sie nun, welche Pflegeziele Sie erreichen wollen. Pflegeziele lassen sich prinzipiell in zwei Kategorien unterteilen. Bestimmen Sie anhand der Pflegediagnose „Hyperthermie" die entsprechenden Pflegeziele.

3 Benennen Sie allgemeine Anforderungen, welche bei der Formulierung von Pflegezielen zu beachten sind.

4 Nach dem Festlegen der Pflegeziele erfolgt die Planung der notwendigen Pflegeinterventionen. Planen Sie im nächsten Schritt die erforderlichen Pflegeinterventionen und erläutern Sie, was diesbezüglich zu beachten ist.

5 Erläutern Sie kurz, durch welche Maßnahmen Sie eine einheitliche Arbeit im Team gewährleisten können.

6 Erklären Sie am Beispiel des Pflegeprozesses von Frau Gartenschläger, was Sie unter dem Begriff „Evaluation" verstehen.

7 Zur Evaluation von Pflegemaßnahmen können verschiedene Assessmentinstrumente zum Einsatz kommen. Nennen Sie ein Assessmentinstrument, das bei Frau Gartenschläger eingesetzt werden könnte. Begründen Sie Ihre Entscheidung.

8 Nicht immer sind Pflegeziele so leicht überprüfbar. Beschreiben Sie anhand von zwei Argumenten, welche Probleme sich bei der Überprüfung von Pflegezielen stellen können.

Lösungsskizzen

(Der folgende Lösungstext ist auf dem Kopf stehend gedruckt.)

1 *1. Aktuelle Pflegediagnose: Hyperthermie; danach Risikodiagnosen: 2. Gefahr eines Flüssigkeitsmangels; 3. Gefahr einer Pneumonie; 4. Gefahr eines Dekubitus. Eine Prioritätensetzung ist notwendig, um Pflegeziele und Reihenfolge der Pflegemaßnahmen festlegen zu können.* **2** *Zwei Kategorien: Fernziele und Nahziele. Fernziel: Frau Gartenschläger ist fieberfrei. Nahziel: Frau Gartenschläger schwitzt nicht mehr und fühlt sich wohl.* **3** *Pflegeziele müssen realistisch und überprüfbar sein. Sie müssen detailliert und kurz und bündig formuliert sein. Sie dürfen nicht als Pflegemaßnahme formuliert sein. Ein Pflegeziel ist immer ein Sollzustand.* **4** *Pflegeinterventionen (Auswahl): Wadenwickel, bis Körpertemperatur auf 37 °C gesunken ist; Gabe von fiebersenkenden Medikamenten lt. ärztlicher Anordnung; reichlich Flüssigkeit anbieten; dreistündliche Kontrolle der Körpertemperatur (16. November, 15:00). Pflegemaßnahmen müssen zielgerichtet geplant und wenn möglich gemeinsam mit dem Pflegebedürftigen gestaltet werden. Jede Maßnahme wird mit einem zeitlichen Rahmen versehen. Der Zeitpunkt der Durchführung wird festgesetzt.* **5** *Durch Terminabsprachen mit anderen Berufsgruppen (z. B. Atemtraining mit der Physiotherapie), laufende Dokumentation, Absprache im Team und regelmäßige Teamsitzungen kann eine einheitliche Arbeit gewährleistet werden.* **6** *Evaluation ist die Überprüfung und die Bewertung eines Ergebnisses. Nach der Durchführung der fiebersenkenden Pflegeinterventionen wird die Körpertemperatur kontrolliert. Ist die Körpertemperatur auf 37 °C gefallen und Frau Gartenschläger fühlt sich wohl, ist das Pflegeziel erreicht. Die Pflegemaßnahme war erfolgreich. Ist die Körpertemperatur nicht gesunken, müssen die Maßnahmen fortgeführt bzw. neue Maßnahmen eingeleitet werden.* **7** *Bradenskala: Durch das starke Schwitzen, den niedrigen BMI und die eingeschränkte Mobilität erhöht sich das Dekubitusrisiko.* **8** *Probleme bei der Evaluation von Pflegemaßnahmen können auftreten, wenn eine andere Fachkraft die Evaluation durchführt, die den Ausgangszustand nicht kannte. (Beisp.: Beurteilung eines Hautausschlags). Ebenfalls kann eine Evaluation dadurch erschwert sein, dass man das Ergebnis nicht eindeutig auf die durchgeführte Maßnahme zurückführen kann. (Beisp.: Man kann nicht genau bestimmen, ob das Fieber von den Wadenwickeln oder von den Medikamenten gesunken ist.)*

Basics

Nach dem Festlegen von → Pflegediagnosen muss eine Prioritätensetzung stattfinden. Anschließend werden die Pflegeziele formuliert.
Pflegeziele unterteilt man in Fernziele und Nahziele. Sie müssen realistisch und überprüfbar sein und einen Sollzustand beschreiben.
Pflegemaßnahmen (Pflegeinterventionen) müssen zielgerichtet und wenn möglich gemeinsam mit dem Pflegebedürftigen geplant und gestaltet werden. Jede Pflegemaßnahme wird mit einem zeitlichen Rahmen versehen. Der Zeitpunkt der Durchführung wird festgesetzt.
Eine Evaluation ist die Überprüfung und die Bewertung eines Ergebnisses. Die Pflegemaßnahme wird nach ihrer Durchführung evaluiert. Sie war erfolgreich, wenn das Pflegeziel erreicht wurde.
Zur Evaluation von Pflegemaßnahmen sind Assessmentinstrumente (z. B. PAS, Bradenskala) nur geeignet, sofern sie das gewählte Pflegeziel überprüfen.
Der Pflegeprozess ist so zu gestalten, dass alle Fachkräfte im Team daran teilnehmen können, um eine kontinuierliche und einheitliche Pflege zu gewährleisten. Regelmäßige Teamsitzungen können dazu beitragen.

Pflegediagnosen → S. 73

Pflegediagnosen → S. 57

Grenzen der Pflegeplanung

Themenschwerpunkt aus LF 1.2

Prüfungssituation

Herausforderung Pflegeplanung?

Zurzeit befinden Sie sich im Praxiseinsatz in Ihrer Ausbildungsstätte, dem Altenheim „Abendstern". Der Frühdienst ist vorüber und Sie sitzen zusammen mit Ihrer Praxisanleiterin Frau Schneider im Aufenthaltsraum der Abteilung III. Gemeinsam gehen Sie noch einmal die letzten Stunden durch und kommen u. a. auf das Thema „Pflegeplanung" zu sprechen. Sie erzählen Frau Schneider, dass Sie in der letzten Theoriewoche einen interessanten Vortrag von einer Expertin in Sachen Pflegeplanung gehört haben. Ihre Praxisanleiterin ist darüber sehr erfreut und bittet Sie, einen Vortrag zu diesem Thema für die Pflegekräfte des Heimes zu gestalten. Sie sind sich nicht sicher, ob Sie sich das zutrauen, doch Frau Schneider macht Ihnen Mut. Nun sitzen Sie zu Hause an Ihrem Schreibtisch. Um Ihren Vortrag zu gestalten, setzen Sie sich mit folgenden Problemen auseinander:

Arbeitsaufträge

1 Erläutern Sie die Notwendigkeit und Ziele einer Pflegeplanung.

2 Beschreiben Sie mögliche Gründe dafür, dass Sie in der täglichen Praxis selten solche ausführliche Pflegeplanung finden, wie Sie diese während der Ausbildungszeit erstellen.

3 Definieren Sie den Begriff „Pflegestandard".

4 Begründen Sie die Notwendigkeit von Pflegestandards anhand ihrer Funktion.

5 Ein Pflegestandard sollte aus drei „Grundbausteinen" aufgebaut sein. Benennen und beschreiben Sie diese anhand eines Beispiels (Pflegestandards) aus der Pflegepraxis.

6 Ordnen Sie folgende Kriterien des Pflegestandards „Spezielle Mundpflege" den jeweiligen „Grundbausteinen"/Standardkategorien zu:
- Soor und Parotitis vermeiden
- Mundpflegeset: Nierenschale, 5 Tupfer, stumpfe Klemme, Spatel, Watteträger, Zahnbürste
- Häufigkeit: nach Nahrungsaufnahme, alle 4–6 Stunden
- Oberkörper des Patienten, wenn möglich, hoch lagern
- Kamillentee
- Patienten auffordern, den Mund zu öffnen
- Saubere, feuchte, intakte Mundschleimhaut erhalten
- Dreijährig-examinierte Pflegefachkraft

Standardkategorien: Ergebnis, Struktur, Prozess

7 Bewerten Sie den derzeitigen Entwicklungsstand bezüglich der Einführung von Pflegestandards in Deutschland.

8 Stellen Sie die Vor- und Nachteile von Standardpflegeplänen gegenüber. Beurteilen Sie, ob Standardpflegepläne für die Altenpflegepraxis geeignet sind.

Lösungsskizzen

1 Für eine individuell auf den Patienten abgestimmte, zielgerichtete und zeitlich organisierte Durchführung von Pflegemaßnahmen ist eine Pflegeplanung unerlässlich. Ziel jeder Pflegeplanung ist die Erreichung der Pflegeziele durch Auswahl und Priorisierung der entsprechenden Pflegemaßnahmen. Planungsprozesse und deren Dokumentation gewährleisten Kontinuität und Transparenz im Pflegeprozess. 2 Gedanken- und Planungsschritte sind für erfahrene Fachkräfte oft schon Routine. Häufig sind in Einrichtungen Standardkataloge zur Pflegeplanung vorhanden. Die Zeitressourcen der Pflegekräfte sind in der Praxis sehr begrenzt, es bleibt wenig Zeit für Schreibarbeit. Sie als Auszubildende befinden sich in einem Lernprozess. Sie lernen die Prozessschritte des Pflegeprozesses erst kennen und analysieren ausführlich Pflegehandlungen. Um eine ganzheitliche Betrachtungsweise und die individuelle Versorgung Pflegebedürftiger zu erlernen, ist ein ausführliches Durchdenken der Pflegeplanung notwendig. 3 Ein Pflegestandard ist ein allgemein zu erreichendes Leistungsniveau, welches durch ein oder mehrere Kriterien umschrieben wird (Definition der WHO, 1987). 4 Eine indiviuelle Pflegeplanung dient nicht zwingend der Verbesserung der Pflegequalität. Pflegestandards sind notwendig, um die Pflegequalität zu verbessern. Die Funktion von Pflegestandards besteht darin, ein einheitliches Leistungsniveau festzulegen und damit Kontinuität in der Pflege zu gewährleisten. 5 Struktur: alle Hilfsmittel, die für das Legen eines Dauerkatheters benötigt werden; Prozess: Beschreibung der Durchführung der Katheteranlage; Ergebnis: Pflegeziel „Kontinuierliche Urindrainage"; 6 Ergebnis: Soor und Parotitis vermeiden, saubere, feuchte und intakte Mundschleimhaut erhalten; Struktur: dreijährig-examinierte Pflegefachkraft, Mundpflegeset, Kamillentee; Prozess: Oberkörper des Patienten hoch lagern, Patienten auffordern, den Mund zu öffnen. 7 In Deutschland arbeitet seit einigen Jahren das Deutsche Netzwerk für Qualitätsentwicklung in der Pflege (DNQP) an der Entwicklung von Nationalen Expertenstandards. Diese werden von Wissenschaftlern erstellt und gelten als verbindlicher Rahmen für die Durchführung von Pflege. Expertenstandards haben den Charakter einer Leitlinie. Pflegeeinrichtungen bleibt es freigestellt, ob sie sich an diese Standards halten oder nicht. Auch liegen zurzeit nicht für alle Pflegemaßnahmen Standards vor. Die zunehmenden Qualitätsbestrebungen deutscher Pflegeeinrichtungen werden die Einführung von Pflegestandards vorantreiben. 8 Vorteile: Möglichkeit zur Optimierung von Pflege, gut geeignet zur Nachbetreuung von frisch operierten Patienten, verkürzen Krankenhausliegezeiten; Nachteile: konzentrieren sich auf ein Krankheitsbild – starke Krankheitsorientierung, Gefahr der standardisierten Pflege und Vernachlässigung individueller Bedürfnisse. Beispiele für ein persönliches Urteil: Standardpflegepläne sind ungeeignet für Altenpflege, da die Gefahr besteht, dass individuelle Bedürfnisse und Ressourcen vernachlässigt werden.

Basics

In der Altenpflegepraxis kommen zunehmend Standardkataloge, welche gehäuft auftretende Pflegediagnosen (Pflegeprobleme/Ressourcen) berücksichtigen, zum Einsatz. Auf Grund von Routine und der ständigen Zeitnot praktizierender Pflegekräfte wird die ausführliche Pflegeplanung durch eine kurz gefasste praktische Pflegeplanung ersetzt.

→ Pflegestandards dienen als Mittel zur Qualitätsverbesserung in der Pflege.

Ein Pflegestandard ist ein allgemein zu erreichendes Niveau, welches durch ein oder mehrere Kriterien umschrieben wird (WHO, 1987).

Jeder Pflegestandard besteht aus den Komponenten: Struktur, Prozess und Ergebnis. Ein Pflegestandard muss auf dem neuesten Stand pflegerischen Wissens erstellt werden.

In Deutschland arbeitet das Deutsche Netzwerk für Qualitätsentwicklung in der Pflege (DNQP), eine Expertengruppe führender Wissenschaftler, an der Erarbeitung „Nationaler Expertenstandards" (z. B. Expertenstandard für Dekubitus).

→ Standardpflegepläne sollen Pflege optimieren, sind jedoch sehr krankheitsorientiert und daher für die Altenpflege nur bedingt geeignet. Sie vernachlässigen individuelle Probleme und Ressourcen Pflegebedürftiger.

Standardpflegepläne → S. 85

Pflegestandards → S. 32

Pflegedokumentation, EDV

Themenschwerpunkt aus LF 1.2

Prüfungssituation

Frau Braun kann oft nicht schlafen

Heute haben Sie Ihren ersten Nachtdienst im Wohnbereich III. Sie haben soeben Ihren Dienst angetreten und gehen noch einmal zu den Heimbewohnern, die noch nicht schlafen. Von Frau Braun wissen Sie, dass sie nachts oft nicht schlafen kann. Frau Braun wohnt seit ungefähr zwei Jahren im Heim. In den letzten Wochen verwechselt sie ab und an Namen oder vergisst, was sie zu Mittag gegessen hat. Sie erkundigen sich, wie es ihr geht und ob sie noch etwas zur Nacht benötigt. Frau Braun antwortet, dass sie gern wieder die gleiche Schlaftablette haben möchte, wie ihr Altenpflegerin Frau Welsch gestern Abend gegeben hat. Sie sehen in den Dokumentationsunterlagen von Frau Braun nach, finden aber keinen Eintrag dazu! Hat Frau Welsch vergessen, die Medikamentengabe zu dokumentieren? Oder hat Frau Braun etwas durcheinandergebracht? Was sollen Sie jetzt tun?

Arbeitsaufträge

1 Erläutern Sie, warum Sie einen Eintrag in der Pflegedokumentation erwartet hätten.

2 Benennen Sie drei Gesetzblätter, in denen rechtliche Grundlagen zur Pflegedokumentation verankert sind.

3 Nennen Sie die Ziele der Pflegedokumentation.

4 Beschreiben Sie anhand von mindestens drei Argumenten, welche Bedeutung die Pflegedokumentation für Sie als Pflegekraft hat. Beziehen Sie sich dabei auf die Pflegesituation von Frau Braun.

5 An eine exakte Pflegedokumentation bestehen vorgeschriebene Anforderungen, die es für Sie als Pflegekraft zu beachten gilt. Benennen und begründen Sie diese Anforderungen.

6 Dokumentationssysteme können in verschiedenen Einrichtungen unterschiedlich aufgebaut sein. Jedoch müssen Sie den elf Anforderungen des SGB XI entsprechen.
   a Benennen Sie diese elf Anforderungen. Bringen Sie je ein Beispiel dazu.
   b Im Material (S. 100) finden Sie einen Auszug aus einem Dokumentationssystem. Benennen Sie die Anforderungen, die durch dieses Material erfüllt werden.

7 Vervollständigen Sie folgenden Satz : Eine Pflegedokumentation darf nicht...

8 Sie haben sich entschieden, Frau Braun das vom Arzt verordnete Schlafmittel zu geben. Als Sie gegen 23:30 Uhr ihr Zimmer betreten, schläft Frau Braun. Erklären Sie stichpunktartig, was Sie beim Anfertigen eines Pflegeberichtes beachten müssen. Schreiben Sie einen kurzen Pflegebericht, bezogen auf die Pflegesituation von Frau Braun.

9 Beurteilen Sie, welche rechtlichen Konsequenzen eine lückenhaft geführte Pflegedokumentation für Sie als Pflegekraft haben kann.

Lösungsskizzen

1 Da jede Pflegemaßnahme dokumentiert werden muss. ***2*** *Pflegeversicherung SGB XI, Heimgesetz HeimG, Zivil- und Strafrecht.* ***3*** *Transparenz des Pflegeprozesses und damit der Pflegeleistung, Sicherung der Pflegequalität, Darstellung professioneller Pflegeleistung.* ***4*** *Die Pflegedokumentation ist für die Pflegefachkraft eine wichtige Informationsquelle. Sie dient ebenfalls der Übermittlung von Informationen an die nächste betreuende Pflegefachkraft. Anhand der Pflegedokumentation stellen Sie Ihre Pflegeleistung dar. Im Falle von Frau Braun fehlen Ihnen wertvolle Informationen bezüglich der Abendmedikation, da Sie auch den Aussagen von Frau Braun nicht vertrauen können.* ***5*** *Pflegedokumentation muss aktuell, am Pflegeprozess orientiert sein und kontinuierlich geführt werden. Die Reihenfolge der Durchführung von Pflegemaßnahmen wird somit transparent. Wird nur am Ende eines Dienstes dokumentiert, besteht die Gefahr, dass Informationen vergessen werden. Pflegedokumentation muss einheitlich, gut lesbar, verständlich und übersichtlich sein, um eine eindeutige Informationsübertragung zu gewährleisten. Dokumentation darf nicht verfälscht oder mit Tipp-Ex überschrieben sein, sodass Korrekturen nachvollziehbar sind und Manipulationen ausgeschlossen werden können. Jede Eintragung wird mit einem Namenskürzel versehen. Somit ist ersichtlich, wer die Eintragung vorgenommen hat.* ***6 a)*** *Stammdaten: Name; Pflegeanamnese: Hilfsmittel/Prothesen; Biografie: Religion; Pflegediagnosen, Ziele, Maßnahmen, Evaluation: Hyperthermie, Wadenwickel, Fiebermessen; verordnete medizinische Behandlungspflege: Medikamentenverordnung; Durchführungsnachweis mit Kürzel; Pflegebericht: Zustand des Pflegebedürftigen; Lagerungsplan: Form der Lagerung; Bilanzierungsbogen: Trinkmenge; Überleitungsbogen: Entlassung.* ***b)*** *Stammdaten und Teil der Pflegeanamnese.* ***7*** *… manipuliert, öffentlich zugängig oder einfach nur abgehakt (ohne Durchführung) werden.* ***8*** *Kurzer prägnanter Bericht über Zustand oder eventuelle Komplikationen, für jede Schicht eigene Schreibfarbe, Bericht mit Uhrzeit, Schicht und Namenskürzel versehen; dokumentierte Probleme müssen Maßnahmen und Ergebnis erkennen lassen. Beisp.: ND 22:00 Uhr, Frau Braun kann nicht schlafen. Sie bekommt das entsprechend verordnete Schlafmittel X. Kürzel. ND 23:30 Uhr, Frau Braun schläft. Kürzel.* ***9*** *Maßnahmen, die nicht dokumentiert sind, gelten als nicht durchgeführt. Eine fehlerhafte oder lückenhafte Dokumentation kann im Rechtsfall zu einer Beweislastumkehr führen. Wenn Sie in einem solchen Falle nicht den Nachweis für eine korrekte Behandlung erbringen können, müssen Sie mit rechtlichen Konsequenzen rechnen.*

Basics

Die → Pflegedokumentation muss am Pflegeprozess orientiert und einheitlich, gut lesbar, verständlich, dokumentenecht, unverfälscht, übersichtlich, aktuell und kontinuierlich geführt sein.
Die Ziele der Pflegedokumentation sind: Sicherung der Pflegequalität, Darstellung professioneller Pflegeleistungen und Transparenz der Pflegeleistung.
Rechtsgrundlagen der Pflegedokumentation sind u.a. das SGB XI (Pflegeversicherung) und das Heimgesetz HeimG.
Dokumentationssysteme werden von Einrichtungen selbst erstellt oder von einem professionellen Anbieter käuflich erworben. Jedes Dokumentationssystem muss den Anforderungskriterien des SGB XI entsprechen.
Ein Pflegebericht ist ein kurzer prägnanter Bericht pro Schicht über den Zustand eines Pflegebedürftigen und eventuelle Komplikationen. Der Bericht wird mit Schicht, Uhrzeit und Namenskürzel versehen. Maßnahmen und Ergebnisse müssen mit dokumentierten Problemen übereinstimmen.

Pflegedokumentation → S. 87

Pflegedokumentation → S. 37

Pflegerelevante Grundlagen, insbesondere der Anatomie, Physiologie, Geriatrie, Gerontopsychiatrie, Psychologie, Arzneimittelkunde, Hygiene und Ernährungslehre

Themenschwerpunkt aus LF 1.3

Prüfungssituation

Altenpflegerin Frau Schwarzenberg ist sprachlos

Altenpflegerin Frau Schwarzenberg hat Spätdienst und macht gerade ihre „Tablettenrunde". Es ist Sonntagnachmittag und einige der Bewohner haben Besuch, da möchte sie nicht lange stören und nur schnell die Medikamente ins Zimmer reichen. Nun klingelt es bei Frau Kreibig im Zimmer 11. Frau Kreibig ist aufgeregt. „Also, Schwester, der Arzt hat mir am Freitag alles erklärt mit der Magenschleimhautentzündung und den Bakterien im Magen, ich habe den Eindruck, mit mir sieht es schlecht aus. Wegen meiner Magenschmerzen und dem Sodbrennen soll ich nun diese gefährlichen Medikamente einnehmen. Das soll die Magensäure blockieren, Säureblocker, hat er gesagt und die Antibiotika sind gegen die Bakterien. In dem Beipackzettel stehen so viele Nebenwirkungen, das kann doch nicht gut sein! Frau Schmidt hatte auch solche ähnlichen Medikamente bekommen und ist davon immer dünner geworden. Früher habe ich bei Magenschmerzen oft Kamillentee getrunken, das reicht doch auch. Immer diese vielen Tabletten. Ich glaube, die helfen sowieso nicht. Was meinen Sie denn, Schwester, soll ich die nehmen?"

Frau Schwarzenberg will gerade antworten, da klingelt es im Zimmer 7. Herr Schneider erwartet sie und berichtet stolz: „Also, Frau Schwarzenberg, heute habe ich Ihnen mal ein Stück Arbeit abgenommen und den Verbandswechsel an meinem offenen Bein selbst gemacht!" Herr Schneider hat seit Monaten ein Ulcus cruris, welches täglich verbunden wird. „Das Verbandszeug habe ich noch einmal nehmen können, war noch ganz sauber." Altenpflegerin Frau Schwarzenberg ist sprachlos. Sie geht zurück ins Dienstzimmer und überlegt, wie sie handeln könnte ...

Arbeitsaufträge

1. Altenpflegerin Frau Schwarzenberg ist in einer schwierigen Situation. Formulieren Sie die Probleme, die sie lösen muss.
2. Ordnen Sie den Problemen jeweils eine mögliche Handlungsstrategie zu.
3. Frau Kreibig scheint an einer chronischen Gastritis zu leiden. Erklären Sie die therapeutischen Möglichkeiten bei dieser Erkrankung.
4. Beschriften Sie die anatomische Abbildung des Magens (→ Material, S. 101)
5. Beschreiben Sie Pathogenese und Ätiologie eines Ulcus cruris.
6. Nennen Sie mindestens drei mögliche Ursachen für Wundheilungsstörungen im Allgemeinen.
7. Neulich war die Tochter von Herrn Schneider da und beschwerte sich bei Ihnen über die schlechte Pflege. Sie war der Meinung, dass eine offene Wunde viel schneller heilen müsste, und unterstellte Ihnen eine schlechte Wundversorgung. Erklären Sie der Tochter, welche Veränderungen der Wundheilung im Alter es gibt. Halten Sie die daraus resultierenden Maßnahmen fest, die beim altenpflegerischen Handeln berücksichtigt werden müssen.

Basics

Im Berufsalltag werden Pflegende häufig mit der Bewältigung hochkomplexer Pflegesituationen konfrontiert, die ein rasches und kompetentes Handeln erfordern. Um diesem Anspruch gerecht zu werden, ist die Entwicklung beruflicher Handlungskompetenz Pflegender bereits in der Ausbildung unabdingbar. Inhalte aus unterschiedlichsten Wissensbereichen werden in komplexen Handlungen miteinander vernetzt.

In diesem Rahmen ist die Entwicklung von Fachkompetenz im dargestellten Fall, die Fachkenntnisse zur → chronischen Gastritis oder zum → Ulcus cruris, ebenso erforderlich wie Sozial- und Personalkompetenz zur Gestaltung der Gesprächssituation und adäquaten Konfliktlösung.

Chronische Gastritis → S. 521

Ulcus cruris → S. 511

Lösungsskizzen

1 Probleme bei Frau Kreibig: Fragen zur Medikation darf Frau Schwarzenberg nicht beantworten; Informations- und Aufklärungspflicht hat der Arzt; Frau Kreibig hat Angst vor der Wirkung der Medikamente und braucht eine Hilfestellung. Probleme bei Herrn Schneider: Verbandswechsel ist ärztlich angeordnet und muss durch Pflegefachkraft durchgeführt werden; Wunddokumentation muss zu festgelegten Zeiten erfolgen, sonst Verletzung der Sorgfaltspflicht; Herr Müller ist stolz auf seine Hilfe und erwartet Dank und Anerkennung; Frau Schwarzenberg ist im Konflikt, ob sie den Verbandswechsel noch einmal macht, sie möchte Herrn Müller nicht enttäuschen. 2 Handlungsstrategie bei Frau Kreibig: Zeit nehmen, Ängste, Bedenken anhören; beruhigen; Termin mit dem Arzt vereinbaren zur Abklärung der offenen Fragen; Frau Kreibig auf ihr Recht, Medikamente nicht einzunehmen, hinweisen und ihre Entscheidung respektieren; Vorschlag machen, auf positive biografische Erfahrung mit Kamillentee zurückzugreifen; Dokumentation; Handlungsstrategie bei Herrn Schneider: Gespräch mit Herrn Schneider führen, seine Hilfe positiv bestätigen; Information über Ihre Pflicht als Pflegefachkraft, die Wunde zu begutachten und zu verbinden; auf eventuelle Gefahren hinweisen (Infektionen durch unsauberes Handling); Entscheidung des erneuten Verbandwechsels Herrn Schneider überlassen; Dokumentation. 3 Allgemeine Maßnahmen: Gewichtsreduktion bei Übergewicht; Oberkörperhochlagerung beim Schlafen; Vermeiden von Alkohol, Nikotin und säurehaltigen Nahrungsmitteln; 6–8 kleine Mahlzeiten; spezielle Maßnahmen: bei Nachweis von Helicobacter pylori medikamentöse Therapie; säureneutralisierende Medikamente: Antazida, Säureblocker: H_2-Rezeptorenantagonisten, Protonenpumpenhemmer, bei Typ-A-Gastritis regelmäßige Vitamin B12-Injektion, um Anämie und neurologischen Symptomen vorzubeugen. 4 A = Magengewölbe (Fundus); B = unterer Speiseröhrenverschluss (Cardia); C = Zwölffingerdarm (Duodenum); D = Magenpförtner (Pylorus); E = Magenstraße. 5 Hautschädigung durch chronisch eingeschränkte Venenfunktion, oft entwickelt sich aus einer kleinen Hautläsion eine chronische Wundheilungsstörung. 6 Durchblutungsstörungen, Venenerkrankungen, Infektion der Wunde, Stoffwechselstörungen; allgemeine Faktoren: reduzierter Ernährungszustand, hohes Alter, Vitaminmangel; lokale Faktoren: mechanischer Druck, Wundbeschaffenheit. 7 langsamere Wundheilung: durch langsamere Regeneration der Epidermis durch geringere Teilungsrate in der Keimschicht und verminderte Bildung von Kollagen; Immunstörungen; Eiweißmangel; Infektionen. Pflegemaßnahmen: sorgfältige aseptische Wundversorgung, eiweißreiche Ernährung, Abpolsterung empfindlicher Hautpartien.

Unterstützung alter Menschen bei der Selbstpflege

Themenschwerpunkt aus LF 1.3

Prüfungssituation

Frau Schubert möchte sich alleine versorgen

Frau Schubert ist 83 Jahre alt und hat sich vor drei Wochen bei einem Sturz im Seniorenheim „Waldfriede" einen Unterarmbruch rechts zugezogen. Sie wurde im nahe gelegenen St.-Hubertus-Krankenhaus aufgenommen und nach operativer Behandlung mit einem Gipsverband versorgt. Nach Entfernung des Gipsverbandes wird sie zurück ins Heim verlegt.

Altenpflegerin Susanne ist heute im Frühdienst für Frau Schubert verantwortlich. Diese macht beim Aufstehen einen sehr traurigen Eindruck und berichtet: „Wenn ich doch nur wieder so könnte wie vor dem Sturz! Seit meinem Klinikaufenthalt bin ich ganz und gar auf die Schwestern und Pfleger angewiesen. Beim Waschen, Anziehen und bei jedem Toilettenbesuch muss ich klingeln. Dann versuche ich immer, mich zu beeilen, da ja auch andere Bewohner zu versorgen sind. Ich möchte doch keinem zur Last fallen, wenn ich mich wenigstens allein waschen und anziehen könnte! Meine Gelenke sind von dem vielen Sitzen schon ganz steif geworden und schmerzen beim Bewegen."

Altenpflegerin Susanne versorgt Frau Schubert im Bad und leitet sie zum Waschen mit dem gesunden Arm an. Es dauert zwar 20 Minuten länger als geplant, aber Frau Schubert lächelt: „Endlich mal wieder was allein geschafft!" Frau Schubert berichtet, dass sie seit zwei Tagen eine schmerzhafte Stelle am Gesäß hat, deshalb legt sie tagsüber immer ein Sofakissen unter den Po. Altenpflegerin Susanne kontrolliert beim Waschen des Unterkörpers das Gesäß und bemerkt eine Rötung im Bereich des Steißbeins, die auch beim Stehen nicht verschwindet.

Arbeitsaufträge

1. Interpretieren Sie den Begriff Selbstpflege aus pflegerischer Sicht und aus Sicht von Frau Schubert.
2. Nennen Sie die Grundsätze aktivierender Pflege und begründen Sie die Notwendigkeit für die Durchführung aktivierender Pflege bei Frau Schubert.
3. Benennen Sie die Aktivitäten zur Selbstpflege, bei denen Frau Schubert Hilfe benötigt, und ergänzen Sie ihre vorhandenen Ressourcen.
4. Entwickeln Sie einen Ablaufplan zur Unterstützung bei der Körperpflege für Frau Schubert.
5. Listen Sie die Pflegeinterventionen auf, welche Sie im Rahmen des prophylaktischen Handelns bei Frau Schubert umsetzen würden. Begründen Sie diese.
6. Altenpflegerin Susanne hat eine Rötung am Steißbein von Frau Schubert bemerkt. Führen Sie die nun folgenden notwendigen Schritte im Sinne des Pflegeprozesses auf.

Lösungsskizzen

1 Unter Selbstpflege wird die Sorge für das eigene Wohlbefinden verstanden. Zur Selbstpflege zählen alle Lebensaktivitäten, die der Mensch für sein Wohlbefinden in der Wechselwirkung mit seiner Umgebung ausübt. Durch Selbstpflege kann der Mensch positiven und negativen Einfluss auf seine eigene Gesundheit nehmen. Für Frau Schubert ist es wichtig, sich wieder selbst versorgen zu können und unabhängig von der Hilfe anderer Menschen zu sein. 2 Grundsätze aktivierender Pflege: Pflegeempfänger nach Möglichkeit fortwährend zur Selbstpflege anleiten und die Selbstständigkeit fördern; Pflegeempfänger fortlaufend über die einzelnen Pflegeinterventionen informieren; situationsgeleitete Anpassung der Pflegeinterventionen; Über- und Unterforderung vermeiden; Selbstbestimmung erhalten und fördern. 3 Selbstpflegedefizite bei Frau Schubert: Bewegen, Pflegen und Kleiden, Essen und Trinken, Ausscheiden; Ressourcen: Motivation zur eigenen Versorgung, Funktion des linken Armes uneingeschränkt erhalten. 4 Ablaufplan einer teilkompensatorischen Körperpflege im Sitzen am Waschbecken: Situationsanalyse – Was möchte und kann Frau Schubert? Beratung/Information über Vorgehensweise; Vorbereitung der Utensilien; Frau Schubert wäscht sich mit dem gesunden Arm alle für sie gut erreichbaren Körperareale; Pflegekraft wäscht den Rücken, Genitalbereich, Gesäß, Beine und Füße; situationsgeleitete Anpassung der selbst ausgeführten Pflegeanteile durch Frau Schubert im Sinne einer Steigerung der Selbstpflegefähigkeit. 5 Kontrakturenprophylaxe, Dekubitusprophylaxe, Pneumonieprophylaxe, Thromboseprophylaxe; Sturzprophylaxe. 6 Beobachtung: Dekubitus 1. Grades: sofortige Dokumentation, Information des Teams, Absprache über Pflegeinterventionen: Druckentlastung, Hautpflege, Bewegungsplan (Art und Weise, Zeitpunkt), Evaluation der Maßnahmen, erneute Dokumentation.

Basics

Bei älteren Menschen ist die Selbstpflegefähigkeit häufig eingeschränkt. So wird professionelle Unterstützung durch die Pflegekraft nötig. Diese muss in der Lage sein, Ressourcen des alten Menschen zu erkennen und gezielt zu berücksichtigen. Oberste Priorität dabei ist es, Selbstbestimmung und Eigenständigkeit in der Alltagsgestaltung des alten Menschen zu fördern und zu erhalten. Pflegebedürftigkeit sollte durch die Umsetzung der Grundsätze → aktivierender Pflege verhindert bzw. reduziert werden. Dabei ist die Fachkompetenz Pflegender wesentlicher Bestandteil für eine klienten- und qualitätsgerechte Pflege.
Pflegerische Maßnahmen zur → Prophylaxe sollten in die Planung der Körperpflege mit einbezogen werden. Die Maßnahmen müssen regelmäßig auf ihren Erfolg hin evaluiert und gegebenenfalls modifiziert werden.

1

aktivierende Pflege → S. 241

Prophylaxe → S. 305

Unterstützung alter Menschen bei präventiven und rehabilitativen Maßnahmen

Themenschwerpunkt aus LF 1.3

Prüfungssituation

Herr Pfeiffer will wieder in seine Wohnung

Vor drei Wochen wurde Herr Pfeiffer, der 75 Jahre alt ist, von seiner Tochter bewusstlos in der Wohnung aufgefunden. Der Notarzt vermutete einen Schlaganfall, der nach Aufnahme in die Stroke-Unit der Stadtklinik bestätigt wurde. Nach sieben Tagen hatte Herr Pfeiffer sich vom Allgemeinzustand her stabilisiert. Während der täglichen Visite im Krankenhaus erklärt der Arzt heute der Tochter, dass momentan ein ausgeprägtes Neglect-Syndrom und eine Broca-Aphasie die weitere eigenständige Versorgung von Herrn Pfeiffer stark gefährden.
Seine Tochter muss Herrn Pfeiffer nun mitteilen, dass seine Genesung wohl länger dauern wird. Dieser ist über seinen Zustand sehr traurig, er möchte unbedingt zurück in seine Wohnung und auf keinen Fall in ein Heim.
Am nächsten Tag teilt der Arzt Herrn Pfeiffer und seiner Tochter mit, dass er einen Antrag für eine Anschlussheilbehandlung stellen wird. Dort könne man sich ausführlich um Rehabilitations- und Präventionsmaßnahmen für Herrn Pfeiffer kümmern.
Die Tochter ist irritiert, von Rehabilitation hat sie schon oft gehört, aber hat Prävention nicht mit dem Verhindern einer Krankheit zu tun? Und ihr Vater hatte ja schließlich bereits einen Schlaganfall – da muss sie noch einmal die Schwester fragen …

Arbeitsaufträge

1 Stellen Sie eine Argumentationsliste zusammen, warum die Rehabilitation von Herrn Pfeiffer sinnvoll und richtig ist. Berücksichtigen Sie dabei medizinische und soziale Aspekte.

2 Geben Sie eine Übersicht über mögliche Behandlungsformen geriatrischer Rehabilitation, welche Form würden Sie für Herrn Pfeiffer empfehlen?

3 Nennen Sie Kennzeichen des vom Arzt benannten linksseitigen Neglect-Syndroms.

4 Beschreiben Sie die Auswirkungen der Broca-Aphasie auf die Kommunikation mit Herrn Pfeiffer.

5 Welches Pflegekonzept zur Unterstützung und Begleitung von Menschen nach Schlaganfall ist Ihnen bekannt? Nennen Sie Grundsätze dieses Konzeptes.

6 Nennen Sie präventive Maßnahmen, um das Risiko für einen Schlaganfall zu minimieren.

7 Die Krankenschwester erklärt Herrn Pfeiffers Tochter, dass auch Prophylaxen Bestandteil von präventiven Maßnahmen sind.
Nennen Sie mögliche notwendige Prophylaxen für Herrn Pfeiffer und ordnen Sie diese im Zusammenhang der Präventionsebenen ein.

Lösungsskizzen

1 Akuter Schlaganfall, nicht wiederhergestellte Funktionen bzw. Selbstständigkeit, hoher verbliebener Pflegebedarf, Rückkehr in eigene Wohnung fraglich, aber gewünscht, Motivation für Rehabilitationskur vorhanden; Ziel: Möglichkeit des Verbleibs in der eigenen Wohnung, dadurch mehr Autonomie und Selbtsbestimmung, Erhöhung der Lebensqualität, Pflegebedürftigkeit kann reduziert werden nach dem Leitsatz „Rehabilitation vor Pflege". 2 Behandlungsformen geriatrischer Rehabilitation: stationäre (indikationsspezifische) Rehabilitation, teilstationäre Rehabilitation, ambulante Rehabilitation; geeignete Behandlungsform für Herrn Pfeiffer: stationäre (indikationsspezifische) Rehabilitation. 3 Das Neglect-Syndrom tritt meist nach einer Schädigung im Scheitellappen, insbesondere in der rechten Hemisphäre, auf; Kennzeichen: Bild einer schweren Lähmung durch zögernde Bewegung des linken Armes und Beines, verminderte Orientierung in die linke Raumhälfte, Personen und Gegenstände werden linksseitig nicht wahrgenommen, erhöhte Sturzgefahr durch beeinträchtigte Wahrnehmung der Körpermitte. 4 Die Broca-Aphasie entsteht durch Schädigung des motorischen Sprachzentrums; Auswirkung auf Herrn Pfeiffer: sucht angestrengt nach Worten, hat wenig oder keine Spontansprache, versteht Sprache und geschriebenen Text; Hinweis für Pflegepersonal: deutliche einfache Sätze nutzen, mehrfache langsame Wiederholungen, ggf. Schriftform anbieten. 5 Grundsätze des Bobath-Konzepts: Förderung und Funktionsverbesserung der hemiplegischen Seite in Koordination mit der gesunden Seite, Wahrnehmungsförderung, Normalisierung des Muskeltonus, Förderung physiologischer Bewegungsabläufe. 6 Prävention durch Minimierung von Risikofaktoren: wie Rauchen, Übergewicht, übermäßig fetthaltige Ernährung, Bewegungsmangel. 7 Kontrakturprophylaxe, Sturzprophylaxe, Pneumonieprophylaxe, Thrombo-Embolie-Prophylaxe; prophylaktische Maßnahmen gehören zur tertiären Prävention; primäre Prävention = Vermeidung von Krankheit; sekundäre Prävention = Früherkennung von Krankheiten; tertiäre Prävention = Vermeidung von Folgeschäden bei einer Erkrankung.

Basics

Geriatrische Rehabilitation zielt auf die Behandlung alter Menschen nach akuten Krankheitssituationen oder Unfällen.
Durch möglichst früh einsetzende rehabilitative Maßnahmen kann Spätschäden rechtzeitig begegnet werden. Es gilt der Leitsatz: „Rehabilitation vor Pflege", wobei im Rahmen geriatrischer Rehabilitation auch die rehabilitativen Maßnahmen durch Pflegefachkräfte geleistet werden.
Dabei wird versucht, die Lebenssituation der Pflegebedürftigen ganzheitlich positiv zu gestalten. In diesem Rahmen werden Konzepte der präventiven Rehabilitation umgesetzt. Hierbei werden gleichzeitig Aspekte der Rehabilitation und das Vermeiden neuer Erkrankungen bzw. die Verschlechterung von Krankheitsfolgen realisiert. Man spricht auch von tertiärer → Prävention.
Das → Bobath-Konzept wird insbesondere in der Betreuung von Menschen mit einem Apoplexie-Leiden häufig eingesetzt. Es beinhaltet umfassende physiotherapeutische und pflegerische Maßnahmen.

Prävention → S. 303

Bobath-Konzept → S. 584

Schlaganfall → S. 575

Mitwirkung bei geriatrischen und gerontopsychiatrischen Rehabilitationskonzepten

Themenschwerpunkt aus LF 1.3

Prüfungssituation

Alle Bewohner sollen sich zu Hause fühlen

Heute ist große Teambesprechung in der Abteilung III. Die Pflegedienstleitung und der Verwaltungsleiter sind ebenfalls zur Versammlung gekommen. Der Grund für diese Veranstaltung ist die wachsende Zahl demenzkranker Heimbewohner sowohl in der Abteilung III als auch generell im Altenheim. Allein im vergangenen Monat sind zwei demenzkranke Bewohner ins Heim in der Abteilung III eingezogen.

Die Pflegefachkräfte haben in vielen Situationen festgestellt, dass die Aufteilung und die Einrichtung der Räumlichkeiten sowie das Angebot an Freizeitgestaltung für die Betreuung Demenzkranker ungeeignet sind bzw. nicht den neuesten Rehabilitationsansätzen entsprechen. Sie wollen etwas ändern. Sie wollen, dass sich ihre Heimbewohner sicher und zu Hause fühlen. Altenpfleger Herr Kunisch hat im Auftrag des Altenheims an einer Fortbildung zum Thema „Milieutherapie" teilgenommen. Auch einigen anderen Pflegefachkräften der Abteilung ist dieses Konzept bekannt. Gespannt verfolgen Sie die Diskussion über die Möglichkeiten der Umsetzung dieses Konzepts und damit über die Neugestaltung der Abteilung.

Arbeitsaufträge

1. Definieren Sie die Begriffe „Milieu" und „Milieutherapie" und erklären Sie den Grundgedanken dieses Rehabilitationskonzepts.
2. Beschreiben Sie die Ziele der Milieutherapie.
3. Beschreiben Sie ausgewählte Probleme der demenzkranken Heimbewohner und entsprechende pflegerische Maßnahmen im Rahmen der Milieutherapie in
   a der ersten Phase der Demenz,
   b der fortgeschrittenen Phase der Demenz,
   c der letzten Phase der Demenz.
4. Benennen Sie organisatorische Rahmenbedingungen, die zur Umsetzung der Milieutherapie notwendig sind.
5. Erörtern Sie, welche Bedeutung dem Feiern von Festen und dem Abschiednehmen im Rahmen der Betreuung demenzkranker Menschen zukommt.
6. Diskutieren Sie Vorteile und Grenzen der Milieutherapie.
7. Die Milieutherapie zählt zu den handlungsorientierten Pflegekonzepten.
   a Benennen Sie notwendige Voraussetzungen für die Implementierung dieser Konzepte in der Pflegepraxis.
   b Stellen Sie die Bedeutung handlungsorientierter Pflegekonzepte für Pflegefachkräfte dar.

Lösungsskizzen

*1 Milieu: räumlich-sachliche Umgebung des Menschen; Milieutherapie: Therapieansatz, in dem administrative organisatorische Faktoren bezüglich der Gestaltung der Umgebung mit dem täglichen Leben der Betroffenen in Einklang gebracht werden; Grundgedanke: Eine vertraute Umgebung löst Gefühle der Sicherheit und Geborgenheit aus. **2** Ziele: Zuhausegefühl vermitteln, menschenwürdiges, der Biografie angepasstes Leben ermöglichen, Gestaltung der Umgebung an die Symptome der Demenzerkrankung anpassen, damit Lebensqualität verbessern, individuelle Tagesabläufe erhalten, Wertschätzung der Demenzkranken. **3** a) Probleme: Betroffene sind verzweifelt über Gedächtnisverlust, nehmen Gedächtnisverlust wahr, Orientierungsstörungen, Umschreibungen; Maßnahmen: Tagesabläufe abstimmen, sinnvolle biografiebezogene Beschäftigungen, gemütliche offene Räume, Orientierungshilfen, evtl. Aufenthalt im Garten, validierende Gespräche; b) Probleme: Gedächtnisverlust nimmt zu, Verstärkung aller Symptome, körperlicher Abbau, Auftreten sekundärer Symptome (Angst, Depression); Maßnahmen: geschützten Bereich schaffen, der Ruhe und Geborgenheit ausstrahlt, gemeinsam kleine Beschäftigungen durchführen, Gesprächsrunden mit biografischem Inhalt, Erinnerungen ermöglichen durch Bilder, Kleidung, Möbel, Gegenstände oder Musik, Bewegungsdrang nachkommen, Wohngruppenkonzept; c) Probleme: Bewegungsarmut, Verarmung der Sprache, körperlicher Verfall; Maßnahmen: Schaukelstuhl, Maßnahmen zur basalen Stimulation, Angehörige integrieren. **4** Entsprechendes Pflegeleitbild bzw. Unterstützung durch die Heimleitung, Wohnraumgestaltung u. a. mit privaten Möbeln, angepasste Tagesabläufe, Rituale, Angehörige einbeziehen, Fortbildungsangebote. **5** Möglichkeit geben, sich an Stationen des Lebens zu erinnern; Erinnerungen sind mit Gefühlen verbunden; Beziehungsdreiecke zwischen Bewohnern, Angehörigen und Pflegekräften schaffen; Gemeinschaft erleben; Wertschätzung und Anerkennung des Einzelnen; Mensch steht im Mittelpunkt. **6** Vorteile: → Lösungsskizze zu Aufgabe 2; Grenzen: baulich-architektonische Einschränkungen, begrenzte finanzielle und damit verbunden zeitliche Ressourcen, muss von Heimleitung mitgetragen werden, Innovationsbereitschaft, Team muss hinter dem Konzept stehen. **7** a) Bedarfsanalyse, Übereinstimmung mit dem Pflegeleitbild, personelle, finanzielle und zeitliche Ressourcen, Unterstützung der Heimleitung, Fortbildung, Möglichkeiten zu Fallbesprechung und Qualitätszirkel; b) positive Haltungen und Einstellungen der Pflegekräfte gegenüber den Pflegebedürftigen entwickeln, Handlungsanleitung und Unterstützung bieten bei alltäglichen Pflegehandlungen, rehabilitativen Ansatz in die Pflege übertragen.*

handlungsorientierte Pflegekonzepte → S. 369

Milieutherapie → S. 392

Basics

Das Verständnis von Pflege hat sich in den letzten Jahren auf Grund gesellschaftlicher und ethischer Rahmenbedingungen stark gewandelt. Die Pflege versteht sich zunehmend als Hilfe zur Selbsthilfe, um Lebensqualität und Selbstständigkeit der Pflegebedürftigen zu erhöhen. Diesen Zielen werden rehabilitative bzw. → handlungsorientierte Pflegekonzepte gerecht. Handlungsorientierte Pflegekonzepte sollen bei Pflegefachkräften erforderliche Einstellungen bilden und ihnen Handlungswissen vermitteln.

Basale Stimulation, Validation, Kinästhetik, Snoezelen, Milieutherapie u. a. sind zu den handlungsorientierten Pflegekonzepten zu zählen. Verschiedene Konzepte können sich gegenseitig ergänzen, sie stehen nicht nebeneinander.

Die → Milieutherapie hat ihre Bedeutung in der Pflege demenzkranker Menschen. Durch Erinnerungen sollen angenehme Emotionen erzeugt werden.

Um rehabilitative Pflegekonzepte in die Praxis zu implementieren, bedarf es des Engagements der Pflegefachkräfte, aber auch entsprechender institutioneller Rahmenbedingungen.

Mitwirkung bei geriatrischen und gerontopsychiatrischen Rehabilitationskonzepten

Themenschwerpunkt aus LF 1.3

Prüfungssituation

Erfolgreiche Konzepte in der Altenpflege

Heute ist eine besondere Inhouse-Schulung im Seniorenheim „Parkblick". Inhaltlicher Schwerpunkt ist die Bedeutung und Umsetzung des Konzepts der Basalen Stimulation im altenpflegerischen Handeln. Die Dozenten sind diesmal nicht wie gewohnt aus der Fortbildungsakademie „Aufstieg", sondern es sind zwei Auszubildende der Altenpflege des zweiten Ausbildungsjahres, die die Ergebnisse eines Projekts im Wohnbereich 6 präsentieren.

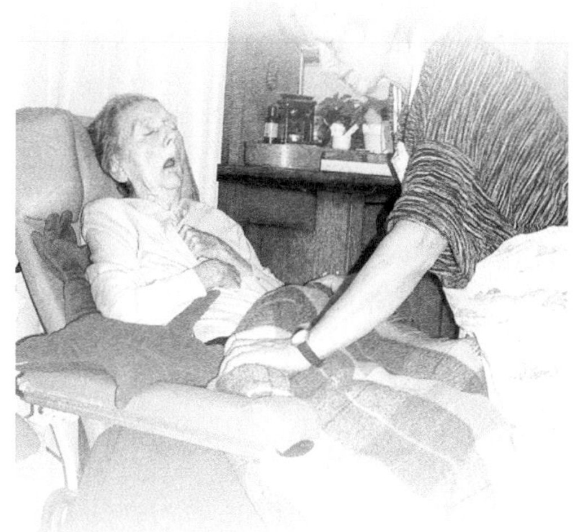

Die Auszubildenden haben über einen Zeitraum von zwei Wochen bei sechs Bewohnern konsequent Elemente aus dem Konzept der Basalen Stimulation umgesetzt und ihre Zielstellung für jeden der alten Menschen erreicht.

Jetzt sind sie voller Begeisterung für dieses Konzept und wollen die Mitarbeiter überzeugen, es in den Pflegealltag zu implementieren.

Arbeitsaufträge

1. Das Konzept der Basalen Stimulation wird zu den Rehabilitationskonzepten gezählt. Nennen Sie weitere Ihnen bekannte geriatrische bzw. gerontopsychiatrische Rehabilitationskonzepte.
2. Das Konzept der Basalen Stimulation kann nur unter bestimmten Voraussetzungen bzw. Rahmenbedingungen erfolgreich in den Pflegealltag implementiert werden. Stellen Sie die von Ihnen favorisierten Voraussetzungen in einer Übersicht zusammen.
3. Erklären Sie das Grundanliegen des Konzepts der Basalen Stimulation.
4. Versetzen Sie sich in die Situation der Wohnbereichsleitung. Sie muss die Geschäftsführung davon überzeugen, eine Schulungsreihe für die Mitarbeiterinnen anzubieten. Listen Sie mögliche Argumente auf, die die Bedeutung dieses Konzepts für das altenpflegerische Handeln deutlich machen.
5. Im Rahmen des Konzepts der Basalen Stimulation werden nachfolgend genannte Wahrnehmungsbereiche unterschieden. Formulieren Sie zu jedem Wahrnehmungsbereich ein Beispiel aus Ihrem altenpflegerischen Handeln.
   - a Visueller Bereich
   - b Somatischer Bereich
   - c Olfaktorischer Bereich
   - d Oraler Bereich
   - e Taktil-haptischer Bereich
   - f Vestibulärer Bereich
   - g Vibratorischer Bereich
6. Von zwei Mitarbeiterinnen kommt in der Austauschphase der Präsentation die Frage: „Wie können wir dieses Konzept denn umsetzen, die Zeit reicht doch so schon hinten und vorn nicht aus!" Argumentieren Sie für die Umsetzung im Pflegealltag.

Basics

Handlungsorientierte Pflegekonzepte basieren auf Erfahrungswissen von Pflegefachkräften. Diese Konzepte lassen sich in alltägliche Pflegehandlungen integrieren und bieten so die Möglichkeit einer individuellen situationsgeleiteten Vorgehensweise für die Fachkraft.
Das → Konzept der Basalen Stimulation zielt insbesondere auf Menschen mit Veränderungen in ihrer Wahrnehmungsfähigkeit. Da diese im Alter oft krankheits- oder umweltbedingt verändert sind, bietet altenpflegerisches Handeln ein weites Feld für die Umsetzung des Konzepts. Welche Art von Wahrnehmungsförderung für den jeweiligen Menschen in seiner Lebenswelt angemessen und nützlich ist, müssen Pflegende erspüren, um dann entsprechend förderliche Angebote machen zu können.
Neben dem fachlichen Können sind dabei auch die Motivation und der Mut zur Umsetzung handlungsorientierter Pflegekonzepte für das Gelingen von großer Bedeutung.

Konzept der Basalen Stimulation → S. 370

Basale Stimulation → S. 125

Basale Stimulation → S. 66

Lösungsskizzen

1 Kinaesthetik, Validation, Milieutherapie, Snoezeln, Biografiearbeit. 2 Voraussetzungen: Bedarfsanalyse der Pflegeeinrichtung; Kompatibilität mit dem Pflegeleitbild der Einrichtung, Fortbildung der beteiligten Mitarbeiter, Unterstützung durch die Leitung, geeignete finanzielle, personelle und zeitliche Rahmenbedingungen, langfristige organisatorische Planung, Motivation und Bereitschaft der Mitarbeiter. 3 Konzept der Wahrnehmungsförderung von Menschen, basiert auf der Annahme, das sich neuronale Vernetzung durch vielfache Sinneserfahrungen und soziale Kontakte entwickelt bzw. erhalten bleibt; Ziel ist es, Menschen mit körperlichen und geistigen Beeinträchtigungen individuelle Angebote in unterschiedlichen Wahrnehmungsbereichen zu machen, um sie in Selbstständigkeit und Identität zu fördern. 4 Wahrnehmung bei alten Menschen ist oft alters- oder krankheitsbedingt eingeschränkt, individuelle Unterstützung und Förderung in unterschiedlichen Bereichen ist möglich: z. B. durch angemessene Berührung ängstlichen Menschen Sicherheit und Vertrautheit geben, Aktivierung und Reaktivierung durch Wahrnehmungsangebote zur Verhinderung bzw. Reduktion von Pflegebedarf. 5 a) Visueller Bereich (Sehen) – z. B. Bilder, die jahreszeitlich orientiert sind; b) somatischer Bereich (über den Körper) – z. B. Berührung zur Kontaktaufnahme, Streicheln, c) olfaktorischer Bereich (Riechen) – z. B. Gerüche aus dem vertrauten Umfeld; d) oraler Bereich (Mundbereich) – z. B. Stimulation mit Lieblingsgetränk; e) taktil-haptischer Bereich (Tastsinn) – z. B. Erfahren des eigenen Körpers durch geführte Waschung; f) vestibulärer Bereich (Gleichgewichtsorgan) – z. B. Schaukelbewegungen; g) vibratorischer Bereich (hören) – z. B. Musik hören, singen. 6 Motivation und hohes Engagement der beteiligten Pflegekräfte; situative Integration von Elementen der Basalen Stimulation in die pflegerischen Handlungsabläufe, z. B. statt routinemäßiger Ganzkörperwaschung bei antriebsarmer Bewohnerin Durchführung stimulierender Waschungen, sodass keine zusätzlichen, sondern integrierte Pflegehandlungen realisiert werden; Teamarbeit fördern; Synergien entwickeln; kontinuierliche Fortbildungen zur Thematik; regelmäßiger Erfahrungsaustausch im Team.

Umgang mit Hilfsmitteln und Prothesen

Themenschwerpunkt aus LF 1.3

Prüfungssituation

Herr Büchner braucht einen Rolli

Wieder einmal haben Sie Spätdienst in Ihrem Wohnbereich III. Es ist jetzt 20:00 Uhr und Sie betreten das Zimmer von Herrn Büchner, um ihm bei der Abendtoilette behilflich zu sein. Ihnen fällt auf, dass Sie Herrn Büchner sowohl heute als auch in den vergangenen Tagen nur sehr selten mit seinem Rollator auf dem Gang und im Wohnbereich gesehen haben. Herr Büchner ist 78 Jahre alt und leidet auf Grund eines langjährigen Diabetes mellitus an Durchblutungsstörungen in den Beinen. Sein Hör- und Sehvermögen ist ebenfalls stark eingeschränkt.

Als Sie Herrn Büchner zu den Gründen seines Zurückgezogenseins befragen, antwortet er, dass es ihm zunehmend schwerer fällt, sich mit dem Rollator fortzubewegen. Er berichtet, dass die Schmerzen in den Beinen immer stärker und die Luft immer knapper werden. Er habe schon daran gedacht, den Rollator gegen einen Rollstuhl einzutauschen. Sie helfen Herrn Büchner ins Bett und reichen ihm zum Hinlegen seine Bettleiter. Abschließend bittet er Sie, sein Hörgerät (HdO) zu reinigen.

Sie wünschen Herrn Büchner eine gute Nacht und versprechen ihm, morgen gemeinsam mit ihm das Problem „Rollstuhl" in Angriff zu nehmen.

Arbeitsaufträge

1. Benennen Sie alle Hilfsmittel und Prothesen, die bei der Betreuung von Herrn Büchner eine Rolle spielen.
2. Ein Rollator muss an seinen Benutzer angepasst werden. Beschreiben Sie, worauf Sie beim Einsatz eines Rollators achten müssen.
3. Erläutern Sie, worauf generell beim Einsatz von Pflegehilfsmitteln zu achten ist.
4. Es gibt verschiedene Arten von Rollstühlen. Erklären Sie, wodurch sich die verschiedenen Rollstuhlarten unterscheiden.
5. Welche Rollstuhlart würden Sie Herrn Büchner empfehlen? Begründen Sie Ihre Entscheidung.
6. Definieren Sie, was Sie unter den Begriffen HdO-Hörgerät und IO-Hörgerät verstehen. Erklären Sie, weshalb Herr Büchner ein Hörgerät mit Lautstärkeregler benötigt.
7. Erläutern Sie, was Sie bei der Reinigung von HdO-Hörgeräten beachten müssen.
8. Beurteilen Sie anhand von mindestens drei Argumenten, weshalb es für Herrn Büchner außerordentlich wichtig ist, dass er einen an seine Bedürfnisse angepassten Rollstuhl erhält.
9. Schmuckprothesen, wie z. B. Armprothesen, haben häufig eine optische, jedoch keine praktische Funktion. Begründen Sie, worin die besondere Bedeutung dieser Prothesen für ihre Träger besteht.

Lösungsskizzen

(upside down on the page:)

1 Rollator, Rollstuhl, HdO-Hörgerät, Bettleiter. 2 Rollatoren müssen der Größe des Benutzers angepasst werden. Die Ellenbogen sollten gestreckt und die Schultern nicht hochgezogen sein. Vierrädrige Rollatoren sind sicherer als dreirädrige, zudem bieten sie eine Sitzgelegenheit. 3 Pflegehilfsmittel sollten sicher, gezielt und sinnvoll eingesetzt werden. Sie sind nach Gebrauch zu warten und hygienisch zu reinigen. 4 Aktivrollstuhl: Sitzbreite, Sitztiefe, Rückenhöhe und Sitz-Fußbrett-Abstand können an Körpergröße des Benutzers angepasst werden. Aktive Rollstuhlfahrer können ihn mit Armkraft und Oberkörper bewegen und steuern. Rollstühle mit elektrischen Antrieb fahren von selbst, sind jedoch schwerer und unhandlicher. Pflegerollstühle haben eine erhöhte Rückenlehne entsprechend dem Grad der Behinderung. Faltrollstühle sind zusammenklappbar und zum Transport geeignet. Sportrollstühle haben nur eine Achse, sind nicht so günstig zu transportieren, aber leichter und besser fahrbar. 5 Für Herrn Büchner würde sich ein Aktivrollstuhl eignen, da er seine Armkraft zur Vorwärstbewegung des Rollstuhls einsetzen kann und auch sonst keine weiteren Behinderungen dagegen sprechen. Häufige Transporte hat Herr Büchner nicht zu bewältigen. Finanzielle Aspekte müssen ebenfalls berücksichtigt werden (so sind z. B. Sportrollstühle teurer). 6 HdO-Hörgerät bedeutet „Hinter dem Ohr"-Gerät und IO-Hörgerät „Im Ohr"-Gerät. Herr Büchner benötigt einen Lautstärkeregler, da er auf Grund seines Diabetes mellitus morgens besser hört als abends. 7 Das Hörgerät kann nach Empfehlung des Hörgeräteakustikers mit Wasser und einem speziellen Reinigungsmittel gereinigt werden. Dazu werden Ohrstück und Schallleitungsschlauch vom Gerät entfernt. Beides wird mit Hilfe einer Spritze durchgespült. Das Hörgerät selbst darf nicht mit Wasser in Verbindung kommen. Nach dem Trocknen der Teile wird das Gerät wieder zusammengesetzt. 8 Ein angepasster Rollstuhl ermöglicht Herrn Büchner einen gewissen Grad an Selbstständigkeit und Unabhängigkeit. Er kann sich wieder besser bewegen und somit am gesellschaftlichen Leben teilnehmen. Der Rollstuhl ermöglicht ihm ein schmerzfreies Vorwärtskommen. Er ist insgesamt für das Wohlbefinden von Herrn Büchner von großer Bedeutung. 9 Schmuckprothesen werden aus kosmetischen Gründen getragen. Sie stärken das Selbstbewusstsein und verringern das Schamgefühl der betroffenen Person.

Umgang mit Hörgeräten → S. 406

Basics

Für die ambulante und stationäre Altenpflege sind sogenannte kleine, technische und spezielle Hilfsmittel relevant. Zu den → kleinen Hilfsmitteln zählen u. a. Haarwaschwanne, Bettleiter, Bettgitter aber auch Schuhzurichtung und Prothesen.
Technische Hilfsmittel sind Krankenlifter, Rollstühle und Pflegebetten.
Unter → speziellen Hilfen versteht man Hörgeräte, Brillen, Augenprothesen und Orthesen. Orthesen dienen als Hilfs- und Heilmittel zum Ausgleich fehlender Funktionen des Bewegungsapparates. Pflegehilfsmittel sollten sicher, gezielt, und sinnvoll eingesetzt werden. Sie sind nach ihrem Gebrauch zu warten und zu reinigen.
Bei Einsatz, Reinigung und Wartung der Hilfsmittel sind die Empfehlungen der Gerätehersteller und entsprechende Sicherheitsvorschriften unbedingt zu beachten.

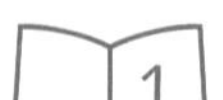

kleine Hilfsmittel → S. 402–404

spezielle Hilfsmittel → S. 406

Pflege alter Menschen mit eingeschränkter Funktion der Sinnesorgane

Themenschwerpunkt aus LF 1.3

Prüfungssituation

Frau Seeger und Frau Kania

Frau Seeger und Frau Kania bewohnen gemeinsam seit reichlich einem Jahr ein Zweibettzimmer im Altenheim „Abendstern". Bis auf ein paar kleine Streitereien verstehen sich die beiden Frauen recht gut. Frau Seeger freut sich sehr darüber, dass Frau Kania heute Nachmittag aus der Augenklinik ins Heim zurückgekehrt ist. Frau Kania litt an einer Linsentrübung auf beiden Augen. Nun hat Frau Kania zwei neue Linsen eingesetzt bekommen. Ihr Sehvermögen hat sich dadurch sehr verbessert. Gemeinsam genießen die beiden Frauen den lauen Sommerabend auf der Heimterrasse. Gesprächsthema ist, wie so häufig, das Mittagessen. Frau Kania erkundigt sich bei ihrer Freundin, ob denn das Essen des neuen Koches immer noch so fade schmeckt. Frau Seeger findet, dass sich daran nicht viel geändert hat. Plötzlich bittet Frau Kania Frau Seeger, leise zu sein. Frau Kania hört im Park eine Nachtigall zwitschern und macht ihre Freundin darauf aufmerksam. Doch Frau Seeger kann die Nachtigall nicht hören! Als Sie Frau Seeger in ihr Zimmer begleiten, erzählt sie Ihnen, dass sie auch beim Fernsehen nicht mehr alles versteht. Frau Seeger ist sehr traurig darüber, denn gerade Vogelstimmen hörte sie immer besonders gern. Sie weiß, dass das irgendwie mit ihrem Alter zu tun hat. Was ist aber, wenn sie bald noch weniger hört?

Arbeitsaufträge

1 Erläutern Sie, aus welchem Grund Frau Seeger das Vogelgezwitscher nicht mehr hören kann.

2 Beschreiben Sie die daraus abzuleitenden Pflegemaßnahmen.

3 a Füllen Sie die Leerstellen in der anatomischen Darstellung des äußeren, mittleren und inneren Ohres aus (→ Material, S. 102).
b Beschriften Sie die Teile des Hörorgans (→ Material, S. 103).

4 Beurteilen Sie, welche Folgen der Verlust des Hörsinns für alte Menschen haben kann. Ziehen Sie daraus Schlussfolgerungen für Ihren Umgang mit hörgeschädigten Menschen in der Pflege.

5 Neben der Hörfunktion hat das Ohr als Sinnesorgan noch eine zweite Sinnesfunktion. Benennen Sie diese und zählen sie die beiden anatomischen Strukturen auf, welche diese Funktion erfüllen.

6 Stellen Sie mit Ihrem Wissen über Altersveränderungen der Sinnesorgane eine Vermutung dazu an, weshalb Frau Kania und Frau Seeger mit dem Essen im Heim nicht zufrieden sind.

7 a Gehen Sie zu der anatomischen Darstellung auf S. 104 (→ Material). Füllen Sie die Leerstellen in der anatomische Darstellung der Nase.
b Kennzeichnen Sie verschiedenfarbig die Areale der vier Geschmacksqualitäten auf einer menschlichen Zunge (→ Material, S. 105).
c Erklären Sie, welche Strukturen der Nase sowohl für den Geruchssinn als auch für den Geschmackssinn zuständig sind.

8 Frau Kania hat zwei Kunststofflinsen implantiert bekommen.
a Beschreiben Sie, was Sie als Pflegefachkraft bei der Pflege von Frau Kania nach der Staroperation beachten müssen.
b Nennen Sie zwei weitere Bezeichnungen, die für eine Linsentrübung gebräuchlich sind.
c Beschreiben Sie die Funktion der Augenlinse innerhalb des Sehvorganges.
d Erklären Sie, was Sie unter Akkomodation und unter Adaptation verstehen. Verdeutlichen Sie den Unterschied. Bei welcher Altersveränderung am Auge ist die Akkomodation gestört?
e Beschriften Sie die anatomischen Strukturen des Auges (→ Material, S. 106).

9 Die Netzhaut des Auges besteht aus zwei Arten spezieller Rezeptoren. Benennen Sie diese beiden Rezeptorarten und erläutern Sie deren Funktion.

10 Beurteilen Sie, welche Einschränkungen alte Menschen mit einer starken Sehbehinderung erleben. Ziehen Sie daraus Schlussfolgerungen für Ihren Umgang mit diesen Menschen.

Basics

Die Sinnesfunktionen Sehen und Hören sind bei alten Menschen oft stark beeinträchtigt. Der Verlust von Sinnesempfindungen hat schwerwiegende Folgen bezüglich Lebensqualität und Selbstständigkeit. Die Altersweitsichtigkeit (Presbyopie), der Graue Star (Katarakt), der Grüne Star (Glaukom), Makuladegeneration und die Diabetische Retinopathie sind häufige Ursachen für → Sehbehinderungen im Alter. Ein Elastizitätsverlust der Augenlinse und damit ein Nachlassen der Akkomodationsfähigkeit sind die Ursachen für die Altersweitsichtigkeit, welche durch eine Brille ausgeglichen werden kann. Der Graue Star kann durch die Implantation von Kunststofflinsen operativ behandelt werden und erfordert eine entsprechende pflegerische Nachsorge. Zum Ausgleich einer herabgesetzten Sehleistung stehen verschiedene Hilfsmittel zur Verfügung. Ursachen der → Altersschwerhörigkeit sind Abbauprozesse der Haarzellen und des Hörnervs. Sie sollte frühzeitig mit einer Hörgeräteanpassung behandelt werden. Eine Hörgeräteanpassung erfordert die Mitarbeit des Betroffenen. Neben dem Sehen und Hören lassen auch Geruch, Geschmack und Sensibilitätsempfindungen der Haut im Alter nach.

Sehbehinderung → S. 98, S. 408

Sehhilfen → S. 415

Schwerhörigkeit → S. 417

Lösungsskizzen

__1__ Altersschwerhörigkeit, bei welcher anfangs vor allem hohe Töne nicht mehr wahrgenommen werden können. __2__ Die Altersschwerhörigkeit sollte möglichst frühzeitig behandelt werden. Sie planen gemeinsam mit Frau Seeger einen Termin beim HNO-Arzt, um die Ursache abklären und eine Behandlung einleiten bzw. ein Hörgerät anfertigen zu lassen. __3__ a) A = Schläfenbein; B = Hammer; C = Amboss; D = Bogengänge; E = Hörnerv; F = Ohrmuschel; G = Gehörgang; H = Trommelfell; I = Paukenhöhle; J = Steigbügel im ovalen Fenster; K = Ohrtrompete; L = Schnecke. b) A = Deckmembran; B = Vorhofgang; C = Schneckengang; D = Hörnerv; E = Paukengang; F = Corti-Organ. __4__ Hörverlust kann bei alten Menschen zu Störungen des Selbstwertgefühls und der sozialen Einbindung führen. Hörgeschädigte ziehen sich aus Gruppenkontakten oder von sozialen Plätzen zurück, werden misstrauisch und mitunter depressiv. Sie als Pflegekraft haben die Aufgabe, hörbehinderte Menschen beim Umgang mit ihren Hilfsmitteln zu unterstützen. Als Pflegekraft sollten Sie zu diesen Menschen langsam und deutlich sprechen und Blickkontakt halten. __5__ Gleichgewichtsfunktion, Bogengänge, Vorhofsäckchen. __6__ Geschmacks- und Geruchsinn lassen im Alter auf Grund von Empfindlichkeitsverlust der Rezeptoren nach. Speisen werden als geschmacksarm empfunden. __7__ a) A = Riechnerv; B = primäres Riechzentrum; C = Duftrezeptoren. b) A = bitter; B = salzig; C = sauer; D = süß. c) Die Riechzellen in der oberen Nasenmuschel nehmen Gerüche __und__ das Aroma von Speisen war. Bei Schnupfen können wir das Aroma eines Essens nicht schmecken. __8__ a) Frau Kanias Auge muss vor einer Infektion durch eine sorgfältige Augenpflege geschützt werden. Ganzkörperbaden oder Schwimmen ist in den ersten Wochen nicht erlaubt. Auf eine Sturzprophylaxe ist in den ersten Tagen auf Grund veränderter Sehleistung zu achten. b) Grauer Star, Katarakt. c) Die Augenlinse hat die Funktion, die Lichtstrahlen zu brechen. d) Akkomodation: Die Linse ist zwischen den Ziliarmuskeln aufgehängt. Durch das An- und Entspannen dieser Muskeln wird die Linse in ihrer Form verändert. Mit der Formänderung verändert sich gleichzeitig die Eigenschaft, das Licht zu brechen. Somit können Gegenstände immer scharf auf der Netzhaut abgebildet werden; Adaptation: Die Regenbogenhaut reguliert durch eingelagerte Muskelfasern die Größe der Pupille und damit den Lichteinfall auf die Netzhaut. e) A = Netzhaut; B = Aderhaut; C = Lederhaut; D = Lidheber; E = Ziliarkörper; F = Lid; G = Hornhaut; H = Regenbogenhaut; I = Pupille; J = Linse; K = Bindehaut; L = Glaskörper; M = oberer Augenmuskel; N = Sehnerv; O = unterer Augenmuskel; P = Schädelknochen. __9__ Stäbchen: sind sehr lichtempfindlich, nehmen Schwarz-Weiß-Töne wahr; Zapfen: ermöglichen Farbsehen. __10__ Sehbehinderung bedeutet für betroffene alte Menschen Beeinträchtigung der Wahrnehmung und, damit verbunden, einen Verlust von Lebensqualität und Selbstständigkeit. Angst und Verunsicherung, aber auch Rückzug und Depression sind häufig die Folge. Ihre Aufgabe als Pflegefachkraft besteht darin, die Betroffenen bei der Bewältigung daraus erwachsender neuer Anforderungen zu unterstützen, für eine sichere Umgebung zu sorgen, Ressourcen und Hilfsmittel zu erfassen und Vertrauen in die verbliebene Selbstständigkeit zugeben.

Pflege alter Menschen mit Behinderungen

Themenschwerpunkt aus LF 1.3

Prüfungssituation

Und viele sehen einfach weg...

Herr Grünberg ist 74 Jahre alt und Rollstuhlfahrer. Vor neun Jahren hatte er einen Verkehrsunfall, wobei er sich eine schwere Verletzung der Wirbelsäule im Brustbereich zuzog. Folge dieses Unfalls war eine Querschnittslähmung vom neunten Brustwirbel an. Herr und Frau Grünberg sind damals nach dem Unfall und den Rehamaßnahmen in die Stadt in eine behindertengerechte Wohnung gezogen. Herr Grünberg möchte trotz seiner Behinderung unabhängig sein.
Heute haben Sie Spätdienst bei der „Mobilen Hilfe" und Herr Grünberg ist auf Ihrem Plan dazugekommen. Sie fragen sich, was Herr Grünberg für ein Problem hat. Herr Grünberg braucht eigentlich nur selten professionelle Unterstützung, da er weitgehend selbstständig ist.
Frau Grünberg öffnet Ihnen die Wohnungstür und scheint sehr erregt zu sein. Im Wohnzimmer sitzt Herr Grünberg in seinem Sessel. Als Sie ihn genauer betrachten, nehmen Sie eine Platzwunde am Auge und mehrere Schürfwunden an den Händen wahr. Der Rollstuhl ist ebenfalls zerkratzt. Herr Grünberg berichtet, dass er beim Überqueren der Straße die hohe Bordsteinkante nicht gesehen hat und mit seinem Rollstuhl auf die Straße gestürzt ist. Am meisten ärgert er sich jedoch darüber, dass es eine ganze Weile gedauert hat, bis ihm zwei Frauen zu Hilfe kamen, obwohl zu dieser Zeit viele Passanten unterwegs waren. Herr und Frau Grünberg können einfach nicht verstehen, dass die Menschen so gleichgültig sein können. Sie folgen Herrn Grünbergs Bericht ebenfalls mit Entsetzen. Anschließend beruhigen Sie Herrn Grünberg und fragen ihn, was er momentan für Probleme hat. Nach eingehendem Assessment versorgen Sie seine Wunden. Sie rufen zur Sicherheit den Hausarzt an. Er wird später zu einem Hausbesuch vorbeischauen.

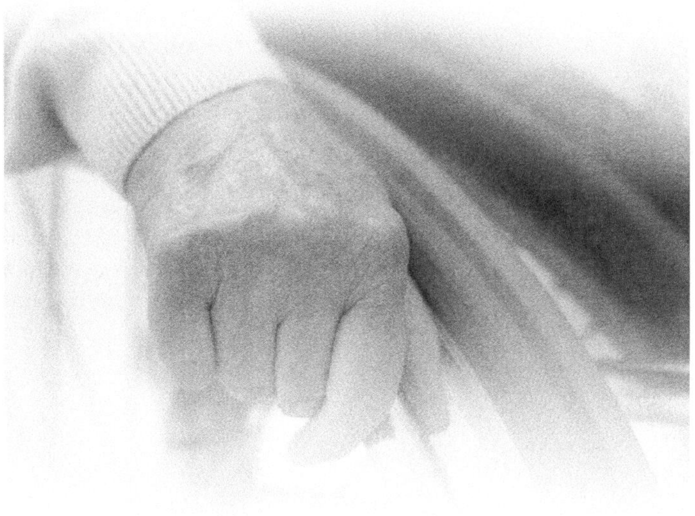

Arbeitsaufträge

1. Beschreiben Sie, mit welchen Worten Sie Herrn und Frau Grünberg beruhigen.
2. Definieren Sie den Begriff „Behinderung". Beziehen Sie sich dabei auf eine Ihnen bekannte Gesetzgebung.
3. Benennen Sie in der anatomischen Darstellung (→ Material, S. 107) die Teile des Rückenmarks und die Rückenmarkshäute.
4. Herr Grünberg ist nicht harn- und stuhlinkontinent. Erklären Sie, wie querschnittsgelähmte Menschen ihre Ausscheidung kontrollieren können.
5. Benennen und beschreiben Sie zwei Prophylaxen, auf die Sie als Pflegefachkraft bei querschnittsgelähmten Menschen wie Herrn Grünberg besonders viel Wert legen müssen.
6. Kategorisieren Sie folgende Begriffe: Demenzerkrankungen, Krebserkrankungen, Depressionen, körperliche Behinderung, geistige Behinderung, Unfälle mit Frakturen, Sehstörungen, Hörstörungen, seelische Behinderung, Lungenerkrankungen, Mehrfachbehinderung, ausgeprägter Apoplex.
7. Herr Grünberg leidet an einer körperlichen Behinderung. Erklären Sie, welche körperlichen und seelischen Folgen eine Behinderung haben kann.
8. Versetzen Sie sich noch einmal in die Lage von Herrn Grünberg.
   a Beurteilen Sie, wie sich Herr Grünberg in dem Moment, als er hilflos auf der Straße lag, gefühlt hat.
   b Bringen Sie Lösungsansätze, wie gesellschaftliches Engagement und Zivilcourage in einer Gesellschaft gestärkt werden könnten.

Lösungsskizzen

1 Sie erklären, dass jeder gedacht hat, es wird schon einer helfen, und dass nicht alle Menschen so sind. 2 SGB IX, § 2 Abs. 1: „Menschen sind behindert, wenn ihre körperliche Funktion, geistige Fähigkeit oder seelische Gesundheit … länger als sechs Monate von dem für das Lebensalter typischen Zustand abweichen und daher ihre Teilhabe am Leben in der Gesellschaft beeinträchtigt ist." Weiterhin existieren gesetzliche Grundlagen zur Barrierefreiheit und im Bereich Bau und Verkehr; 3 A = graue Substanz; B = weiße Sustanz; C = Rückenmarkszelle; D = weiche Hirnhaut; E = Nervenwasser; F = harte Hirnhaut; G = Spinngewebshaut; H = Spinalganglion. 4 In der grauen Substanz des Rückenmarks liegen Nervenzellen, die einfache Reflexe der Harn- und Stuhlentleerung steuern. Ein Reflexbogen zwischen Mastdarm bzw. Blase und Rückenmark wird dabei aktiviert. Daher können querschnittsgelähmte Menschen Kontrolle über Urin- und Stuhlentleerung zurückgewinnen. Solche Reflexe können durch einfache Reize, wie Klopfen auf die Bauchdecke, ausgelöst werden. 5 Dekubitusprophylaxe; Zystitisprophylaxe. 6 Körperliche Behinderung: Krebserkrankungen, Unfälle mit Frakturen, Sehstörungen, Hörstörungen, Lungenerkrankungen; seelische Behinderungen: Depressionen; geistige Behinderungen: Demenzerkrankungen; Mehrfachbehinderung: ausgeprägter Apoplex. 7 Körperliche Folgen: Körperliche Inaktivität führt u. U. zu Übergewicht, Osteoporose, Herzkreislauferkrankungen. Seelische Folgen: Eingeschränkte Bewegungsfreiheit führt zu Rückzug, Vereinsamung, Depression, Suizidgefährdung. 8 a) Warum hilft mir denn keiner? Sieht denn keiner, dass ich gestürzt bin? Bin ich es nicht wert, dass man mir hilft? Herr Grünberg hat sich machtlos, hilflos und wertlos gefühlt. Er war sicherlich auch sehr wütend; b) Sensibilisierung der Gesellschaft durch Öffentlichkeitsarbeit (Plakate und Fernsehwerbung); auf bestehende Probleme aufmerksam machen; soziales Engagement bei Kindern und Jugendlichen in der Schule fördern; Erziehung junger Menschen zur Hilfsbereitschaft und Nachbarschaftlichkeit im Umgang mit behinderten Mitmenschen; engagierte Menschen öffentlich auszeichnen.

Basics

Behinderung → S. 420

Querschnittslähmung → S. 182, S. 570

Mehrfachbehinderung → S. 421

In Deutschland leben 6,6 Millionen Schwerbehinderte, mehr als die Hälfte sind über 65 Jahre alt.
Der Begriff „Behinderung" unterliegt unterschiedlichen Definitionen, wird jedoch am häufigsten als individuelle Beeinträchtigung definiert.
Gesetzliche Grundlagen sind das SGB IX § 2 Abs. 1, Artikel 3 des Grundgesetzes der BRD (Gesetz zur Gleichstellung behinderter Menschen) und weitere Gesetze wie Anerkennung der Gebärdensprache und Herstellung der Barrierefreiheit in Bau und Verkehr.
Alter darf nicht mit Behinderung gleichgesetzt werden. Behinderungen können angeboren oder erworben sein. Risikofaktoren, aber auch Folgen von Behinderungen, sind körperliche Inaktivität, Ernährungsstörungen, Depressionen und Multimorbidität.
Man unterscheidet körperliche, geistige und seelische Behinderungen. Die → Querschnittslähmung zählt zu den körperlichen Behinderungen.
Wenn bei einem Menschen mehrere Behinderungen vorliegen, spricht man von → Mehrfachbehinderungen.
Behinderte Menschen bedürfen des Schutzes und der Unterstützung durch die Gesellschaft.

Pflege alter Menschen mit akuten und chronischen Erkrankungen

Themenschwerpunkt aus LF 1.3

Prüfungssituation

Aufregung am Morgen

Soeben haben Sie die Morgenarbeit in der Abteilung III im Altenheim „Abendstern" beendet und sind auf dem Weg in die Teeküche, um das Frühstück für die Bewohner vorzubereiten. Bevor Sie in die Küche abbiegen, werfen Sie noch einen prüfenden Blick auf die Rufanlage des Flures. Sie haben sich diese Vorgehensweise so angewöhnt, weil der Flur von der Küche aus nicht einsehbar ist.

Die Rufanlage des Zimmers 309 zeigt an, dass Herr Schuster sich meldet. Herr Schuster klingelt selten, sodass Sie davon ausgehen, dass es wichtig sein muss.

Herr Schuster ist 73 Jahre alt und ist vor ungefähr sechs Monaten nach dem Tod seiner Frau ins Altenheim gezogen. Seit seiner Aufnahme klagt Herr Schuster zeitweise über Schmerzen und Engegefühl in der Brust. Der Hausarzt von Herrn Schuster hatte damals nach gründlicher Untersuchung Angina pectoris diagnostiziert und entsprechende Medikamente verordnet. Im Notfall soll Herr Schuster zwei Hübe Nitrospray unter die Zunge bekommen. Herr Schuster hat einen BMI von 32,7 und raucht am Tag ungefähr zehn Zigaretten.

Sie betreten das Zimmer und finden Herrn Schuster kaltschweißig und nach Luft ringend vor. Unter großer Anstrengung berichtet er, dass er wieder heftige Schmerzen und ein Engegefühl in der Brust hat…

Arbeitsaufträge

1. Beschreiben Sie, welche Maßnahmen Sie bei Herrn Schuster unverzüglich einleiten.
2. Gehen Sie zur anatomischen Darstellung auf S. 108 (→ Material). Beschriften Sie die Koronararterien und die zu- und abgehenden Gefäße am Herzen.
3. Beschreiben Sie die Hauptursache und die Symptome der Koronaren Herzkrankheit (KHK).
4. Erläutern Sie, mit welchen Komplikationen Sie bei Herrn Schuster in dieser Situation rechnen müssen.
5. Der Notarzt, den Sie gerufen haben, setzt zusätzlich zu Nitrat (Nitrospray) einen Betarezeptorblocker (Beloc) und einen Thrombozytenaggregationshemmer (Acetylsalicylsäure) an. Beschreiben Sie die wichtigsten Wirkungen und häufigsten Nebenwirkungen dieser drei Medikamente.
6. Die Schmerzen lassen bei Herrn Schuster nach der Medikamentengabe nicht nach, sein Zustand verbessert sich nicht. Daraufhin veranlasst der Notarzt eine rasche Einweisung ins Krankenhaus. Beschreiben Sie diagnostische und therapeutische Maßnahmen, die bei Herrn Schuster in den nächsten vier Stunden mit großer Wahrscheinlichkeit durchgeführt werden.
7. Sie machen sich Sorgen um Herrn Schuster und nehmen sich vor, bei seiner Rückkehr mit ihm über seine Lebensweise zu sprechen. Erläutern und begründen Sie, was Sie Herrn Schuster bezüglich seiner Lebensweise raten würden und was Sie als Pflegefachkraft bei der Nachbetreuung von Herrn Schuster beachten müssen.
8. Bewerten Sie den Stellenwert der Koronaren Herzerkrankung in den Industrieländern. Beziehen Sie sich dabei auf die Folgen dieser chronischen Krankheit für die Betroffenen und die Gesellschaft.

Lösungsskizzen

1 Herrn Schuster nicht allein lassen, beruhigen, über Kollegen den Notarzt rufen, Patienten aufsetzen, Oberkörperhochlagerung, beengende Kleidung öffnen, Blutdruck und Puls kontrollieren, ausreichend Sauerstoff zuführen, zwei Hübe Nitrospray unter die Zunge geben, wenn Blutdruck systolisch über 100 mmHg. **2** *A = Aorta; B = linke Koronararterie; C = Ramus circumflexus; D = Herzspitze; E = Lungenarterien; F = untere Hohlvene; G = rechte Koronararterie.* **3** *Hauptursache ist eine Arteriosklerose der Koronararterien (Ein-, Zwei-, Dreigefäßerkrankung). Symptome sind Brustenge auf Grund des Sauerstoffmangels am Herzmuskel, Vernichtungsschmerz hinterm Brustbein, ausstrahlend in den linken Arm, Hals oder Oberbauch, Luftnot, kalter Schweiß.* **4** *Sie müssen davon ausgehen, dass Herr Schuster möglicherweise einen Herzinfarkt hat; mögliche Komplikationen sind eine akute Herzinsuffizienz mit drohendem Schock, Lungenödem, Herzrhythmusstörungen mit Kammerflimmern und Herz-Kreislauf-Stillstand (plötzlicher Herztod).* **5** *Nitrat: erweitert die Blutgefäße, Verminderung der zum Herzen zurückströmenden Blutmenge, Absenken des Widerstandes, gegen den das Herz pumpen muss (Nebenwirkung: Kopfschmerz); Betarezeptorenblocker: senken Blutdruck und Herzfrequenz, mindern Pumparbeit des Herzens und damit den Sauerstoffverbrauch (Nebenwirkung: Herzinsuffizienz); Thrombozytenaggregationshemmer: hemmen die Blutgerinnung durch Blockade der Blutplättchenfunktion (Nebenwirkung: Schädigung der Magenschleimhaut).* **6** *Diagnostik: EKG, Blutentnahme zur Bestimmung der Herzenzyme, Koronarangiographie; Therapie: Lysebehandlung, Koronarangioplastie mit Stentanlage.* **7** *Sie raten Herrn Schuster, Übergewicht abzubauen, sich mehr zu bewegen und auf Nikotin zu verzichten. Als Altenpflegefachkraft sollten Sie bei der pflegerischen Nachbetreuung darauf achten, dass Herr Schuster Stress und andere Angina pectoris auslösende Faktoren meidet, kleine statt große Mahlzeiten zu sich nimmt und übermäßige körperliche Belastung meidet. Alle genannten Faktoren sind Risikofaktoren der Koronaren Herzkrankheit, sie beschleunigen oder verstärken bei Nichtbeachtung den Krankheitsverlauf.* **8** *Die Koronare Herzkrankheit steht an erster Stelle der Todesursachenstatistik in den Industrieländern. Herzinsuffizienz und Herzrhythmusstörungen als Folgen der KHK beeinträchtigen die Lebensqualität und die Lebensdauer der Betroffenen beträchtlich. Für die Behandlung chronischer Erkrankungen wie u. a. die KHK muss die Gesellschaft finanzielle Ressourcen aufbringen. Hohe Kosten im Gesundheitswesen sind die Folge. Der Aufklärung der Bevölkerung kommt eine entscheidende Bedeutung zu.*

Basics

Die Herzkranzgefäße (Koronararterien) versorgen das Herz mit Blut. Bei einer Einengung dieser Gefäße durch Arteriosklerose kommt es zur Minderversorgung des Herzens, zur → Koronaren Herzkrankheit (KHK).

Risikofaktoren der KHK sind u. a. Übergewicht, Rauchen und Stress.

Hauptsymptome der KHK sind ausstrahlende Schmerzen hinter dem Brustbein, ein Brustengegefühl, kombiniert mit Luftnot.

Der Angina-pectoris-Anfall ist symptomatisch schwer vom akuten Herzinfarkt zu unterscheiden. Beim Herzinfarkt kommt es zum Verschluss der Koronararterie und damit zum Absterben des betroffenen Herzmuskelgewebes. Lebensgefährliche Komplikationen sind häufig die Folge.

Eine schnellstmögliche und effiziente Erstversorgung durch die Pflegefachkraft vor Ort, den Notarzt und die Weiterbehandlung im Krankenhaus entscheiden über den Behandlungserfolg und damit über das Leben des Betroffenen.

Folgen der KHK, wie → chronische Herzinsuffizienz und Herzrhythmusstörungen, beeinträchtigen die Lebensqualität der Betroffenen und verursachen hohe Kosten im Gesundheitssystem.

Koronare Herzkrankheit
→ S. 487

chronische Herzinsuffizienz
→ S. 491

Pflege infektionskranker alter Menschen

Themenschwerpunkt aus LF 1.3

Prüfungssituation

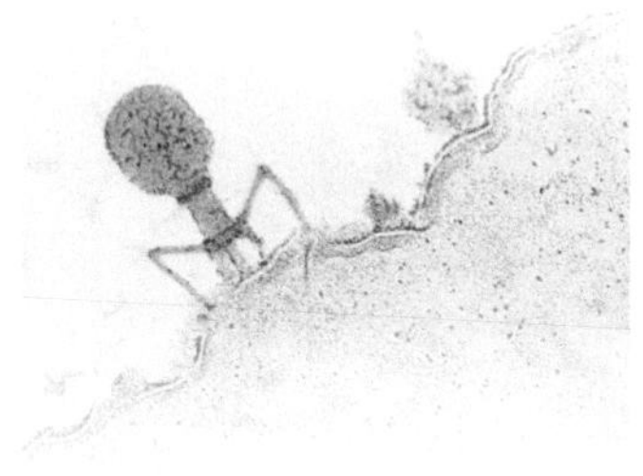

Ein Tag – völlig anders als geplant

Heute ist Ihr erster freier Tag. Sie kommen gerade aus der morgendlichen Dusche, als das Telefon klingelt. Ihre Pflegedienstleiterin Frau Michel ist am Telefon. Sie bittet Sie, heute zum Spätdienst zu kommen. Drei Kolleginnen Ihrer Abteilung sind krank und nun ist auch noch Frau Rössner aus dem Spätdienst ausgefallen. Aber nicht nur die Mitarbeiter, vor allem die Bewohner sind betroffen. Frau Kania und Frau Seeger, die sich ein Zimmer teilen, Herr Schuster und Frau Buschmann – alle klagen über heftige Durchfälle mit Bauchschmerzen und hohem Fieber. Frau Kania ist schon ganz schwach. Nicht auszudenken, wenn auch noch die gehbehinderten Bewohner, wie Frau Rosen, sich anstecken! Herr Dr. Keller, der regelmäßig die Bewohner der Abteilung III betreut, hat als Ursache eine Darminfektion durch Rotaviren diagnostiziert. Mit etwas gemischten Gefühlen gehen Sie zum Spätdienst. Was ist, wenn Sie sich auch noch anstecken? Wie können Sie die anderen Bewohner und sich selbst schützen?

Arbeitsaufträge

1 Eine Ihrer wichtigsten pflegerischen Aufgaben in dieser Situation ist die Expositionsprophylaxe.
   - a Erklären Sie, was Sie unter einer unspezifischen und unter einer spezifischen Expositionsprophylaxe verstehen.
   - b Krankheiten, die über den Stuhl übertragen werden, erfordern spezielle prophylaktische Maßnahmen im Heimalltag. Beschreiben Sie diese.

2 Gehen Sie auf S. 109 (→ Material) und beschriften Sie in der anatomischen Darstellung die Abschnitte des menschlichen Darmes.

3 Erläutern Sie die Funktion des Dickdarms im Verdauungsprozess. Erklären Sie den Begriff Diarrhoe und stellen Sie die Zusammenhänge dar, weshalb es bei einer Infektion des Darmes zu einer Diarrhoe kommen kann.

4 Ordnen Sie folgende Kurzdefinitionen den richtigen epidemiologischen Begriffen zu:

1) Epidemie	a) Ausgangspunkt der Infektion
2) Inkubationszeit	b) gehäuftes Auftreten einer Infektionskrankheit innerhalb eines Zeitintervalls in einer Bevölkerungsgruppe
3) Kontamination	c) Anzahl der an einer Krankheit gestorbenen Menschen
4) Infektionsquelle	d) Besiedlung eines Menschen mit Krankheitserregern
5) Mortalität	e) Anzahl der an einer Krankheit leidenden Menschen
6) Morbidität	f) Zeitintervall zwischen dem Eindringen des Erregers und dem Auftreten der ersten Symptome

5 Rotaviren gehören zu den Gastroenteritisviren. Erklären Sie den Übertragungsweg dieser Krankheitserreger. Ziehen Sie daraus eine Schlussfolgerung bezüglich der Bedeutung dieser Viren in Gemeinschaftseinrichtungen.

6 Alle betroffenen Heimbewohner haben Fieber und heftige Diarrhoe. Nennen und beschreiben Sie die wichtigsten pflegerischen Maßnahmen, die Sie als Pflegefachkraft bei diesen Bewohnern durchführen müssen.

7 Es werden subjektive und objektive Fieberzeichen unterschieden. Bringen Sie zu jeder Kategorie mindestens fünf Beispiele.

8 Beurteilen Sie Ihre Verantwortung als Pflegefachkraft bei der Verhütung von Infektionskrankheiten in Gemeinschaftseinrichtungen wie Altenheimen. Beziehen Sie sich dabei auch auf die besondere Gefährdung älterer Menschen durch Infektionskrankheiten.

Lösungsskizzen

*1 a) Unspezifische Expositionsprophylaxe: Einhaltung der vorgeschriebenen Hygiene- und Desinfektionsmaßnahmen; spezifische Expositionsmaßnahmen: zusätzliche Maßnahmen zum Schutz vor Ansteckung bei Infektionserkrankungen; b) Zuweisung einer eigenen Toilette bzw. Toilettenstuhl, regelmäßige Händedesinfektion der Pflegefachkraft nach Kontakt mit Infizierten, bei infizierten Bewohnern auf Toilettenhygiene achten (Händedesinfektion). **2** A = Zwölffingerdarm (Duodenum); B = Dickdarm (Colon); C = Blinddarm (Coecum); D = Gekröse (Mesenterium); E = Leerdarm (Jejunum); F = Krummdarm (Ileum); G = Wurmfortsatz des Blinddarms (Appendix). **3** Funktion: Rückgewinnung von Wasser aus dem Speisebrei, Aufnahme von Mineralien und wasserlöslichen Vitaminen, weiterer Abbau von Nährstoffen; Diarrhoe: mehr als drei flüssige Stuhlentleerungen innerhalb 24 Stunden wässrige übelriechende Stühle; Bei Infektion des Dickdarms kann Stuhl nicht eingedickt werden, da Dickdarmzellen in ihrer Funktion gestört sind. Zusätzlich kommt es durch den Entzündungsprozess zum Flüssigkeitseinstrom in den Darm und damit zur Diarrhoe. **4** 1b; 2f; 3d; 4a; 5c; 6e. **5** Die Erregerübertragung erfolgt auf dem fäkal-oralem Weg, d.h. orale Aufnahme von infiziertem Material, welches mit Stuhlausscheidung anderer infizierter Personen verunreinigt ist. Gefahr der Erregerübertragung ist in Gemeinschaftseinrichtungen besonders groß, da viele Menschen auf engem Raum zusammenleben. Geringe Mengen des Erregers machen bereits krank. Gastroenteritisviren zählen zu den häufigsten Verursachern von Durchfallerkrankungen. **6** Pflege bei Diarrhoe: reichlich elektrolythaltige Getränke zuführen, auf Körperhygiene achten, auf Exsikkosezeichen achten, Intertrigoprophylaxe; Pflege bei Fieber: Wadenwickel, fiebersenkende Medikamente lt. ärztlicher Anordnung, reichlich Getränke zuführen, Krankenbeobachtung. **7** objektiv: Temperaturerhöhung >38 °C, Tachycardie, Tachypnoe, Schüttelfrost, Schwitzen; subjektiv: Hitze- und Kältegefühl, Gliederschmerzen, Schwäche, Kopfschmerzen, Appetitlosigkeit. **8** Ältere Menschen sind durch Infektionskrankheiten besonders gefährdet, da die spezifische und die unspezifische Immunabwehr durch Alterungsprozesse des Knochenmarks herabgesetzt sind. Häufig verlaufen Infektionskrankheiten bei älteren Menschen unspezifisch, sodass Sie auch unspezifische Symptome erkennen müssen. Im Altenheim leben viele alte Menschen auf engem Raum zusammen. Deshalb kommt Ihnen bei der Einhaltung von Hygiene- und Desinfektionsvorschriften eine Schlüsselrolle bei der Verhütung von Infektionskrankheiten zu.*

Basics

Eine → Infektionskrankheit ist eine Erkrankung, die durch in den Körper eingedrungene Krankheitserreger hervorgerufen wird.
Häufige Infektionskrankheiten in Altenheimen sind Pneumonien, Harnwegsinfekte, Entzündungen der Haut und Weichteile sowie Durchfallerkrankungen.
Alte Menschen haben ein höheres Risiko, an Infektionskrankheiten zu erkranken und zu sterben.
In Gemeinschaftseinrichtungen spielt die Expositionsprophylaxe eine wichtige Rolle.
Die Epidemiologie ist die Lehre von den Ursachen und der Verbreitung von Infektionskrankheiten.
Verschiedene Krankheitserreger (Bakterien, Viren, Pilze, Parasiten) dringen auf unterschiedliche Weise in den Körper ein und rufen unterschiedliche Symptome hervor. Nosokomiale Infektionen sind bei einem Krankenhausaufenthalt erworbene Infektionen.
Resistente Problemkeime (→ MRSA, ORSA) stellen eine zunehmende Gefahr für ältere Menschen in Heimen und Krankenhäusern dar.

Infektionskrankheiten → S. 596

Resistenzbildung → S. 610

MRSA → S. 33

Pflege multimorbider alter Menschen

Themenschwerpunkt aus LF 1.3

Prüfungssituation

Es wird schon wieder!?

Sie erinnern sich noch gut an den Spätdienst im August, als Frau Kramer, eine Bewohnerin der Abteilung III, einen Schlaganfall bekam. Sie saß zusammengesunken in ihrem Sessel, der rechte Mundwinkel hing herab...
Heute nun ist Frau Kramer aus dem Krankenhaus ins Altenheim entlassen worden. Ihre Tochter begleitet sie. Frau Kramer sitzt in einem Rollstuhl. Sie sieht sehr blass aus, wirkt kraft- und mutlos. Als Sie Frau Kramer begrüßen, lächelt sie müde. Eine Träne rollt ihr über das Gesicht.
Frau Kramer ist 82 Jahre alt und hat seit dreizehn Jahren Diabetes mellitus Typ II. Sie nascht ganz gern und hält sich nicht immer streng an die Diät. Schon seit längerem klagte sie über pectanginöse Beschwerden, die Sehleistung ließ stark nach und auch die Füße zeigten Symptome eines fortgeschrittenen Diabetes. Dem Überleitungsbericht entnehmen Sie, dass Frau Kramer neben einem Hirninfarkt sowohl eine fortgeschrittene Herz- als auch Niereninsuffizienz hat. Aus diesem Grund soll sie wöchentlich zwei- bis dreimal dialysiert werden. Bei der täglichen Körperpflege und bei der Nahrungsaufnahme braucht Frau Kramer jetzt Unterstützung, während sie vor dem Schlaganfall sich ganz gut selbst behelfen konnte. Die Liste mit den verordneten Medikamenten ist im Krankenhaus noch länger geworden.

Sie beschließen, zuerst zu Frau Kramer zu gehen, um ein Pflegeassessment durchzuführen und ihren aktuellen Pflegebedarf einzuschätzen. Anschließend werden Sie mit Frau Kramer und ihrer Tochter alle folgenden Maßnahmen besprechen. Wie sich Frau Kramer jetzt wohl fühlen wird?

Arbeitsaufträge

1 Versetzen Sie sich in die Lage von Frau Kramer und beschreiben Sie mögliche Gründe dafür, warum Frau Kramer momentan traurig und mutlos ist. Berücksichtigen Sie dabei auch die allgemeinen psychischen Folgen von Multimorbidität.

2 Definieren Sie den Begriff Multimorbidität und benennen Sie die beiden häufigsten Krankheitsgruppen, welche im Alter zu Multimorbidität führen.

3 Beschreiben Sie kurz die Spätfolgen eines Diabetes mellitus und deren Ursache. Benennen Sie die Komplikationen, die bei Frau Kramer infolge ihres langjährigen Diabetes aufgetreten sind.

4 Frau Kramer leidet an einer Niereninsuffizienz.
- a Gehen Sie auf S. 110 (→ Material) und beschriften Sie in der anatomischen Darstellung die Teile der Niere und des Nephrons.
- b Beschreiben Sie stichpunktartig die Funktion des Nierenkörperchens.
- c Beschreiben Sie die pathophysiologischen Veränderungen am Nierenkörperchen bei Arteriosklerose.

5 Multimorbidität führt häufig, wie auch bei Frau Kramer, zur Polypharmakologie. Beschreiben Sie, worauf Sie als Pflegekraft diesbezüglich achten müssen. Benennen Sie typische Nebenerscheinungen der Polypharmakologie.

6 Begründen Sie, weshalb Motivation und Aktivierung bei der Pflege multimorbider Patienten wie Frau Kramer von entscheidender Bedeutung sind. Erläutern Sie, welche Rolle die Tochter von Frau Kramer diesbezüglich im Betreuungsprozess übernehmen sollte.

7 Das Krankheitsspektrum in unserer Gesellschaft hat sich in den letzten Jahrzehnten entscheidend gewandelt. Krankengeschichten wie die von Frau Kramer sind kein Einzelfall. Beurteilen Sie, welche Folgen dieser Wandel für die Gesellschaft mit sich bringt.

Lösungsskizzen

1 Frau Kramer erfährt zunehmend Verluste in Bezug auf Leistungsfähigkeit und Gesundheit. Ihre Abhängigkeit von anderen und ihre Hilflosigkeit machen sie traurig. Eventuell hat sie auch Schmerzen. Sie fragt sich, wie es weitergehen soll. 2 Gleichzeitiges Vorliegen mehrerer Erkrankungen, die sich wechselseitig beeinflussen. Erkrankungen des Kreislaufsystems und des Bewegungsapparates. 3 Spätfolgen des Diabetes sind auf Grund von Arteriosklerose in den großen und kleinen Blutgefäßen Hypertonus, Koronare Herzkrankheit, Schlaganfall, Erblindung, arterielle Verschlusskrankheit und Niereninsuffizienz. 4 a) A = Nierenkanälchen; B = Kapillarnetz; C = Sammelrohr; D = ableitendes Blutgefäß; E = zuführendes Blutgefäß; F = Kapsel; G = Kapillarknäuel (Glomerulus); H = ableitende Nierenkanälchen. b) Die Nierenkörperchen filtrieren das Blut und pressen den Primärharn in den Raum zwischen Knäuel und Kapsel ab. c) Arteriosklerose zerstört die Filterstruktur des Nierenkörperchens, ein bindegewebiger Umbau des Nierenkörperchens ist die Folge, sodass harnpflichtige Substanzen nicht mehr filtriert werden können. 5 Auf Wechsel- und Nebenwirkungen ist zu achten, Organsysteme alter Menschen reagieren empfindlicher, der Medikamentenstoffwechsel verändert sich im Alter. Typische Nebenwirkungen sind u. a.: Blutdrucksenkung – Sturzgefahr, Herzrhythmusstörungen, Verwirrtheitszustände. 6 Motivation und Aktivierung sind entscheidend, um ein Höchstmaß an Unabhängigkeit des Patienten zu erreichen und ihm einen Teil seiner Selbstständigkeit und damit Lebensqualität zurückzugeben. Die Tochter von Frau Kramer sollte ebenfalls aktivierend und fördernd agieren. Angehörige neigen häufig dazu, dem geliebten Menschen alles abzunehmen, dies ist in diesem Falle nicht hilfreich. 7 Zahl der chronisch Kranken und multimorbiden Menschen wächst und damit der Bedarf an Pflege. Neue Pflegeeinrichtungen müssen entstehen, ambulante Pflege muss ausgebaut werden. Ressourcen müssen ermittelt und genutzt werden.

Multimorbidität → S. 618

Diabetis mellitus → S. 433

Polypharmakologie → S. 620

Basics

→ Multimorbidität ist das gleichzeitige Vorliegen mehrerer chronischer, meist progredient fortschreitender Erkrankungen, die sich wechselseitig beeinflussen. Sie ist ein charakteristisches Merkmal geriatrischer Patienten.

Erkrankungen des Kreislaufsystems und des Bewegungsapparates sind an Multimorbidität häufig beteiligt. → Diabetes mellitus als weitverbreitete chronische Erkrankung steht mit seinen Spätfolgen, wie u. a. Nierenversagen, oft im Zentrum von Multimorbidität.

Psychische (Demenz, Depressionen) und körperliche chronische Erkrankungen stehen häufig in Wechselwirkung miteinander und führen bei Patienten zu Verlusterleben.

Multimorbidität ist eng verbunden mit einer erhöhten Mortalität. Eine entsprechende Anpassung des Lebensstils und die Prävention von Folgeerkrankungen sind sowohl für die Lebensqualität der Betroffenen als auch aus gesundheitsökonomischer Sicht wichtige Maßnahmen.

→ Polypharmakologie als Begleitphänomen der Multimorbidität führt besonders bei alten Menschen zu zahlreichen Neben- und Wechselwirkungen.

Themenschwerpunkt aus LF 1.3

Prüfungssituation

Pflege alter Menschen mit chronischen Schmerzen

„Ach, wenn doch nur die Schmerzen nicht wären ..."

Sie haben Frühdienst im ambulanten Pflegedienst „Mobile Hilfe". Heute kommen Sie zügig voran und haben etwas Zeit. Gerade fahren Sie am Haus von Frau Richter vorbei, die Sie eigentlich sonst auch betreuen. Doch Frau Richter geht heute ins Krankenhaus zur Implantation eines künstlichen Hüftgelenks. Sie beschließen, Frau Richter einen kurzen Besuch abzustatten und ihr alles Gute zu wünschen.
Frau Richter ist schon sehr aufgeregt. Die Tasche ist noch nicht ganz fertig gepackt und die Papiere sind nicht vollständig. Gleich kommt ihr Sohn, um sie in die Klinik zu fahren. Sie gehen ihr ein wenig zur Hand.
Frau Richter ist 75 Jahre alt und leidet seit einigen Jahren an Coxarthrose. Betroffen sind inzwischen beide Hüften, aber rechts sind die Schmerzen heftiger. Anfangs traten die Schmerzen nur zeitweilig auf, vor allem, wenn sie aus dem Sessel aufstand, und ließen dann wieder nach. Doch seit ungefähr einem Jahr wurden die Schmerzen immer stärker und das Gehen fiel Frau Richter schwer. Sie zog sich zunehmend zurück und verließ die Wohnung immer seltener. Auch die starken Schmerzmedikamente halfen nicht mehr, im Gegenteil – sogar der Magen fing an zu drücken. Sie sagt auch jetzt wieder, dass sie zwar Angst vor der Operation habe, aber dass die Aussicht auf geringere Schmerzen oder Schmerzfreiheit ihr Kraft geben. Sie wünschen ihr alles Gute. Als Sie die Wohnung verlassen, machen Sie sich Gedanken darüber, ob Frau Richter wirklich schmerzfrei werden wird ...

Arbeitsaufträge

1 Erklären Sie am Beispiel von Frau Richter, welche psychosozialen Folgen chronische Schmerzen haben. Benennen Sie weitere psychosoziale Folgeerscheinungen, die bei chronischen Schmerzpatienten beobachtet werden können.

2 Definieren Sie den Begriff Schmerz und beschreiben Sie kurz weitere Schmerzarten.

3 Frau Richter leidet an Coxarthrose.
- **a** Gehen Sie zur anatomischen Darstellung auf S. 111 (→ Material) und beschriften Sie die Teile des Hüftgürtels und des Hüftgelenks.
- **b** Beschreiben Sie die pathologischen Veränderungen, die sich bei Coxarthrose am Gelenk vollziehen.
- **c** Benennen Sie konservative und invasive Therapieformen bei Arthrose.
- **d** Benennen Sie pharmakologische Substanzgruppen mit jeweils einem Vertreter, die zur medikamentösen Behandlung bei Coxarthrose zum Einsatz kommen. Beschreiben Sie Wirkung und Nebenwirkungen dieser Substanzgruppen.

4 Erklären Sie, worin die besondere Gefährdung der Patienten mit chronischen Schmerzen, wie z. B. Frau Richter, besteht. Beziehen Sie sich dabei auf den „Teufelskreis Schmerz" und das Schmerzgedächtnis.

5 Zur Beurteilung von chronischen Schmerzen kann ein Schmerzassessment durchgeführt werden. Beschreiben Sie anhand von Beispielen, welche Kriterien beim Schmerzassessment eine Rolle spielen.

6 Frau Richter wurden starke Medikamente gegen ihre Schmerzen verschrieben. Beschreiben Sie alternative Methoden zur Schmerzlinderung, die Sie als Pflegefachkraft durchführen könnten.

7 Diskutieren Sie aus Ihrer Sicht als Pflegefachkraft folgende Aussage: „Schmerzen sind doch im Alter normal!"

Lösungsskizzen

1 Frau Richter zog sich sozial zurück, verließ die Wohnung immer seltener (Isolation). Weitere psychosoziale Folgen: Depression, Schmerzmittelmissbrauch, Suizid. 2 Schmerz ist ein unangenehmes Sinnes- und Gefühlserleben, das mit einer echten oder potenziellen Gewebsschädigung einhergeht oder als solches beschrieben wird. Schmerz ist immer subjektiv. Schmerzarten: Oberflächenschmerz: Schmerzempfinden der Haut, schnelle Leitung, gut lokalisier- und analysierbar; Tiefenschmerz: aus Muskeln, Gelenken und Sehnen, dumpf, schlecht lokalisierbar; Eingeweideschmerz: innere Organe, schlecht lokalisierbar, dumpf, von Eingeweide an Körperoberfläche projiziert, vegetative Begleitsymptome. 3 a) A = Hüftgelenkspfanne; B = Hüftgelenkskopf; C = Schambeinfuge (Symphyse); D = Oberschenkelknochen; E = Schenkelhals des Oberschenkelknochens; F = Kreuzbein; G = Leistenband; H = vorderer Darmbeinstachel. b) Gelenkknorpel verschleißt, wird dünn und rissig, Gelenkspalt verschmälert sich, Gelenkflächen der Knochen allmählich zerstört, Gelenk verdickt sich, verstärkte Reibung zwischen den Gelenkflächen → Funktionsfähigkeit des Gelenks eingeschränkt bis versteift, Schmerzen. c) Konservativ: Gewichtsreduktion, Krankengymnastik, physikalische (Wärme, Kälte) und medikamentöse Therapie; invasiv: Gelenkspiegelung mit Entfernung von Knorpelteilen, Hüftgelenks – (total) endoprothese. d) Analgetika/Antipyretika: Aspirin – schmerz- und fiebersenkend; Nebenwirkungen: Magen- und Nierenschäden; Antiphlogistika: Diclofenac – schmerz- und entzündungshemmend, Nebenwirkungen: Magenschäden; Opioide: Morphin – starke, zentral wirkende Schmerzmittel, Nebenwirkungen: Schläfrigkeit, Übelkeit, Erbrechen, Abhängigkeit. 4 Chronische Schmerzen werden im Schmerzgedächtnis gespeichert und leben fort, auch wenn Auslöser nicht mehr vorhanden ist. Somit werden chronische Schmerzen zu einem eigenständigen Krankheitsbild. Teufelskreis: Schmerz führt zu Bewegungseinschränkung → soziale Isolation/Depression → weiterer Mobilitätsverlust → Schmerzverstärkung. 5 Schmerzarten: Tiefenschmerz; Schmerzlokalisation: diffus; Schmerzqualität: dumpf; Schmerzstärke: Punkt auf Schmerzskala; Schmerzdauer: langandauernd; Schmerzäußerung: nonverbal. 6 Zuwendung, Verständnis, Gespräche, Anleitung zu Entspannungstraining, autogenes Training, Wärme-, Kälteanwendung. 7 Schmerzen sind subjektiv, zu starke Schmerzen beeinflussen Lebensqualität und verselbstständigen sich. Schmerzäußerungen müssen ernst genommen werden unabhängig vom Alter. Schmerzfreiheit ist Voraussetzung für eine unbeschwerte Teilnahme am sozialen Leben.

Basics

Schmerz ist eine Schutzfunktion des Körpers und lebensnotwendig. Doch → chronischer Schmerz, der länger als sechs Monate andauert (und damit vom akuten Schmerz unterschieden wird), verliert seine Warnfunktion für den Körper.
Am häufigsten werden chronische Schmerzen im Bewegungsapparat (Arthrose, rheumatische Erkrankungen) beklagt, sie können jedoch auch ohne Gewebeschädigung bestehen. Schmerzen werden in einem Schmerzgedächtnis gespeichert und können sich zu einem eigenständigen, schwer zu behandelnden Krankheitsbild verselbstständigen.
Schmerz wird als ein unangenehmes Sinnes- und Gefühlserlebnis definiert. Es werden verschiedene Schmerzarten beschrieben, z. B. Oberflächen-, Tiefen- oder Eingeweideschmerz. Mit Schmerzassessmentinstrumenten können Schmerzen beobachtet und beurteilt werden und Maßnahmen zur → Schmerzprophylaxe abgeleitet werden.
Schmerz wird immer subjektiv wahrgenommen und muss als ein ganzheitliches Phänomen verstanden werden. Aus diesem Verständnis leiten sich moderne Therapiemaßnahmen ab.
60–80 % aller Menschen über 60 Jahre leiden an chronischen Schmerzen. Oft wird der Leidensdruck bei alten Menschen nicht wahrgenommen und führt zu psychosozialen Begleitsymptomen.

chronischer Schmerz → S. 621

Schmerzprophylaxe → S. 360

Pflege alter Menschen in existenziellen Krisensituationen

Themenschwerpunkt aus LF 1.3

Prüfungssituation

Frau Sommer will nicht mehr leben

Es ist Sonntag. Sie fahren die Frühtour in der Sozialstation Süd-Ost und klingeln bei Frau Sommer. Frau Sommer ist 73 Jahre alt und erst seit zwei Monaten Klientin Ihrer Einrichtung. Seit dem plötzlichen Tod ihres Mannes vor sechs Monaten lebt Frau Sommer zurückgezogen und lehnt soziale Kontakte konsequent ab. Auch körperlich hat sie stark abgebaut. Seit zwei Wochen benötigt sie Hilfe bei der Körperpflege. Sie ist oft antriebslos und sitzt den ganzen Tag im Sessel. Vor kurzem hat sie noch vieles im Haushalt selbstständig bewältigt, aber in den letzten Wochen nahmen auch diese Aktivitäten immer weiter ab. Bei ihr ist heute früh die Unterstützung bei der Körperpflege und Ankleiden durchzuführen. Gestern war sie sehr gereizt und klagte über Schlafstörungen.

Frau Sommer öffnet aber nicht die Wohnungstür. Nach dem dritten Klingeln kommen Sie mit dem Notschlüssel in die Wohnung. Im Wohnzimmer läuft merkwürdigerweise der Fernsehapparat. Frau Sommer liegt bekleidet auf dem Sofa in ihrem Erbrochenen. Auf dem Wohnzimmertisch finden Sie eine leere Tablettenschachtel.

„Das sind doch ihre Schlaftabletten! Daneben liegt ein Abschiedsbrief. Sie hat einen Suizidversuch unternommen!", fährt es Ihnen durch den Kopf.

Sie sprechen Frau Sommer laut an. Sie reagiert mit langsamen Bewegungen, öffnet aber weder die Augen noch ist sie in der Lage zu sprechen. Zum Glück, sie lebt! Sie kontrollieren sofort die Vitalparameter und alarmieren den Notarzt.

Als der Notarzt die Wohnung betritt, öffnet Frau Sommer die Augen und flüstert kaum hörbar: „Lasst mich bloß sterben!" Wie soll es mit Frau Sommer nur weitergehen?

Arbeitsaufträge

1 Frau Sommer hat einen Suizidversuch unternommen. Nennen Sie Verhaltensauffälligkeiten, welche bei Menschen mit Suizidabsichten im Vorfeld auf eine geplante Selbsttötung hinweisen können.

2 Oft gehen einem Suizidversuch depressive Verhaltensweisen voraus. Wenn diese rechtzeitig bemerkt werden, kann eine entsprechende antidepressive Therapie eingeleitet werden. Erklären Sie die Grundzüge dieser Therapie.

3 Die Kommunikation mit an Depression leidenden Menschen stellt einen hohen Anspruch an Pflegende. Geben Sie Grundsätze in der Kommunikation mit depressiven Menschen an.

4 Ein Suizidversuch wird häufig durch Krisen ausgelöst. Erläutern Sie in diesem Zusammenhang den Begriff Krise.

5 Um Frau Sommer erfolgreich helfen zu können, ist eine Krisenintervention erforderlich. Führen Sie Ziel und Rahmenbedingungen für eine erfolgreiche Krisenintervention bei Frau Sommer aus.

6 Frau Sommer fleht Sie an: „Lasst mich bloß sterben!" Erörtern Sie rechtliche und moralische Aspekte der Sterbehilfe und Unterstützung beim Suizid.

Lösungsskizzen

1 Sozialer Rückzug, Ankündigung bzw. Andeutung der Selbsttötungsabsichten, bei alten Menschen oft „Bilanzsuizid", Reizbarkeit, Unzufriedenheit, Einengung des Denkens, Interessenverarmung und Verarmung der Gefühlswelt. 2 Medikamentöse Therapie: Antidepressiva (mit unterschiedlichen Wirkspektren), Ziel: Antriebssteigerung, Stimmungsaufhellung, dämpfende Wirkung; Psychotherapie: Einzel- oder Gruppentherapien mit unterschiedlicher Ausrichtung möglich, individuell auf die Krankheitssituation abgestimmt; Milieutherapie: durch Umwelt- und Umfeldgestaltung zur Anregung positiven Lebensgefühls und zum Setzen von Aktivitätsimpulsen; alternative Therapien: als ergänzender Therapiepart z. B. Medikation auf pflanzlicher Basis (Johanniskraut) oder Lichttherapie, Aromatherapie, Musiktherapie; häufig ist eine individuell abgestimmte Kombination aller Therapien notwendig, beispielsweise ist eine alleinige medikamentöse Therapie wenig sinnvoll, da sie Ursachen der Depression nicht beheben kann. Die Therapiefestlegung liegt in (fach-)ärztlicher Hand. 3 Hilfen anbieten; nicht bevormunden! Gespräche anbieten, zuhören, loben, Hoffnung geben, trösten, empathisches Verhalten, positives und gelungenes im Leben betonen, Beschäftigungsangebote, wenn möglich, fortwährend anbieten. 4 Krise bedeutet Wendepunkt, ausgelöst durch Veränderungen im Leben eines Menschen, durch eine Krise kann sich eine Lebenssituation in eine positive oder negative Richtung entwickeln. 5 Ziel von Krisenintervention: Voraussetzung ist die Bereitschaft von Frau Sommer, Lösung der aktuellen Lebenskrise bzw. Konfliktreaktion; bei Frau Sommer haben wahrscheinlich der Tod des Mannes und die Rückzugstendenz die depressive Verstimmung ausgelöst; Basis für erfolgreiche Krisenintervention: raschen Beginn gewährleisten, Vertrauensaufbau zwischen Krisenbegleiter und Betroffenem; Hilfe zur Selbsthilfe: Frau Sommer erkennt ihre Gefühle und lebt sie offen aus; Gefühle auffangen zur Entlastung des Betroffenen, hohe Aktivität von helfenden Personen gefordert, Methodenflexibilität (situatives Einstellen auf Frau Sommer und ihre jeweilige „Tagesform"), Integration der Angehörigen bzw. des Umfeldes, soweit möglich. 6 Jegliche Form der aktiven Sterbehilfe, auch die Unterstützung beim Suizid, sowie die unterlassene Hilfeleistung sind in Deutschland strafbar. Suizidales Verhalten als Folge von depressiven Störungen ist behandelbar.

Krisenintervention → S. 624

Depressionen → S. 639

Depression → S. 7

Suizid → S. 105, S. 127

Basics

Alte Menschen haben eine Vielzahl von existenzgefährdenden Erfahrungen (z. B. Verlusterlebnisse) zu verarbeiten. Hieraus ergeben sich für den Einzelnen unterschiedliche Fähigkeiten, mit derartigen belastenden und gefährdenden Erfahrungen umzugehen.
Häufig summieren sich im Alter zeitnah mehrere Verlusterlebnisse (z. B. Tod des Lebenspartners, Verlust der Unabhängigkeit und der eigenen Wohnung) und es kommt zur Auslösung einer Krisensituation. Die Vermittlung in derartigen Krisensituationen wird als → Krisenintervention bezeichnet.
Vorläufer derartiger Krisensituationen sind oft latent verlaufende → Depressionen und Suizidgedanken. Es ist die Aufgabe Pflegender, die jeweiligen existenziellen Erfahrungen des alten Menschen wahrzunehmen, zu analysieren und einzuordnen, um ein entsprechendes Pflegeangebot zu entwickeln.

Pflege dementer und gerontopsychiatrisch veränderter alter Menschen

Themenschwerpunkt aus LF 1.3

Prüfungssituation

Herr Peters sucht das Postgebäude

Horst Peters ist 85 Jahre alt. Er lebt seit über 60 Jahren mit seiner Frau Ilse in Berlin. Die beiden haben einen Sohn und eine Tochter. Herr Peters arbeitete bis zu seiner Pensionierung als Postbeamter und seine Frau Ilse war zeitlebens Hausfrau.

Seit Herr Peters verrentet ist, geht er einmal im Monat ins Postamt seine alten Kollegen besuchen, „um mal nach dem Rechten zu schauen". Dieser Termin ist ihm sehr wichtig, da er mit Leib und Seele Postbeamter war und ungern in den Ruhestand gegangen ist.

Anfang des Jahres ist Herr Peters im Bad gestürzt und hat einen Oberschenkelhalsbruch erlitten. Dieser musste operativ behandelt werden. Trotz anschließender Rehabilitation blieb er im Laufen eingeschränkt und unsicher. Frau Peters berichtet ihrem Sohn, dass ihr Mann seit dem Sturz Kontakte zu Bekannten meidet, ständig Worte vergisst und Alltagsgegenstände wie seine Uhr und die Brille sucht. Unter Tränen erzählt sie weiter, dass er letzte Woche sogar den Weg vom Garten in die Wohnung nur mit Hilfe der Nachbarin gefunden hat. Nachts ist er oft unruhig und will zur Arbeit ins Postamt gehen; wenn sie ihm erklärt, dass das nicht geht, wird er richtig laut und fuchtelt wütend mit den Armen. Frau Peters weint, sie hat Angst um ihren Mann und dass sie die Situation nicht bewältigt. Der Sohn vereinbart einen Termin bei der Hausärztin. Die Hausärztin spricht nach der Untersuchung mit Frau Peters und ihrem Sohn über ihre Verdachtsdiagnose – Demenz – und überweist Herrn Peters in eine gerontopsychiatrische Fachambulanz. Hier wird nach umfangreichen Untersuchungen und Tests die Diagnose Morbus Alzheimer gestellt.

Der behandelnde Psychiater erklärt, dass Herr Peters Medikamente gegen die Unruhezustände, die Vergesslichkeit und die Konzentrationsstörungen bekommen wird. Das allein wird aber nicht ausreichen, um den Verlauf der Erkrankung positiv zu beeinflussen. Er spricht von milieutherapeutischer Unterstützung, die organisiert werden soll. Zukünftig wird Herr Peters einmal in der Woche in einer gerontopsychiatrischen Tagesstätte im Wohngebiet betreut und an zwei weiteren Tagen von einem ambulanten Pflegedienst. Damit ist Frau Peters ein Stück entlastet. Trotzdem bleiben viele Fragen offen …

Arbeitsaufträge

1 Benennen Sie Symptome, welche typischerweise bei Menschen mit einer Demenzerkrankung auftreten.

2 Beschreiben Sie Ursachen, die bei der Entstehung der Demenz vom Alzheimer-Typ diskutiert werden.

3 Ordnen Sie nachfolgende Demenzformen schematisch zu.

- Primäre Demenz
- Chronischer Alkoholabusus
- Degenerative Demenz
- Metabolische Erkrankungen und Avitaminosen
- Demenz vom Alzheimer-Typ
- Sekundäre Demenzen
- Vaskuläre Demenzen
- Lewy-Körper-Demenz

4 Frau Peters hat Probleme, ihren Mann nicht zu über- oder unterfordern, und fragt Altenpflegerin Frau Mattern, wie sie ihrem Mann helfen könnte. Was würden Sie Frau Peters empfehlen?

5 Der behandelnde Psychiater erklärt Frau Peters, dass es Medikamente zur Behandlung der Demenz vom Alzheimer-Typ gibt. Nennen und beschreiben Sie drei Arzneimittelgruppen, die eine günstige Wirkung auf den Verlauf der Erkrankung haben.

6 Nennen Sie sinnvolle Therapieangebote bei Demenzerkrankungen.

7 Herr Peters soll trotz seines Symptombildes im häuslichen Umfeld gepflegt werden. Begründen Sie diese Entscheidung aus ethischer und volkswirtschaftlicher Sicht.

Lösungsskizzen

1 Langsam fortschreitender Abbau kognitiver Fähigkeiten: Gedächtnis, Denken, Sprache, Urteilsvermögen, Lernfähigkeit, Orientierung; affektive Störungen: Ängste, depressive Verstimmung, Persönlichkeitsveränderungen, Agitiertheit und Aggressivität. 2 Ursachen: genetische Faktoren, Viruserreger, Toxine, Autoimmunprozesse, Transmitterstörungen, Minderung der Zell- und Koordinationsfunktion.

3 Primäre Demenz:

- *Degenerative Demenz*
  - *Demenz vom Alzheimer-Typ*
  - *Lewy-Körper-Demenz*
  - *Vaskuläre Demenz*
- *Multiinfarkt-Demenz*

Sekundäre Demenz:

- *Chronischer Alkoholabusus*
- *Metabolische Erkrankungen und Avitaminosen*

4 Zeitdruck vermeiden, Ablenkung (Störreize) ausschalten, Aufgaben übersichtlich gestalten, konstante Tagesstrukturierung, biografische Bestätigung/Gewohnheiten berücksichtigen, eindeutige Hinweise, Wiederholungen, vertraute Sprache, Gefühle respektieren. 5 Neuroleptika: lindern Angst, Unruhezustände, Aggression, Wahnvorstellungen und Halluzinationen; Antidepressiva: lindern depressive Verstimmung und Antriebslosigkeit; Benzodizepine: Angst, Unruhezustände, gestörter Schlaf-Wach-Rhythmus; Acetylcholinesterasehemmer: stoppt Acetylcholinabbau; Alternativ: Gingko-Präparate; Nootropika: Steigerung der Hirnleistung/-durchblutung. 6 Ergotherapie, Gedächtnistraining, Bewegungsangebote, Musiktherapie. 7 Ethische Sicht: Trennung vom häuslichen und familiären Milieu wird vermieden, dadurch Erhalt von Selbstständigkeit und Selbstbestimmung, Ehefrau wird entlastet durch ambulante Angebote und Beratungsangebote; volkswirtschaftliche Sicht: Pflege- und Behandlungskosten im häuslichen Bereich günstiger als im stationären Bereich (Grundsatz: ambulant vor stationär).

Demenz → S. 630

Verwirrtheit → S. 45

Demenz → S. 28

Basics

Demenzerkrankungen sind sowohl medizinisch-pflegerisch als auch volkswirtschaftlich gegenwärtig und zukünftig von großer Bedeutung
Es werden derzeit vielfältige Ursachen der → Demenz beforscht und diskutiert, man beobachtet bei der Entstehung einer Demenzerkrankung ein multifaktorielles Bedingungsgefüge. Es wird zwischen primären und sekundären Demenzen unterschieden. Dabei liegen die Ursachen primärer Demenzen direkt im Gehirn, sekundäre Demenzen entstehen als Folgen anderer Grunderkrankungen.
Therapeutische Konzepte zur Bekämpfung der Demenz müssen in ihrer Zielstellung dem aktuellen Schweregrad der Erkrankung angepasst sein. Die Psychopharmakotherapie stellt eine Säule der Behandlung dar, hierbei werden unterschiedliche Medikamente aus der Gruppe der Psychopharmaka symptomorientiert eingesetzt (Pharmakotherapie nach Maß!). Zur Verhinderung einer Beschleunigung des Krankheitsverlaufs ist die interdisziplinäre Arbeit von großer Bedeutung.
Die Begleitung und Beratung pflegender Angehöriger ist eine wichtige Aufgabe des Pflegefachpersonals. Hierbei sind Beratungskompetenz und Fachkompetenz zu pflegerischen Möglichkeiten der Begleitung dementer Menschen eine wesentliche Voraussetzung für professionelles Arbeiten.

Pflege alter Menschen mit Suchterkrankungen

Themenschwerpunkt aus LF 1.3

Prüfungssituation

Herr Hensel ist unglücklich

Heute ist Dienstag, Sie haben Frühdienst in der Sozialstation Süd und klingeln gegen 10.00 Uhr vormittags bei Herrn Hensel, um den Verbandswechsel an seinem Ulcus cruris durchzuführen. Herr Hensel öffnet Ihnen erst nach dem dritten Klingeln die Tür. Er scheint heute irgendwie verändert, sehr fahrig und unsicher in seinen Bewegungen und er spricht merkwürdig. So erzählt er Ihnen beispielsweise, dass er heute Nacht mit seiner Frau gesprochen hätte. Sie wissen aber, dass diese vor einem Jahr plötzlich verstorben ist. Sie registrieren auch mehrere leere Bierflaschen neben dem Sofa. Herr Hensel hat offenbar Alkohol getrunken und das schon um 10.00 Uhr vormittags!
Auf Ihre Frage, ob er vielleicht Alkohol getrunken hat, verneint er zunächst energisch. Aber dann bricht es aus ihm heraus: „Ja, ich habe schon drei Flaschen Bier getrunken. Das hilft gegen die Traurigkeit und das Alleinsein. Seit meine Frau gestorben ist, finde ich keinen Sinn mehr im Leben. Am liebsten wäre ich tot, besser als diese furchtbare Einsamkeit! Ich habe an nichts mehr Freude."
Er berichtet weiter, dass er zunächst nur am Abend zur Erleichterung und zum Einschlafen ein Bier getrunken hat, und dann sind es zwei, drei geworden und manchmal auch ein Korn. Seit dem Sommer trinkt er auch tagsüber. Den Alkohol holt ihm sein Nachbar aus dem nahe gelegenen Supermarkt. „Wenn meine Ilse noch am Leben wäre, würde ich nicht trinken, das können Sie mir glauben."

Sie berichten bei der Dienstübergabe über die Situation von Herrn Hensel. Ihre Teamleiterin telefoniert mit dem Hausarzt und erfährt, dass er Ähnliches von der besorgten Tochter erfahren hat. Diese beschreibt u.a., dass ihr Vater selbst seine geliebten Balkonpflanzen nicht mehr pflegt und Einladungen der Tochter ablehnt. Der Hausarzt stellt die Verdachtsdiagnose der Alkoholabhängigkeit, gekoppelt mit einer reaktiven Depression, und vereinbart für Herrn Hensel einen Termin in einer psychiatrischen Facharztpraxis.

Arbeitsaufträge

1. Die Suchterkrankungen, insbesondere die Alkoholabhängigkeit, gehören zu den wichtigsten psychiatrischen Erkrankungen unserer Zeit. Erklären Sie die Ursachen, die bei Herrn Hensel den Alkoholismus begünstigt haben.
2. Der Hausarzt stellt die Verdachtsdiagnose der Alkoholabhängigkeit mit einer begleitenden reaktiven Depression bei Herrn Hensel. Erklären Sie die Veränderungen bei Menschen mit Depressionen im Alter und arbeiten Sie anhand der Prüfungssituation die depressiven Veränderungen von Herrn Hensel heraus.
3. Viele alte Menschen im häuslichen Bereich entwickeln eine Suchterkrankung, die oft lange unerkannt bleibt. Benennen und beschreiben Sie drei Beobachtungskriterien, auf die Sie als Pflegekraft besonders achten müssen, um Suchtverhalten frühzeitig zu erfassen.
4. Die Tochter von Herrn Hensel ist sehr betroffen über den Zustand ihres Vaters. Stellen Sie Kernaussagen für ein Beratungsgespräch mit der Tochter zusammen.
5. Die Alkoholabhängigkeit bringt langfristig erhebliche körperliche und psychische Veränderungen mit sich. Erklären Sie die Spätfolgen der Alkoholabhängigkeit auf das zentrale Nervensystem.
6. Herr Hensel äußert, dass er nicht mehr leben möchte. Welche Konsequenzen ergeben sich für Ihr pflegerisches Handeln?

Lösungsskizzen

1 Tod der Ehefrau; Alleinsein, Einsamkeit; depressive Grundstimmung; das Gefühl, nicht mehr gebraucht zu werden, keine Aufgabe zu haben. 2 Veränderungen allgemein: Affektstörungen, z. B. Traurigkeit, Interessenverlust, gedrückte Stimmung; Antriebsstörungen, z. B. Müdigkeit, schnelle Erschöpfbarkeit, Verlangsamung der Handlungsabläufe und des Denkens, Einschränkung des Selbstwertgefühls, Angst, Suizidgedanken; körperliche Symptome, z. B. Schlafstörungen, Schmerzen; Veränderungen bei Herrn Hensel: Traurigkeit, Interessenverlust, Gedanken an den Tod, Antriebslosigkeit, Einschränkung des Selbstwertgefühls. 3 Veränderte Emotionalität: unmotiviertes Weinen, Lachen, Gereiztheit, Aggressivität; Bewusstseinsstörungen: Sprache (klar oder verwaschen?), Denken und Handeln (verlangsamt oder zielgerichtet?); Koordinationsstörungen: Bewegungsabläufe (koordiniert?), Zittern, Unruhe; Rückzugstendenz in Bezug auf Sozialkontakte, Abbruch von Beziehungen. 4 Alkoholmissbrauch nicht ignorieren oder bagatellisieren, Alternativen in der Tagesstrukturierung anbieten, soziale Kontaktangebote machen, dabei Co-Alkoholismus vermeiden, Alltagskompetenzen stärken, z. B. Blumenpflege bei Herrn Hensel, positive Lebensperspektive aufzeigen (regelmäßige Besuche bei der Tochter), Angebot der Integration in eine Selbsthilfegruppe. 5 Chronische hirnorganische Veränderungen: Absterben von Nervenzellen, Hirnatrophie, Alkoholdemenz; Korsakow-Syndrom: Spätsyndrom des Alkoholismus mit hochgradiger Desorientiertheit, Konfabulationen, Merkfähigkeitsstörungen; Wernicke-Encephalopathie: schwere, oft tödlich endende Alkoholpsychose, Thiaminmangel mit Hirnstammschädigung; Polyneuropathie mit motorischen Ausfällen, Gangataxie; Alkoholhalluzinose; Eifersuchtswahn; Alkoholentzugsdelir als schwerste Form des Entzugs mit komplexem somatisch- psychischem Symptombild. 6 Herr Hensel denkt an den Tod, hat vermutlich Suizidgedanken; es besteht Suizidgefahr: für Sicherheit des Gefährdeten sorgen, ohne ihn zu entwürdigen, Sicherheitsmaßnahmen besprechen, erklären, Alkoholkonsum kontrollieren, Motivation für Therapie entwickeln, Bezugpflegeperson integrieren, bei besonderer Selbst- bzw. Fremdgefährdung Einweisung in eine Fachklinik für Psychiatrie veranlassen; genaues Hinterfragen der Suizidgedanken; Lebensperspektiven aufzeigen, eventuell Einbindung in eine Gruppe, Angehörige (Tochter) aufklären und einbeziehen.

Basics

Bei → Suchterkrankungen treten typische Veränderungen des Verhaltens und der Körperreaktion auf. Im Vordergrund stehen das unbezwingbare Verlangen nach dem jeweiligen Suchtmittel, die Dosissteigerung und das Auftreten einer entsprechenden Entzugssymptomatik nach Absetzen des Suchtmittels. Hinzu kommen Spätfolgen im psychischen und körperlichen Bereich, die eine eigenständige Lebensgestaltung stark einschränken. Häufige Begleiterscheinung von Suchterkrankungen ist die → Depression.

Bei alten Menschen sind oft Veränderungen im sozialen Umfeld Auslöser für die Entwicklung von Suchtverhalten. Pflegende sollten deshalb auf Veränderungen im Verhalten alter Menschen entsprechend sorgfältig reagieren, um frühzeitig notwendige Interventionen einleiten zu können.

Bei einer bereits bestehenden Abhängigkeit ist es schwierig, eine entsprechende Motivation bzw. Bereitschaft zur Therapie beim Betreffenden zu entwickeln. Deshalb sollte das präventive Arbeiten im Sinne des Aufzeigens von Möglichkeiten der Lebensgestaltung und des Gebrauchtwerdens alter Menschen im pflegerischen Handeln weiter ausgebaut werden.

Suchterkrankungen → S. 651

Depression → S. 639

Suchtverhalten → S. 68

Pflege schwerstkranker alter Menschen

Themenschwerpunkt aus LF 1.3

Prüfungssituation

Ankommen

Sie haben soeben Ihren Spätdienst angetreten und der Übergabe Ihrer Kollegin vom Frühdienst gelauscht. Dabei haben Sie erfahren, dass Herr Preuße, ein neuer Heimbewohner, auf der Abteilung aufgenommen wurde. Sie kennen Herrn Preuße, er hat bis vor kurzem schräg gegenüber in dem Haus mit den altersgerechten Wohnungen gewohnt. Vor ungefähr vier Wochen musste Herr Preuße auf Grund von Luftnot, Lungenschmerzen und blutigem Auswurf ins Krankenhaus eingewiesen werden. Aus dem Überleitungsbericht entnehmen Sie, dass man einen Tumor im linken Hauptbronchus, Stadium T3 N2 M1, diagnostiziert hat. Herr Preuße wurde palliativmedizinisch versorgt, sodass ihm das Atmen etwas leichter fällt. Weiterhin wurde er auf eine ausreichend wirksame Schmerzmedikation mit Opioiden eingestellt.

Die Diagnose „Lungenkrebs im Endstadium" war ein Schlag für Herrn Preuße. Es dauerte lange, bis er weitere Entscheidungen treffen konnte. Herr Preuße ist jetzt 72 Jahre alt und hatte eigentlich gehofft, noch ein bisschen Zeit zu haben. Doch er war sich sicher, er wird nicht im Krankenhaus sterben. Die Familie, der er aber nicht zur Last fallen will, soll dabei sein. So entschied sich Herr Preuße für das Heim „Abendstern" gleich in der Nähe seiner alten Wohnung.

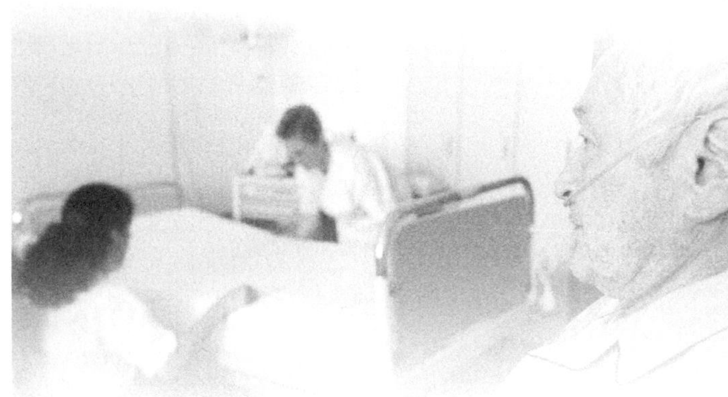

Sie begrüßen Herrn Preuße und seine beiden Söhne, die an seinem Bett sitzen. Herr Preuße befindet sich in einem stark reduzierten Ernährungszustand, auch das Atmen strengt ihn an. Auf Ihre Frage hin, ob er Schmerzen habe, antwortet er, dass im Moment alles in Ordnung sei und er erst einmal ankommen möchte. Es fällt Ihnen schwer, daran zu denken, dass Herr Preuße bald sterben wird. Wie wird Herr Preuße nur mit dieser Situation fertig?!

Arbeitsaufträge

1 Herrn Preuße weiß, dass er bald sterben wird. Er wird palliativmedizinisch versorgt.
- a Beschreiben Sie Kerngedanken und Grundhaltung der Palliativmedizin/Palliativpflege.
- b Benennen Sie in diesem Zusammenhang Kriterien, die Sie dem Begriff „Lebensqualität" zuschreiben.
- c Stellen Sie die palliativmedizinischen Maßnahmen bei Herrn Preuße heraus.

2. a Gehen Sie zur anatomischen Darstellung auf S. 112 (→ Material) und beschriften Sie die Teile der menschlichen Lunge.
- b Erläutern Sie, was Sie unter der TNM-Tumorklassifikation verstehen. Ordnen Sie das Tumorstadium von Herrn Preuße ein.
- c Definieren Sie den Begriff Metastasen.

3 a Beschreiben Sie, welche speziellen körperlichen und psychischen Probleme krebskranke Menschen haben können.
- b Legen Sie dar, worauf Sie als Pflegefachkraft diesbezüglich sowohl bei der psychologischen als auch bei der pflegerischen Betreuung von Herrn Preuße achten müssen.

4 Herr Preuße wünscht sich, dass in den letzten Tagen und Stunden seines Lebens seine Familie bei ihm ist. Begründen Sie, weshalb das Einbeziehen der Familie eines Schwerkranken in die Pflege von großer Bedeutung ist.

5 Beurteilen Sie, welche Bedeutung den Krebserkrankungen als Krankheits- und Todesursache in den Industrieländern zukommt. Diskutieren Sie mögliche Interventionen.

Lösungsskizzen

1 a) Kerngedanke: vom primären Heilen hin zur Erhaltung der Lebensqualität; Grundhaltung: Palliativpflege begreift den Menschen als ganzheitliches Wesen, physische, psychische, spirituelle und soziale Komponenten sind eng verbunden. b) Lebensqualität: Schmerzfreiheit, maximal mögliche Unabhängigkeit, soziale Einbindung, positive Zukunftsausrichtung. c) Unabhängigkeit: selbstständiges Atmen ermöglichen; Schmerzfreiheit: wirkungsvolle Schmerztherapie; soziale Einbindung: Familie und Heim; positive Zukunftsausrichtung: Wünsche werden respektiert. ***2*** *a) A = Luftröhre; B = linker Hauptbronchus; C = rechter Hauptbronchus; D = Bronchiolus; E = Lungenbläschen; b) Klassifikation des Tumors nach Größe (T = Tumor), Befall der Lymphknoten (N = Noduli = Lymphknoten); Fernmetastasierung (M = Metastasen); Herr Preuße: Tumor in umliegendes Gewebe infiltriert, Lymphknoten kontra- und ipsilateral befallen, Fernmetastasen; c) Metastasen: Tochtergeschwülste.* ***3*** *a) Psychisch: Angst vor Schmerzen, Hinfälligkeit, Abhängigkeit, Siechtum, Tod; körperlich: Fatigue-Syndrom, Tumorschmerzen, reduzierter Ernährungszustand; b) pflegerisch: Schmerzfreiheit, ausreichende Ernährung (Lieblingsspeisen) und Flüssigkeit, allgemeine Prophylaxen; psychologisch: Einfühlungsvermögen, Zeit für Gespräche, Gesprächsbereitschaft signalisieren, Glaubwürdigkeit, seelischen und/oder religiösen Beistand gewähren, ggf. Einzelzimmer.* ***4*** *Zeit und Raum für Gespräche schaffen, Ungeklärtes klären, Zeit zum Abschiednehmen, Angehörigen Gefühl der Hilflosigkeit nehmen, Bedürfnisse und Wünsche des Schwerkranken erfüllen.* ***5*** *400 000 erkranken, 210 000 Menschen in Deutschland sterben jährlich an Krebs, dritthäufigste Todesursache der Industrieländer, Zahlen steigen auf Grund demografischer Entwicklung; Interventionen: Aufklärung zur gesunden Lebensweise, Primär- und Sekundärprävention (Vorsorge-/Früherkennungsmaßnahmen).*

Basics

Die letzten Lebensjahre eines Menschen sind oft von Multimorbidität oder schwerer Krankheit geprägt. Gedanken an Heilung werden von Erhaltung der Lebensqualität und Integration in den Lebensalltag abgelöst.

→ Palliativpflege und Palliativmedizin spielen dabei eine entscheidende Rolle. Palliativpflege ist auf die Erhaltung eines menschenwürdigen Lebens trotz schwerer Krankheit ausgerichtet und begreift den Menschen als ein ganzheitliches Wesen.

Ursprung der Palliativmedizin ist die Hospizbewegung. Die Pflege schwerstkranker alter Menschen orientiert sich neben den Erfordernissen des Krankheitsbildes primär an den Wünschen und Bedürfnissen der Kranken, z. B. dem Wunsch nach Zusammensein mit den Angehörigen. Hierfür sind umfassende pflegerische Kenntnisse notwendig.

Schwerstkranke alte Menschen leiden häufig unter → Tumorerkrankungen, Demenzerkrankungen, Herz-Kreislauf-Erkrankungen, Lungenerkrankungen und neurologischen Erkrankungen.

Palliativpflege und Palliativmedizin → S. 656

Tumorerkrankungen → S. 452

Pflege sterbender alter Menschen

Themenschwerpunkt aus LF 1.3

Prüfungssituation

Den letzten Weg gemeinsam gehen

Nun arbeiten Sie schon ein knappes halbes Jahr nach Abschluss Ihrer Ausbildung im Altenheim „Abendstern". Sie haben viel Freude an Ihrer Arbeit. Einige Bewohner, wie Frau Reiche, haben Sie sehr ins Herz geschlossen. Aus diesem Grund fällt es Ihnen heute besonders schwer, zum Spätdienst zu gehen ...

Frau Reiche ist 87 Jahre alt. Sie lebt seit sieben Jahren im Heim. In der letzten Zeit sprach sie häufig vom Sterben und dass sie sich wünscht, ganz in Ruhe im Beisein ihrer Kinder hier im Heim einzuschlafen. Seit ein paar Tagen steht Frau Reiche nicht mehr aus dem Bett auf, ihre Kräfte lassen zusehends nach. Sie wirkt teilnahmslos, ihr Puls ist flach. Ihre Kinder sind fast ständig bei ihr.

Es ist das erste Mal für Sie, dass Sie einen vertrauten Menschen im Sterbeprozess begleiten. In der Ausbildung haben Sie gelernt, worauf Sie achten müssen, aber wird Ihnen das jetzt auch gelingen? Angst und Unsicherheit beschleichen Sie, denn Sie fragen sich, ob Sie in der Lage sind, Frau Reiche die Unterstützung zu geben, welche sie in dieser Situation braucht. Wie werden sich die Kinder von Frau Reiche verhalten? Sie überlegen, was Frau Reiche gern gemocht hat, und beschließen, ihr noch einmal die Haare zu waschen und ihre Lieblingskassette dabei einzulegen. Frau Reiche hat seit ein paar Tagen kaum gesprochen. Welche Probleme oder Bedürfnisse sie jetzt wohl hat?

Ganz wohl ist Ihnen nicht, wenn Sie an die kommenden Stunden denken ...

Arbeitsaufträge

1. Beschreiben Sie, welche Pflegeprobleme Frau Reiche in dieser schwierigen Lebenssituation haben könnte.
2. Benennen Sie die Phasen des Sterbeprozesses nach Kübler-Ross. Legen Sie dar, in welcher Phase sich Frau Reiche befinden könnte. Begründen Sie Ihre Aussage.
3. Erörtern Sie Faktoren, die den Umgang eines Menschen mit dem Tod beeinflussen können.
4. Benennen Sie Symptome, die bei einem nahenden Tod auftreten können und welche davon Sie bei Frau Reiche wahrgenommen haben.
5. Erklären Sie, was Sie unter Sterbebegleitung verstehen. Bringen Sie Vorschläge, wie Sie sowohl Frau Reiche als auch ihre Angehörigen im Sterbeprozess pflegerisch und psychisch begleiten können.
6. Sterbende bedürfen mitunter auch religiösen Beistandes. Schildern Sie, wie Sie diesem Bedürfnis nachkommen können.
7. Beschreiben Sie wichtige Schritte in der Versorgung eines Verstorbenen. Beziehen Sie dabei die Angehörigen mit ein.
8. Diskutieren Sie Grenzen und Schwierigkeiten, die Pflegende bei der Betreuung Sterbender erfahren.

Sterbeprozess

→ Fachbuch 1, S. 657
→ Fachbuch 2, S. 283

Todeszeichen → S. 659

Basics

Pflegekräfte vermeiden aus Unsicherheit und Angst bisweilen die Auseinandersetzung mit Sterben und Tod. Persönliche Merkmale und Erfahrungen, wie z. B. das Alter und die Religionszugehörigkeit, beeinflussen diesbezüglich die Wahrnehmung.

Der → Sterbeprozess wird nach Kübler-Ross in folgende Phasen eingeteilt: Schock, Wut, Verhandeln, Depression, Akzeptanz.

Pflegeprobleme Sterbender (Schlaf-, Atem-, Kommunikationsprobleme) und Prophylaxen müssen konsequent wahrgenommen und entsprechende pflegerische Maßnahmen eingeleitet werden. Sterbebegleitung bedeutet Dasein, Zuhören, Empathie, Ermöglichen von Religiosität und das Einbeziehen der Angehörigen in den Sterbeprozess.

Begrifflich unterscheidet man den scheinbaren Tod, den klinischen Tod und den biologischen Tod. Sichere → Todeszeichen sind Totenstarre, Totenflecken und Verwesungsgeruch. Davon zu unterscheiden sind unsichere Todeszeichen, wie Blässe, Areflexie und scheinbarer Atemstillstand.

Bei der Versorgung Verstorbener hat die Pflegefachkraft zahlreiche Aufgaben zu erfüllen.

Lösungsskizzen

1 Schlafprobleme durch Schmerzen, Atemnot und Angst; Atemprobleme und Pneumoniegefahr durch Schwäche; Dekubitus-, Thromboembolie-, Kontraktur-, Obstipationsgefahr durch Immobilität; Kommunikationsbedürfnis durch Angst, Einsamkeit und Depression. 2 Nicht-wahrhaben-Wollen; Wut, Verhandeln, Depression, Akzeptanz. Wahrscheinlich Akzeptanz: Frau Reiche hat sich auf den Tod vorbereitet, ihre Wünsche diesbezüglich sind erfüllt, sie ist relativ ruhig. 3 Lebensalter, Lebenszufriedenheit, religiöse Bindung, soziale Integration und deren Folgen. 4 Schwacher Puls und Blutdruck (Frau Reiche), unregelmäßige Atmung, kalte, blasse, marmorierte Haut, kalte Extremitäten, Teilnahmslosigkeit/Apathie (Frau Reiche). 5 Sterbebegleitung: da sein, zuhören, Religiosität berücksichtigen, Probleme erkennen und Bedürfnisse befriedigen, Prophylaxen nicht vernachlässigen; psychisch: Gesprächsbereitschaft signalisieren, ruhige, beziehungsfördernde Umgebung schaffen, Besuchszeiten anpassen; pflegerisch: basale Stimulation, Wohlgefühl und Entspannung bei Sterbenden anstreben, Schmerzfreiheit, Angehörige in Pflege integrieren. 6 Seelsorger oder Pfarrer kommen lassen, ggf. Familie integrieren, entsprechende Umgebung schaffen, Gesprächsbereitschaft zeigen, religiöse Riten ermöglichen. 7 Prinzipiell respektvoller Umgang mit dem Leichnam!, Arzt benachrichtigen, Dokumentation (Todeszeitpunkt); wenn Angehörige nicht vor Ort, diese informieren, später auch Verwaltung/Heimleitung, Versorgung (Reinigung/Herrichten) des Verstorbenen, um Angehörige Abschied nehmen zu lassen, diese evtl. in die Versorgung integrieren; Sonden, Katheter etc. entfernen, Hygienevorschriften dabei einhalten, nasse Tupfer auf Augen, Zahnprothesen einsetzen, evtl. Mundschluss mit Kinnbinde (nicht zu straff), Schmuck sicher aufbewahren und dokumentieren, Zehenzettel, religiöse Bräuche ermöglichen bzw. berücksichtigen. 8 Schuldgefühle, Gewissenskonflikte zwischen Nahe-sein-Wollen und Angst vor Belastung/Trauer, Konfrontation mit Tod, Unsicherheit im Umgang mit Sterbenden und Angehörigen, Möglichkeiten schaffen wollen für friedvolles Sterben.

Handeln in Notfällen, Erste Hilfe

Themenschwerpunkt aus LF 1.3

Prüfungssituation

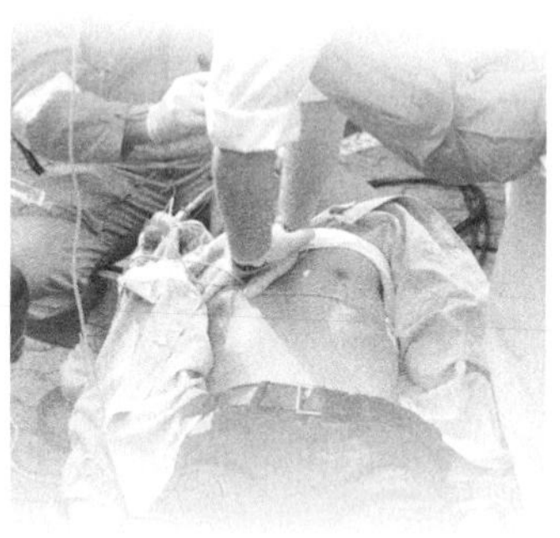

Herzschlag

Es ist 11 Uhr und Sie sind gerade dabei, die Mittagsmedikation für die Heimbewohner der Station III vorzubereiten. Plötzlich hören Sie in der nicht weit entfernt gelegenen Toilette einen dumpfen Schlag. Was war das denn? Sie denken kurz nach, da fällt Ihnen ein, dass Herr Berg vorhin an Ihnen vorbei auf die Toilette gegangen ist. Sie lassen alles fallen und laufen zur Toilette. Sie finden Herrn Berg leblos am Boden. Seine Haut ist kaltschweißig, am Kopf hat er vom Aufschlag eine blutende Platzwunde. Sie rufen ihn beim Namen, aber er reagiert nicht. Sie versuchen, seinen Puls zu fühlen, können jedoch keinen finden!

Vor Schreck sind Sie eine Sekunde wie gelähmt, doch dann fällt Ihnen ein, was zu tun ist. Ihrer Kollegin Christina rufen Sie zu, was passiert ist und dass sie sofort den Notarzt rufen soll. Mit dem Rautekgriff ziehen Sie Herrn Berg aus der Toilette, legen ihn auf den Rücken und beginnen mit der Wiederbelebung …

Arbeitsaufträge

1 a Nennen Sie die drei Vitalfunktionen, die Sie bei der Auffindung einer leblosen Person prüfen müssen, und bringen Sie diese in eine zeitliche Reihenfolge. Begründen Sie Ihre Aussage.
b Überlegen Sie, welche Vitalfunktion Sie in der Aufregung bei Herrn Berg vergessen haben zu prüfen.
c Erklären Sie, welche Bedeutung der blutenden Platzwunde in dieser Situation zukommt.

2 Stellen Sie alle Informationen zusammen, die Altenpflegerin Christina innerhalb des Notrufes an den Notarzt weitergeben muss.

3 Vervollständigen Sie folgende Satzanfänge des Notfallschemas:
a Ist der Betroffene nicht ansprechbar, dann …
b Ist die Atmung vorhanden, dann …
c Ist keine Atmung vorhanden, dann …
d Ist kein Puls vorhanden, dann …
e Setzen Puls und Atmung wieder ein, das Bewusstsein jedoch nicht, dann …

4 Beschreiben Sie kurz, was Sie unter dem Begriff „Rautekgriff" verstehen und in welchen Situationen dieser angewendet wird.

5 a Beschreiben Sie, wie Sie bei der Ein-Helfer-Methode und bei der Zwei-Helfer-Methode zur Herz-Lungen-Wiederbelebung vorgehen.
b Eine besondere Rolle spielt dabei das Freihalten der Atemwege. Erklären Sie, was Sie diesbezüglich beachten müssen und welche Hilfsmittel Sie anwenden können.
c Benennen Sie den Zeitraum, nach dem Sie bei einem Betroffenen ohne Atmung bzw. Sauerstoffversorgung mit Hirnschäden rechnen müssen.

6 Der Notarzt ist inzwischen eingetroffen. Nach kurzzeitiger gemeinsamer Reanimation atmet Herr Berg wieder spontan. Der Arzt hat ihm ein EKG angelegt und eine schwere Herzrhythmusstörung diagnostiziert. Herr Berg befindet sich in einem kardiogenen Schock.
Erklären Sie, was Sie unter einem kardiogenen Schock verstehen und was Sie diesbezüglich bei der Lagerung von Herrn Berg beachten müssen.

7 Die Blutung an Herrn Bergs Platzwunde ist immer noch nicht zum Stehen gekommen. Beschreiben Sie, was Sie bei der Wundversorgung beachten müssen.

8 Setzen Sie sich kritisch mit der Notwendigkeit von Wiederbelebungsmaßnahmen bei Bewohnern in einem Altenheim auseinander. Beziehen Sie dabei den § 323c des Strafgesetzbuches in Ihre Überlegungen mit ein.

Lösungsskizzen

*1 a) 1. Bewusstsein, 2. Atmung, 3. Kreislauf; wer bei Bewusstsein ist, hat eine Atmung. Wer eine Atmung hat, hat einen Kreislauf; b) Prüfung der Atemfunktion durch Beobachtung der Brustkorbbewegung; c) Der blutenden Platzwunde kommt eine zweitrangige Bedeutung zu, da zuerst die vitalen Funktionen ersetzt werden müssen. **2** Wo ist der Notfall? (genaue Angaben, Zimmernummer/Ort); was ist passiert?/Symptome (leblos aufgefunden, kaltschweißig, ohne Atmung und Puls;) wer ist betroffen? (Herr Berg) Dringlichkeit klarmachen! **3** a) …führe ich einen Notruf durch, kontrolliere die Atmung, mache die Atemwege frei; b) …kontrolliere ich den Puls/Kreislauf; c) …beatme ich zweimal, kontrolliere erneut, beatme evt. weiter; d) …führe ich Herzdruckmassage durch (Wechsel 15:2); e) …lege ich den Betroffenen in die stabile Seitenlage. **4** Der Rautekgriff ist ein Rettungs- bzw. Bergungsgriff, um verletzte Personen aus dem Gefahrenbereich, oder in diesem Falle einem unzugänglichen Ort, zu transportieren. **5** a) Ein-Helfer-Methode: Nur eine Person führt die Wiederbelebung durch, Wechsel zwischen 15 Herzdruckmassagen in 9 Sekunden und 2 Atemspenden in 5 Sekunden. Pro Minute sollten vier Zyklen erreicht werden; Zwei-Helfer-Methode: Zwei Personen beleben wieder, körperlich weniger anstrengend, Wechsel 15:2, zur besseren Abstimmung laut zählen. b) Der Kopf wird in Richtung Nacken überstreckt, der Unterkiefer angehoben, Fremdkörper entfernen, Mund mit Esmarch-Handgriff öffnen, evt. Mundhöhle absaugen, Finger durch Einlegen einer Binde schützen, zum Beatmen Guedeltubus einlegen; c) 4–5 Minuten. **6** Kreislaufstörung durch verminderte Pumpleistung des Herzens, häufig begleitet von Atemnot, Lungenödem, Zyanose, keine Schocklagerung, Oberkörperhochlagerung, wenn Bewusstsein vorhanden. **7** Erstversorgung: Einmalhandschuh tragen, wenn möglich sterile; keimfreies Verbandmaterial aufpressen, straffen Kopfverband anlegen, Blutverlust abschätzen, bei Extremitätenverletzung Druckverband anlegen. **8** Neben moralischer besteht eine rechtliche Verpflichtung zur Hilfeleistung, Unterlassung hat rechtliche Folgen; jedem Menschen, unabhängig vom Alter, muss Hilfeleistung gewährt werden (auch wenn ältere Menschen sich häufig einen „schnellen" Tod wünschen), eventuelle Wünsche einer Patientenverfügung im Vorfeld mit Bewohnern besprechen.*

Basics

Ein → lebensbedrohlicher Notfall besteht dann, wenn die Vitalfunktionen Bewusstsein, Atmung und Kreislauf durch Unfall, Krankheit oder Vergiftung bedroht sind.
Neben moralischer besteht eine rechtliche Verpflichtung zur Erste-Hilfe-Leistung, die Unterlassung hat strafrechtliche Konsequenzen (§ 323c StGB).
Erkennen, Überlegen, Ruhe bewahren und Handeln sind Grundsätze des Verhaltens in Notsituationen. Das Notfall-Auffindeschema oder die internationalen Reanimationsrichtlinien des ILCOR geben klare Anweisungen für das Vorgehen im Notfall. Ein Notruf muss korrekt und präzise erfolgen (Wo, was ist passiert? Wie viele Verletzte? Welche Art der Verletzung?…).
Bei Ausfall aller Vitalfunktionen muss eine → Herz-Lungen-Wiederbelebung durchgeführt werden. Dabei ist auf eine korrekte Ausführung der Atemspende, der Herzdruckmassage, das Freihalten der Atemwege und die Lagerung des Betroffenen zu achten.
Als Schock bezeichnet man einen lebensbedrohlichen Zustand, bei dem ein akutes Missverhältnis zwischen erforderlicher und tatsächlicher Blutversorgung besteht. Die einzuleitenden Maßnahmen richten sich nach der Ursache und dem Stadium des Schocks. Der Schockindex wird berechnet, indem die Pulsfrequenz durch den systolischen Blutdruck dividiert wird.

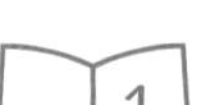

lebensbedrohlicher Notfall → S. 661

Herz-Lungen-Wiederbelebung → S. 667

Notfall → S. 137

Überleitungspflege, Casemanagement

Themenschwerpunkt aus LF 1.3

Prüfungssituation

Herr Förster muss ins Krankenhaus

Den vergangenen Montag wird Herr Förster nicht so schnell vergessen: In der Nacht bekam er heftigste Oberbauchschmerzen und ihm war so übel, dass er sich übergeben musste. Um 2 Uhr klingelte er nach dem Nachtdienst. Ein Notarzt musste verständigt werden. Dieser stellte die Verdachtsdiagnose Gallenkolik und wollte Herrn Förster sofort mit ins Krankenhaus nehmen. Doch Herr Förster wollte nicht. Der Notarzt gab ihm daraufhin ein Analgetikum und ein Spasmolytikum und riet Herrn Förster dringend, wenn die Symptome sich danach nicht bessern, ins Krankenhaus zu kommen. Aber zum Glück ging es Herrn Förster nach der Injektion besser.

Am folgenden Tag veranlasste Dr. Werner, der „Hausarzt" der Abteilung III im Altenheim „Abendstern", eine Oberbauchsonografie, bei der man zahlreiche Gallensteine bei Herrn Förster diagnostizierte.

Herr Förster trägt ein Hörgerät und braucht Hilfe beim Gehen, da sein Gleichgewichtsorgan ebenfalls gestört ist. Ansonsten versorgt er sich weitestgehend selbstständig. Außerdem hat Herr Förster eine Penicillinallergie. Er ist Diabetiker und trägt eine Insulinpumpe.

Heute nun soll Herr Förster zur Operation ins Krankenhaus gehen. Sie haben ihm beim Einpacken geholfen und alle Details der Verlegung mit ihm besprochen. Obwohl Sie heute sehr viel zu tun haben, nehmen Sie sich Zeit für den Überleitungsbericht, denn Sie wissen genau, wie wichtig diese Informationen an Ihre Kollegen in der Klinik für die Betreuung von Herrn Förster sind. Haben Sie nun alle Informationen eingetragen? Oder fehlt noch etwas?

Arbeitsaufträge

1 a Gehen Sie auf S. 113–115 (→ Material). Dort finden Sie eine Vorlage für einen Pflegeüberleitungsbrief. Sammeln Sie alle Informationen aus dem Text über Herrn Förster und tragen Sie diese in das Dokument ein.
   b Begründen Sie, weswegen diese Informationen an die Pflegekräfte im Krankenhaus für Herrn Förster so wichtig sind.

2 a Erläutern Sie mindestens fünf wichtige Pflegemaßnahmen, die Sie als Pflegefachkraft bei der Überleitungspflege berücksichtigen müssen.
   b Bei einer Verlegung aus dem Altenheim ins Krankenhaus sollten Sie zu Ihrer eigenen Absicherung zusätzliche Informationen schriftlich festhalten. Benennen und erläutern Sie diese.

3 Stellen Sie Ziele und gesetzliche Grundlagen der Überleitungspflege dar.

4 Gehen Sie zu der anatomischen Darstellung auf S. 116 (→ Material) und beschriften Sie die Teile der Gallenwege.

5 Erläutern Sie den Pathomechanismus der Gallensteinbildung.

6 Beschreiben Sie typische Symptome, Komplikationen und die Therapiemöglichkeiten des Gallensteinleidens.

7 Beschreiben Sie die Wirkung der Medikamentenklassen Analgetika und Spasmolytika und nennen Sie je ein Beispiel, das bei einer Gallenkolik indiziert sein kann.

Lösungsskizzen

1 a) Personalien, soziale Aspekte sind Ihnen als Pflegekraft bekannt (fiktiv eintragen), Hörgerät, selbstständige Körperpflege, Hilfe beim Gehen, evtl. Hilfe beim Duschen, Gleichgewichtsstörungen, Antibiotikaallergie, insulinpflichtiger Diabetes, Insulinpumpe; b) um eine kontinuierliche bedarfsgerechte Versorgung und damit Pflegequalität zu gewährleisten; jede Überleitung ist mit Risiken verbunden, die durch entsprechende Informationen im Überleitungsbrief eingeschränkt werden können, Beisp.: Information über Gangstörungen ist wichtig für postoperative Mobilisation, Hörgerät wichtig für Kommunikation und Einschätzung der Vigilanz, Insulinpumpe relevant für Blutzuckereinstellung unter OP. ***2*** *a) Mitteilung/Information an den Pflegebedürftigen, Transport organisieren, Dokumentation der Verlegung, Weiterbehandlung durch den Arzt organisieren, Pflegebedürftigem beim Anziehen und Einpacken helfen, Meldung der Entlassung/Verlegung an die Aufnahme, Pflegeüberleitungsbrief ausfüllen; b) Liste mit mitgegebener Kleidung, Hilfsmitteln für Körperpflege, regelmäßiger Medikation, Unterlagen (Ausweisen, Arztbrief u. Ä.), bei bewusstlosen und demenziell erkrankten Menschen Personalien.* ***3*** *Ziele: Kontinuität in der Pflege gewährleisten, wichtige Informationen weiterleiten, Organisation von Hilfsmitteln erleichtern, Pflegefinanzierung klären, Pflege evaluieren und vorbereiten; rechtliche Grundlagen: Pflegeversicherung, Verordnung häuslicher Krankenpflege, Bundespflegesatzverordnung.* ***4*** *A = linker Leberlappen; B = rechter Leberlappen; C = Gallenblase; D = Gallengänge; E = Pfortader.* ***5*** *Anstieg der Cholesterin- oder Bilirubinanteile in der Gallenflüssigkeit und Abnahme der Gallenblasenmotilität führen zur Eindickung und Steinbildung.* ***6*** *Symptome: krampfartige Schmerzen (Kolik) im rechten Oberbauch, können in Rücken und Schulterblatt ausstrahlen, Übelkeit, Erbrechen, evtl. Ikterus (falls Stein im Gallengang sitzt), Unverträglichkeit von Kaffee und fetten Speisen; Komplikationen: Verschluss des Gallengangs durch Stein mit den Folgen Ikterus und Leberschädigung (Leberzirrhose), Gallenblasen- und Bauchspeicheldrüsenentzündung, Gallenblasenperforation, Gallensteinileus; Therapie: laparaskopische, operative Steinentfernung, Stoßwelllithotripsie, medikamentöse Steinauflösung.* ***7*** *Analgetika = Schmerzmittel: z. B. Novalmin-Sulfat, Spasmolytika = krampflösendes Mittel: z. B. Buscupan.*

Basics

Bei der → Überleitungspflege geht es um die Informationsübermittlung von einer Gesundheitseinrichtung in die andere, um eine kontinuierliche, bedarfsgerechte Pflege zu gewährleisten. Die Bedürfnisse des Pflegebedürftigen stehen dabei im Vordergrund.

Beteiligte Personen sind neben dem Pflegebedürftigen die Pflegefachkraft, ggf. ein Case- bzw. Fallmanager, die Angehörigen und Mitarbeiter relevanter Berufsgruppen.

Gesetzliche Grundlagen (z. B. Pflegeversicherung) regeln die Notwendigkeit der Überleitungspflege. Der nationale Expertenstandard Entlassungsmanagement sichert eine kontinuierliche bedarfsgerechte Versorgung nach der Entlassung aus dem Krankenhaus.

Die Pflegefachkraft hat im Rahmen der Überleitungspflege zahlreiche Maßnahmen durchzuführen, wie u. a. die Verfassung eines Überleitungsbriefes. → Casemanagement (Fallmanagement) hat die Aufgabe, die Zusammenarbeit der gesamten Versorgungsstrukturen und damit die Pflegequalität zu optimieren.

Überleitungspflege → S. 671

Casemanagement (Fallmanagement) → S. 481

Überleitungspflege → S. 131

Durchführung ärztlicher Verordnungen

Rechtliche Grundlagen
Rahmenbedingungen

Themenschwerpunkt aus LF 1.5

Prüfungssituation

Das machen wir immer so!

Altenpflegerin Frau Pöppel beginnt heute im Seniorenheim „Herbstgeflüster" ihren ersten Frühdienst nach einem dreiwöchigen Urlaub. Sie macht kurz vor dem Frühstück die „Tabletten- und Spritzenrunde". Im Zimmer von Frau Müller angekommen, will sie wie gewohnt die Heparininjektion verabreichen. Frau Müller hatte sich nach einem Sturz einen Oberschenkelhalsbruch zugezogen und die Mobilisation bereitet ihr noch immer starke Schmerzen. Außerdem hat sie große Angst vor einem neuen Sturz und verbringt deshalb viel Zeit im Bett.
Frau Müller zeigt auf ihren Unterbauch, der voller Hämatome ist, und sagt: „Wie immer in den Bauch!" Frau Pöppel ist nachdenklich und weist Frau Müller auf die vielen Hämatome hin. „...vielleicht probieren wir es heute mit einem anderen Injektionsort?" Diese weist ihren Ratschlag aber konsequent ab und meint „...das machen wir doch immer so!"

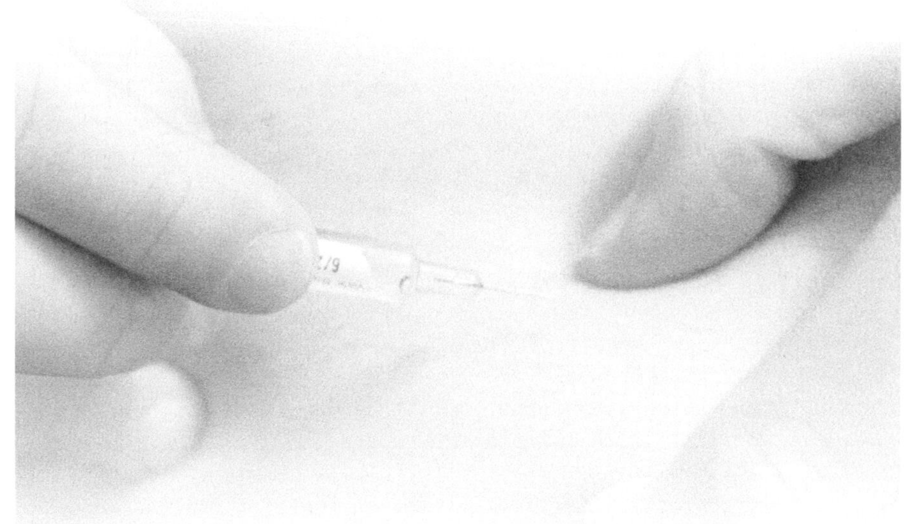

Arbeitsaufträge

1. Führen Sie eine Handlungsstrategie aus, die für Frau Pöppel maßgeblich sein könnte.
2. Gehen Sie zur anatomischen Darstellung auf S. 117 (→ Material) und beschriften Sie die Bestandteile der Haut.
3. Nennen Sie mögliche Injektionsorte für die subkutane Injektion. Begründen Sie Ihre Auswahl.
4. Erklären Sie Grundsätze, die beim Verabreichen einer Injektion zu berücksichtigen sind.
5. Nennen Sie Kontraindikationen für eine subkutane Injektion.
6. Frau Müller bekommt einmal täglich 5000 IE eines niedermolekularen Heparins. Beschreiben Sie die Wirkung des Arzneimittels, pflegerische Beobachtungsschwerpunkte sowie diagnostische Kontrollen, die sich daraus ergeben.

Lösungsskizzen

1 Frau Müller zu alternativen Injektionsorten beraten; Hämatome im Unterbauch stellen Kontraindikation für Injektion dar; Schlussfolgerung: Keine Injektion in diesen Bereich! Injektionsort im Dokumentationssystem der Einrichtung angeben; bei weiterer Weigerung von Frau Müller Dokumentation ihres Willens. 2 A = Hornschicht, B = Haar; C = Keimschicht; D = Blutgefäße; E = Haarzwiebel; F = Talgdrüse; G = Schweißdrüse; H = Fettzellen. 3 Alle Körperregionen mit ausgeprägtem Unterhautfettgewebe sind zur subkutanen Injektion geeignet; über das Unterhautfettgewebe werden die Wirkstoffe in die Blutbahn geleitet; bevorzugte Injektionsstellen: Bauchdecke, Oberschenkel, Oberarm. 4 5-R-Regel: richtiges Medikament, richtiger Patient, richtige Dosis und Mischung, richtige Applikationsart, richtiger Zeitpunkt. Jegliche Injektion erfolgt nur auf schriftliche Anordnung eines Arztes. 5 Ödematöses, entzündetes, infiziertes Gewebe, Hämatome, Narbengewebe, gelähmte Regionen; Schockzustände auf Grund verzögerter Resorption, Blutungsneigung, Allergie oder Unverträglichkeit gegen den Wirkstoff oder Zusatzstoffe des Medikamentes. 6 Gerinnungskaskade bei der Umwandlung von Fibrinogen in Fibrin wird gehemmt; pharmakologische Unterscheidung zwischen niedrigdosierter prophylaktischer und der hochdosierten therapeutischen Heparinisierung; eine niedrigdosierte Heparinisierung ist die sicherste einzelne Prophylaxe gegen venöse Thrombosen bei Immobilisation, muss vom Arzt verordnet werden; regelmäßige Kontrolle der Thrombozytenzahl durch den Arzt; selten kann es zu einer unerwünschten erhöhten Blutungsneigung kommen, insgesamt ist niedrigdosiertes Heparin nebenwirkungsarm.

Delegation → S. 211

Basics

Altenpflege versteht sich vorrangig als begleitende Unterstützung aller Aktivitäten des täglichen Lebens. Dazu gehören auch ärztliche Tätigkeiten, die an das Pflegefachpersonal delegiert werden können, so auch die Vorbereitung, Durchführung und Nachbereitung subkutaner Injektionen. Obwohl diese Injektionen oft als „Routineinjektionen“ bezeichnet werden, setzt ihre Durchführung die unbedingte Fachkompetenz des Pflegepersonals voraus. Voraussetzung für die Übernahme ist Fachwissen zur Wirkungsweise des jeweiligen Medikaments, zu Indikationen, Kontraindikationen, möglichen Komplikationen und das Handling zur jeweiligen Injektionstechnik.
Letztendlich ist die Delegation ärztlicher Tätigkeiten nur dann möglich, wenn folgende Voraussetzungen erfüllt sind: Qualifikation und Bereitschaft des Pflegepersonals, Einverständnis des Klienten, schriftliche ärztliche Anordnung.

Durchführung ärztlicher Verordnungen

Rechtliche Grundlagen
Rahmenbedingungen

Themenschwerpunkt aus LF 1.5

Prüfungssituation

Frau Otto trinkt nicht genug

Altenpfleger Herr Blosfeld hat Frühdienst in der geriatrischen Station des Stadthospitals Bergsee. Nach der Morgenarbeit in seinem Pflegebereich bringt der Krankentransport die erste „Neuaufnahme". Herr Blosfeld begrüßt Frau Otto, eine 83-jährige Dame aus dem benachbarten Seniorenheim „Abendstern".

Frau Otto kommt mit der Einweisungsdiagnose Dehydratation bei bekannter Herzinsuffizienz und Hüftarthrose rechts. Sie wirkt sehr schwach und kann nicht selbstständig aufstehen. Außerdem ist sie seit zwei Tagen zeitlich desorientiert und hat keinen Appetit. Die orale Flüssigkeitszufuhr lehnt sie fast immer ab, nur ihre Medikamente (u. a. Diuretika) nimmt sie mit einem halben Glas Wasser regelmäßig ein.

Nach der Aufnahmeuntersuchung ordnet der Stationsarzt zunächst eine Ein- und Ausfuhrbilanzierung an. Die Patientin soll täglich mindestens einen Liter trinken, außerdem werden 1500 ml einer Vollelektrolytlösung mit einer Tropfgeschwindigkeit von 60 Tropfen pro Minute angeordnet. Über weitere diagnostische und therapeutische Maßnahmen soll am Nachmittag in der Chefarztvisite entschieden werden. Herr Blosfeld liest sorgfältig die Arztanordnungen und beginnt mit der Arbeit.

Arbeitsaufträge

1 Begründen Sie die Notwendigkeit einer Ein- und Ausfuhrbilanzierung bei Frau Otto.

2 Nennen Sie Beobachtungsschwerpunkte bezüglich der Flüssigkeitsbilanz eines alten Menschen.

3 Frau Otto erhält eine Vollelektrolytlösung. Nennen Sie Indikationen zum Einsatz derartiger Lösungen.

4 Laut ärztlicher Anordnung werden die 1500 ml Infusionslösung mit einer Tropfgeschwindigkeit von 60 Tropfen pro Minute appliziert. Berechnen Sie, wie viele Stunden die Infusion bei Frau Otto läuft. Führen Sie den Rechenweg schriftlich aus.

5 Benennen Sie die pflegerischen Aufgaben von Altenpfleger Herrn Blosfeld während der Überwachung der Infusion.

6 Ordnen Sie nachfolgende Arbeitsabläufe zur Vorbereitung einer Infusion ihrer Reihenfolge nach.

- a … Infusionssystem entlüften;
- b … fertige Infusion am Infusionsständer anbringen;
- c … Infusionsbesteck auspacken;
- d … Tropfenkammer füllen;
- e … Rollerklemme schließen;
- f … Infusion beschriften (nach Hausstandard);
- g … Dorn des Bestecks in Infusionsflasche stechen;
- h … Hände waschen und hygienische Händedesinfektion.

7 Frau Otto wird voraussichtlich für fünf Tage auf der geriatrischen Station behandelt werden müssen. Formulieren Sie Pflegeschwerpunkte und das vorrangige Pflegeziel im Rahmen der „Dehydratationsprophylaxe", die Sie im Überleitungsbogen den Pflegefachkräften im Seniorenheim „Abendstern" vorschlagen.
Ermitteln Sie den aktuellen Punktwert des Risikoassessments (→ Material, S. 118) im Rahmen der Dehydratationsprophylaxe bei Frau Otto.

Lösungsskizzen

1 Wichtiger pflegerischer Beobachtungsschwerpunkt: Gegenüberstellung der Flüssigkeitszufuhr (Einfuhr) und Flüssigkeitsabgabe (Ausfuhr) innerhalb von 24 Stunden; die Flüssigkeitsbilanzierung ist bei Frau Otto auf Grund einer bekannten Herzinsuffizienz und der damit verbundenen Gefahr der Wasseneinlagerung (Ödembildung) generell indiziert. Im speziellen Fall der Dehydration muss die Flüssigkeitsbilanzierung unter ärztlicher Aufsicht erfolgen. 2 Beobachtungsschwerpunkte: Hautstatus (Turgor, Zustand der Schleimhäute, Zustand der Einstichstelle der Venenverweilkanüle); Vitalzeichenkontrolle; Urinbeobachtung (Menge, Konzentration); zusätzlicher Flüssigkeitsverlust durch Durchfall, Erbrechen oder starkes Schwitzen; Berücksichtigung der Medikation, z.B. Diuretika, Abführmittel. 3 Indikationen zur Verabreichung von Vollelektrolytlösungen: Störungen des Wasser- und Elektrolythaushaltes, Trägerlösung für Medikamentengabe. 4 allgemeine Formel:

$$\frac{\text{Infusionsmenge (in ml)} \times 20\,\frac{\text{Tropfen}}{\text{min}}}{\text{Tropfenzahl}\,\frac{}{\text{min}} \times 60\,\frac{\text{min}}{\text{Std}}} = \text{Anzahl der Stunden}$$

Rechnung:

$$\frac{1500\text{ ml} \times 20\,\frac{\text{Tropfen}}{\text{min}}}{60\,\frac{\text{Tropfen}}{\text{min}} \times 60\,\frac{\text{min}}{\text{Std}}} = \frac{30\,000}{3600\,\frac{1}{\text{Std}}} = 8{,}333\text{ Std.}$$

5 Krankenbeobachtung unter Einbeziehung des Betroffenen; Vitalparameter nach ärztlicher Anordnung ermitteln; Infusionsgeschwindigkeit überprüfen; auf Durchgängigkeit und korrekte Lage der Kanüle achten; auf mögliche Komplikationen achten: allergische Reaktionen, Thrombophlebitis, Lungenödem, Lungenembolie. 6 h; c; g; e; d; a; f; b. 7 Pflegemaßnahmen: Lieblingsgetränke erfassen, geeignete Trinkgefäße verwenden, Flüssigkeitsbilanzierung, Trinkzeiten planen, durchführen und dokumentieren; Pflegeziel: ausreichende Flüssigkeitszufuhr; Punkte für Frau Otto: 130.

Basics

Dehydrationsprophylaxe → S. 349

Jede intravenöse Infusionstherapie muss vom Arzt angeordnet werden. Das Anlegen einer Infusion gilt grundsätzlich als ärztliche Tätigkeit und ist rechtlich als intravenöse Injektion zu betrachten. Die Vorbereitung, Überwachung und Nachbereitung einer Infusion kann an Pflegefachpersonal delegiert werden, wobei die rechtlichen Regeln zur Delegation von ärztlichen Tätigkeiten an Pflegefachpersonal zu beachten sind.

Bei einer Infusion handelt es sich um das Einfließen von sterilen Flüssigkeiten unterschiedlicher Zusammensetzung und festgelegter Dosierung in den Organismus. Aufgaben des Pflegefachpersonals ist die Vorbereitung, Beobachtung und Nachbereitung einer ärztlich verordneten Infusion.

Die → Dehydrationsprophylaxe ist grundsätzlich ein Schwerpunkt pflegerischer Arbeit. Sie dient der ausreichenden Flüssigkeitszufuhr und bedarf insbesondere bei älteren Menschen eines besonderen Augenmerks.

Infusion → S. 169

Zusammenarbeit mit Ärztinnen und Ärzten

Themenschwerpunkt aus LF 1.5

Prüfungssituation

Was ist mit Dr. Werner los?

Seit gestern leidet Herr Beck unter einem trockenen Husten, fühlt sich schlapp und hat keinen Appetit. Heute mag er nicht einmal aus dem Bett aufstehen und gefrühstückt hat er auch nichts, dabei ist er schon so mager. Sie machen sich ernstliche Sorgen, denn Sie wissen, dass solch ein Zustand für alte Menschen sehr gefährlich werden kann. Doch zum Glück ist heute Mittwoch, denn da ist Dr. Werner immer im Haus und schaut nach seinen Patienten. Sie erreichen ihn über sein Mobiltelefon und bitten ihn, noch bei Herrn Beck vorbeizuschauen.

Dr. Werner scheint heute – anders als sonst – sehr in Eile. Er untersucht Herrn Beck zügig, schreibt eine Anordnung in die Unterlagen und hat, bevor Sie überhaupt mit ihm sprechen konnten, die Abteilung III wieder verlassen. Sie schauen in die Dokumentationsunterlagen von Herrn Beck auf die Seite für die ärztlichen Anordnungen. Dort finden Sie den Eintrag, dass Herr Beck Penicillin erhalten soll. Aber Herr Beck hat doch eine Penicillinallergie?!

Ansonsten finden Sie keine weiteren Eintragungen bezüglich der Diagnose oder anderer Therapiemaßnahmen. So kennen Sie Dr. Werner nicht. Was sollen Sie jetzt tun? Ob Sie Herrn Beck nicht wenigstens ein paar Hustentropfen geben können? Was ist, wenn sich der Zustand von Herrn Beck weiter verschlechtert?

Arbeitsaufträge

1 Beschreiben Sie die Situation, in der Sie sich aus rechtlicher Sicht als Pflegefachkraft befinden.

2 Schildern Sie, welche Schlussfolgerungen Sie ziehen und wie Sie die Lösung dieses Problems angehen würden.

3 Beurteilen Sie, ob es Ihnen als Pflegefachkraft erlaubt ist, Herrn Beck selbstständig Medikamente zu geben.

4 Beschreiben Sie Pflegemaßnahmen, die Sie selbstständig bei Herrn Beck einleiten und durchführen können, ohne Ihre Kompetenzen zu überschreiten.

5 Der Verdacht liegt nahe, dass Herr Beck an einer akuten Bronchitis leidet.
- a Gehen Sie zu der anatomischen Darstellung auf S. 119 (→ Material) und beschriften Sie die Teile der Atemwege.
- b Beschreiben Sie die Symptome sowie medikamentöse und pflegerische Maßnahmen bei einer akuten Bronchitis.
- c Beschreiben und bewerten Sie die Komplikationen, die gerade bei älteren Menschen infolge einer akuten Bronchitis auftreten können. Schildern Sie, worin Sie Ihre Aufgabe als Pflegefachkraft diesbezüglich sehen.

6 Diskutieren Sie, welche Rolle Sie als Pflegefachkraft im Behandlungsprozess gegenüber Ärztinnen und Ärzten einnehmen.

7 Die Zusammenarbeit zwischen Pflegenden und Ärzten verläuft nicht immer reibungslos. Beschreiben Sie Möglichkeiten zur Lösung interprofessioneller Konflikte im Pflegealltag.

Lösungsskizzen

1 Sie als Pflegefachkraft möchten Pflege- bzw. Therapiemaßnahmen einleiten bzw. ausführen, um Herrn Beck zu helfen. Bevor jedoch keine medizinische Diagnose gestellt bzw. entsprechende Medikamente und/oder Maßnahmen verordnet sind, können Sie nur eingeschränkt tätig werden. 2 Schlussfolgerung: Dem Arzt ist möglicherweise eine Unachtsamkeit/ein Fehler unterlaufen (auch Ärzte sind nur Menschen). Sie rufen Dr. Werner erneut an und versichern sich rückbezüglich der eingetragenen oder fehlenden Anordnung. Sie teilen ihm ebenfalls Ihre Beobachtungen/Einschätzung/Sorgen, bezogen auf den Zustand von Herrn Beck, mit. 3 In Ihren Kompetenzbereich als Pflegefachkraft fällt es nicht, Medikamente zu verordnen. 4 Sie können Maßnahmen zum selbstständigen Abhusten einleiten (ausreichend Flüssigkeit anbieten, Raumluft befeuchten, atmungserleichternde Lagerung, atemstimulierende Einreibung), evtl. fiebersenkende Maßnahmen und Maßnahmen zur Pneumonieprophylaxe durchführen. Außerdem sind Sie dazu veranlasst, Herrn Becks Vitalzeichen verstärkt zu beobachten bzw. zu kontrollieren und alle Maßnahmen zu dokumentieren. 5 a) A = Nasenhöhle; B = Rachenraum; C = Kehlkopf; D = Luftröhre; E = Lungenfell; F = Rippenfell; G = Lungenflügel; H = Bronchiole; I = Lungenbläschen; b) Symptome: anfangs trockener Husten, später mit schleimigem, mitunter eitrigem Auswurf, Fieber, Gliederschmerzen, Abgeschlagenheit, Nachtschweiß, Schmerzen hinter dem Brustbein; medikamentöse Behandlung: Sekretolytika, Antitussiva, bei bakterieller Infektion Antibiotika; pflegerische Maßnahmen: → Lösungsskizze zu Aufgabe 4; Kontrolle der Körpertemperatur, bei Bedarf Maßnahmen zur Fiebersenkung, reichlich Flüssigkeit anbieten, warme Brustwickel, Einreibungen, Drainagelagerung, Inhalation, Vibrationsmassage, Frischluftzufuhr, evtl. Atemtherapie; c) Komplikationen: chronische Bronchitis, besonders gefährlich: Pneumonie auf Grund des im Alter schwächer werdenden Immunsystems; Aufgabe: besondere Verantwortung in der Krankenbeobachtung/im Pflegeassessment, erhöhte Wachsamkeit und Sensibilität, Komplikationen vermeiden (Pneumonieprophylaxe); Gefährdung erkennen und Arzt informieren. 6 Sie als Pflegefachkraft sind im Betreuungsprozess Partner des Arztes, haben jedoch Ihren eigenen Kompetenzbereich. Die Pflegekraft als ständiger Ansprechpartner des Pflegebedürftigen spielt eine herausragende Rolle bei der Einschätzung dessen Zustandes. Sie ist verantwortlich für die Weitergabe von Informationen, auf die der Arzt häufig zur therapeutischen Entscheidungsfindung angewiesen ist. 7 Regelmäßige Teambesprechungen, Supervision, Konfliktmanagement.

Basics

Pflegefachkräfte und Ärzte sind Partner im Betreuungsprozess. Sie haben ihre eigenen Kompetenzbereiche. Ihre Zusammenarbeit ist Voraussetzung für eine erfolgreiche Behandlung und Betreuung des Pflegebedürftigen. Regelmäßige Teambesprechungen fördern diese Zusammenarbeit.

Die Verordnung spezieller medizinischer/therapeutischer Maßnahmen sowie die Verordnung von Medikamenten liegen in der Anordnungs-/Weisungspflicht des Arztes. Deren Ausführung kann an eine entsprechend qualifizierte Fachkraft übertragen werden.

Bei unklaren oder widersprüchlichen ärztlichen Anweisungen ist die Pflegekraft dazu angehalten, diese zu hinterfragen und sich diesbezüglich rückzuversichern.

Ärztliche Anordnungen müssen in den Patientenunterlagen sachgerecht dokumentiert werden.

Die Pflegefachkraft als unmittelbarer Ansprechpartner des Pflegebedürftigen spielt eine wichtige Rolle bei der Informationsübermittlung an den behandelnden Arzt.

Durchführungsverantwortung
→ S. 213

Interdisziplinäre Zusammenarbeit, Mitwirkung im therapeutischen Team

Themenschwerpunkt aus LF 1.5

Prüfungssituation

Gemeinsam können wir es schaffen

Blass und traurig sieht Frau Raschke aus, obwohl sie sich angeblich auf die Rückkehr ins Wohnheim gefreut hat. Vor gut vier Wochen ist Frau Raschke mit der Diagnose Darmkrebs ins Krankenhaus eingewiesen worden. Ein Sigmatumor und der anale Schließmuskel wurden bei Frau Raschke operativ entfernt. Sie erhielt einen endständigen künstlichen Darmausgang, einen Anus praeter.

Dem Überleitungsbericht entnehmen Sie, dass die Operation zufrieden stellend verlaufen ist und das Tumorgewebe vollständig entfernt werden konnte. Doch Sie erfahren auch, dass Frau Raschke als depressiv und suizidgefährdet eingeschätzt wird. Sie hat im Krankenhaus mehrfach geäußert, dass sie „nicht mit so einem Kackbeutel auf dem Bauch" leben will. Leider plagen Frau Raschke zusätzlich heftige Durchfälle. Sie beschließen, bei Frau Raschke ein gründliches Pflegeassessment durchzuführen.

Als Sie Frau Raschke fragen, ob Sie sich den Anus praeter mal ansehen dürfen, antwortet sie mit einem müden Lächeln: „Tun Sie nur, was Sie tun müssen. Es ist sowieso alles egal." Das Colostoma sieht rot und entzündet aus, etwas Stuhl ist aus dem Beutel danebengelaufen. Ein neuer, größerer Beutel müsste dringend geklebt werden. Zügig begeben Sie sich ans Telefon, es gibt viel zu organisieren ...

Arbeitsaufträge

1. Analysieren Sie die Pflegeprobleme von Frau Raschke und überlegen Sie, aus welchen Berufsgruppen das Betreuungsteam von Frau Raschke bestehen sollte. Begründen Sie Ihre Entscheidung.
2. Reflektieren Sie die interdisziplinäre Zusammenarbeit in Ihrer Ausbildungsstätte. Diskutieren Sie Maßnahmen im Praxisalltag, mit denen eine effektive interdisziplinäre Zusammenarbeit und damit eine Optimierung des Behandlungsprozesses erreicht werden können.
3. Frau Raschke hat einen Anus praeter erhalten. Beschreiben Sie die physischen, psychischen und sozialen Folgen für die Betroffene.
4. Gehen Sie zu der anatomischen Darstellung auf S. 120 (→ Material) und beschriften Sie die Teile des Dickdarms.
5. Beschreiben Sie Ursachen, Symptome, diagnostische und therapeutische Maßnahmen des Dickdarmkrebses.
6. Erklären Sie, welche Aufgaben Sie als Pflegefachkraft bei der Versorgung eines Anus praeters zu übernehmen haben.
7. Bewerten Sie Ihre Rolle als Pflegefachkraft bei der Gewährleistung einer optimalen Zusammenarbeit aller Berufsgruppen im Betreuungsprozess.

Lösungsskizzen

1 Suizidgedanken/Depression: Psychologe/Psychiater, aber auch Hausarzt, der über Operationserfolg aufklärt; Durchfälle: Arzt, Ernährungsberaterin; frisches entzündetes Colostoma: Stomatherapeutin; Mobilisierung: Physiotherapeutin; Pflege: Altenpflegefachkraft. 2 Maßnahmen: gemeinsame Visiten, Teambesprechungen, kontinuierliche, unmissverständliche Dokumentation und Kommunikation. 3 Physisch: Funktion der Stuhleindickung des Dickdarms geht verloren, Kontrolle über Stuhlausscheidung ebenfalls; psychisch: Scham, Angst, Minderwertigkeitsgefühl, Depression, evt. Suizidgedanken; sozial: Isolation, eingeengter Aktionsradius, Verlust der Arbeit. 4 A = aufsteigender Dickdarm; B = quer verlaufender Dickdarm; C = absteigender Dickdarm; D = Dünndarm; E = Blinddarm; F = Wurmfortsatz; G = Sigmoid; H = Ampulle; I = Mastdarm. 5 Ursachen: nicht genau bekannt, erblich, chronische Darmentzündungen, Polypen; Symptome: anfangs unspezifisch, Verstopfung und Durchfall im Wechsel, Blut im Stuhl, Darmverschluss, Metastasen; Diagnostik: Darmspiegelungen, Computertomografie, Magnetresonanztomographie, Kontrastmittelröntgen; Therapie: endoskopische Abtragung, Operation, Chemotherapie, Bestrahlung, wenn erforderlich, aber auch palliativmedizinische Maßnahmen. 6 Betroffenen zur Selbstpflege anleiten, bei Selbstpflege unterstützen, ggf. Stomapflege übernehmen. 7 Altenpflegefachkraft hat Schlüsselrolle, Fäden der Organisation und Dokumentation laufen zusammen, Initiator, Hauptkoordinator und Organisator des Betreuungsprozesses.

Basics

An der Betreuung eines Pflegebedürftigen sind verschiedene Berufsgruppen beteiligt, so z. B. Pflegefachkräfte, Ärzte, Physiotherapeuten, Ernährungsberater, Ergotherapeuten und Sozialarbeiter. Eine effektive Zusammenarbeit dieser Berufsgruppen ist die Voraussetzung für einen erfolgreichen Betreuungs- und Behandlungsprozess.

Die Pflegefachkraft übernimmt eine Schlüsselrolle bei der Organisation und Koordination der Arbeit im Betreuungsteam.

Durch regelmäßige Teamsitzungen, gemeinsame Visiten und eine unmissverständliche laufende Dokumentation kann die interdisziplinäre Zusammenarbeit optimiert werden.

Reibungspunkte können mit einem entsprechenden Beschwerdemanagement aufgegriffen und angegangen werden.

Für eine reibungslose interdisziplinäre Zusammenarbeit sind klar abgesteckte Kompetenzbereiche eine grundlegende Voraussetzung.

Teamarbeit → S. 539

Interdisziplinarität → S. 96

Mitwirkung an Rehabilitationskonzepten

Themenschwerpunkt aus LF 1.5

Prüfungssituation

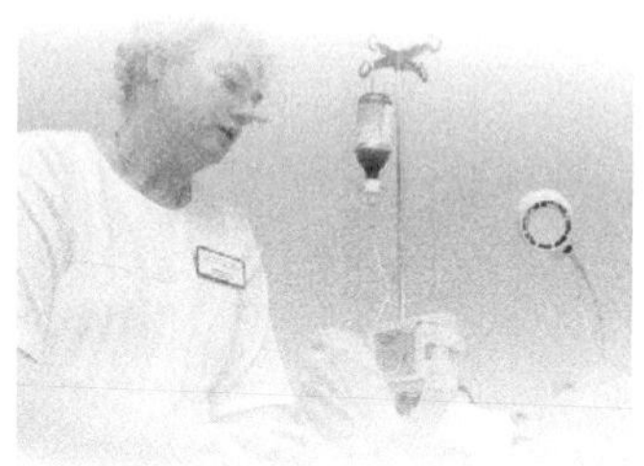

Schluck für Schluck

Seit drei Wochen sind Sie im Wahleinsatz auf der neurologischen Schwerpunktstation des Geriatrischen Krankenhauses. Heute haben Sie Frühdienst und sind mit Ihrer Mentorin, Schwester Kerstin, für zwei Patienten zuständig. Sie erhalten von Ihrer Mentorin den Auftrag, bei einer der Patientinnen, Frau Engelberger, die Morgenpflege durchzuführen. Frau Engelberger ist 72 Jahre alt und leidet seit Jahren an Morbus Parkinson. Sie lebt alleine zu Hause und lehnte bis jetzt jegliche pflegerische Unterstützung ab. Infolge ihrer Krankheit haben sich bei Frau Engelberger die Schluckstörungen so weit verschlimmert, dass sie fast 20 Kilogramm abgenommen hat. Weiterhin war sie bei ihrer Einweisung ins Krankenhaus so dehydriert, dass sie zur genaueren Flüssigkeitsbilanzierung für den Zeitraum des Krankenhausaufenthaltes einen Blasenverweilkatheter gelegt bekommen hat. Um einen raschen Kostaufbau zu ermöglichen und Frau Engelberger die notwendigen Kalorien zuzuführen, hat die Stationsärztin Frau Dr. Rausch die kurzfristige Anlage einer PEG-Sonde zur enteralen Ernährung angeordnet. Im therapeutischen Team haben Sie gestern den Fall Frau Engelberger besprochen. So soll in den nächsten Tagen ein eingehendes Schlucktraining beginnen. Gemeinsam planen Sie eine schnellstmögliche Mobilisierung. Insbesondere die sturzprophylaktischen Maßnahmen stehen hierbei im Vordergrund. Aus medizinischer Sicht stehen eine Überprüfung der Medikation sowie der Ausgleich des Kalorien- und Flüssigkeitsverlustes an. Sie haben bereits die Sozialarbeiterin informiert, damit sie sich um die Versorgung von Frau Engelberger nach dem Krankenhausaufenthalt kümmert. In Gedanken planen Sie nun, wie Sie Frau Engelberger unter Berücksichtigung aktivierender Maßnahmen bei der Morgenpflege unterstützen können. Beim Eintreten in das Zimmer nickt Frau Engelberger freundlich, als Sie ihr Ihr Vorhaben mitteilen. Sie schlagen die Decke zurück und bekommen einen Schreck! Der Blasenkatheter liegt mit aufgeblasener Blockung im Bett. Sie rufen sofort Schwester Kerstin. Ihre Mentorin bleibt wie immer ganz ruhig und sagt: „Waschen Sie Frau Engelberger erst einmal, um den Katheter kümmern wir uns später." „Sollten wir nicht besser Dr. Rausch Bescheid sagen?"

Arbeitsaufträge

1 Die Pflege eines Blasenverweilkatheters gehört in den pflegerischen Tätigkeitsbereich. Begründen Sie, weshalb es in dieser Situation dennoch notwendig ist, den betreuenden Arzt zu verständigen.

2 Beschreiben Sie die wichtigsten Symptome, die bei Morbus Parkinson auftreten können. Berücksichtigen Sie hierbei die psychosozialen Folgen für die Betroffenen.

3 Frau Engelberger leidet infolge des Morbus Parkinson an einigen dieser Symptome. Beschreiben Sie
- a ihre Symptome im Speziellen,
- b welche Berufsgruppen an der Rehabilitation von Frau Engelberger mitwirken sollten,
- c welche Aufgabe jede Berufsgruppe erfüllt und
- d wer die Leitung des Rehabilitationsteams übernimmt.

4 Zur Unterstützung des Schlucktrainings wird häufig die Facilitation angewendet.
- a Erklären Sie, was Sie unter Facilitation verstehen. Beziehen Sie sich dabei auch auf Inhalt und Ziele dieser Maßnahme.
- b Beschreiben Sie Möglichkeiten zur Umsetzung dieser Maßnahme, die sich für Sie als Pflegefachkraft bei Frau Engelberger ergeben.

5 Frau Engelberger wird nun durch eine PEG-Sonde enteral ernährt. Beschreiben Sie, welche Aufgaben der Stationsarzt und welche Aufgaben Sie als Pflegefachkraft bei der Verabreichung von Sondenkost erfüllen.

6 Bei der medikamentösen Behandlung von Patienten mit Morbus Parkinson ist eine besonders enge Zusammenarbeit zwischen Ärzten und Pflegefachkräften notwendig. Begründen Sie diese Aussage und gehen Sie kurz auf die möglichen Probleme in der medikamentösen Behandlung ein.

Lösungsskizzen

1 Die Indikation für die Anlage oder Wiederanlage eines Blasenkatheters (therapeutische Maßnahme) stellt der Arzt. Die Pflege eines Blasenverweilkatheters fällt in das pflegerische Entscheidungs- und Tätigkeitsfeld. 2 Hypokinesie, Rigor, Ruhetremor, vornübergebeugte Haltung, motorische Instabilität, starre Mimik, Salbengesicht, Schluck- und Kaustörungen, leise, monotone Sprache, Mikrografie, Miktions- und/oder Potenzstörungen, Obstipation, Bradyphrenie; in den meisten Fällen ist die Intelligenz der Betroffenen voll erhalten; sie leiden sehr unter der Symptomatik und der häufigen Fehleinschätzung ihrer Persönlichkeit (durch fehlende Mimik und Verlangsamung der Sprache). 3 a) Schluckstörungen, reduzierter Ernährungszustand, Immobilität; b) Ärzte, Pflegende, Physiotherapeuten, Ergotherapeuten, Sprachtherapeuten/Logopäden, Sozialarbeiter, Psychologen; b) Pflegende und Physiotherapeuten: Mobilisierung, sturzprophylaktische Maßnahmen, evtl. → Facilitation; Ergotherapeuten: Facilitation, Anpassung von Hilfsmitteln zur Nahrungsaufnahme, Schlucktraining; Sprachtherapeuten: Schluck- und Sprachtraining; Sozialarbeiter: Unterstützung zur Lebensbewältigung nach dem Krankenhausaufenthalt; Psychologen: psychische Bewältigung der Krankheit und deren Folgen; Ärzte; Neueinstellung der Medikamente. c) der behandelnde Arzt. 4 a) Die Facilitation ermöglicht eine fördernde und anbahnende Bewegung der Gesichtsmuskulatur und unterstützt damit Kau-, Schluck- und Sprechtraining; b) Facilitation könnte im Rahmen der ergotherapeutischen Maßnahmen gezielt durchgeführt werden; ebenso sollten Elemente der Facilitation in die allgemeine Pflege mit einbezogen werden. So können z. B. während der Mundpflege von Frau Engelberger die Zunge und die Mundwinkel stimuliert werden. 5 Arzt: Anordnung von PEG-Anlage und Sondenkost (Art, Menge, Intervall), Anlage der PEG-Sonde; Pflegekraft: Vorbereitung, Verabreichung, Überwachung und Dokumentation. 6 Unter der Gabe von Parkinsonmedikamenten kommt es häufig zu Wirkungsschwankungen und Nebenwirkungen; häufige Probleme sind: On-off-Phasen im fortgeschrittenen Stadium; Hyper- und Dyskinesien; Unruhezustände, Halluzinationen und Wahnentwicklungen.

Facilitation → S. 347

Basics

Rehabilitation und Frührehabilitation haben in den letzten Jahren in der geriatrischen Pflege eine zunehmende Bedeutung erlangt. Durch den Einsatz rehabilitativer Maßnahmen und Konzepte in der Geriatrie gelingt es, auch den älteren Patienten ein bestmöglichstes Maß an Versorgung zukommen zu lassen und damit ihre Selbstständigkeit zu erhöhen bzw. ihre Abhängigkeit von Pflege zu reduzieren. Die Akutbehandlung steht hierbei zwar im Vordergrund, geht aber nahtlos in Frührehabilitation und Rehabilitation über.

Morbus Parkinson → S. 585

→ Morbus Parkinson ist eine im Alter häufig auftretende neurologische Erkrankung. Neben der medikamentösen Behandlung stehen bei dieser nicht heilbaren Erkrankung therapeutische und pflegerisch-rehabilitative Maßnahmen im Vordergrund. Das Rehabilitationsteam setzt sich aus verschiedenen Berufsgruppen zusammen und wird von einem Arzt geführt.

Rehabilitation → S. 236

Pflegefachkräfte als Mitglieder des therapeutischen Teams haben sich mit ihrem aktivierenden Schwerpunkt eine feste Rolle in diesem rehabilitativen Ansatz geschaffen.

Altern als Veränderungsprozess

Themenschwerpunkt aus LF 2.1

Prüfungssituation

Ein Jahrhundert

Heute herrscht große Aufregung in der Abteilung III im Altenheim „Abendstern". Alle Bewohner sitzen bereits im festlich geschmückten Gemeinschaftsraum. Auf den mit Kaffeegeschirr eingedeckten Tischen stehen heute besonders schöne Blumen. Altenpflegerin Frau Osterheld stellt den CD-Player an und alle singen mit: „Hoch soll sie leben, hoch soll sie leben, dreimal hoch!" In diesem Moment wird Frau Meyer von ihren Kindern und Enkeln im Rollstuhl in den Festraum gefahren. Frau Meyer feiert ein ganz besonderes Jubiläum, sie wird heute 100 Jahre alt. Frau Meyer hat sich schick gemacht. Sie trägt ein festliches Kleid und ihre Urenkelin Franziska, die eine Ausbildung als Friseurin absolviert, hat ihr die Haare frisiert. Am Kragen trägt Frau Meyer eine Brosche, die sie als Kind von ihrer Großmutter geschenkt bekam. Frau Meyer kann sich noch gut an diesen Moment ihres Lebens erinnern. Selbst in den schlechten Zeiten des Krieges und der Flucht hat sie sich nicht von der Brosche getrennt. Der Bürgermeister ist auch erschienen. Er gratuliert im Namen der Stadt und überbringt einen großen Blumenstrauß. Sogar die Zeitung ist gekommen und fragt, ob Frau Meyer ein kurzes Interview geben würde. Warum nicht? Frau Meyer hat viel zu erzählen. Auf die Frage, wann die glücklichste Zeit ihres Lebens war, antwortet sie: „Das war, als ich meinen ersten Mann kennen gelernt habe, und die Zeit, als die Kinder noch klein waren." Aber sie erzählt auch von den schweren Zeiten, als sie im Zweiten Weltkrieg ihren Mann verlor, der Hunger unerträglich war und sie ihre Heimat in Ostpreußen verlassen musste. Dazu lächelt sie und sagt: „So ist eben das Leben, diese Erfahrungen haben mich stark gemacht, ich musste schon immer Verluste hinnehmen." Der Reporter will wissen, was sich Frau Meyer für die Zukunft wünscht. Sie wünscht sich, dass der Geist noch ein Weilchen mitspielt, ihre Knochen- und Gelenkschmerzen erträglich bleiben, aber vor allem, dass ihre Kinder, Enkel und Urenkel sie oft besuchen kommen, auch wenn diese weit entfernt wohnen und durch die Arbeit stark beansprucht sind. Wer hatte früher schon das Glück, seine Urenkel aufwachsen zu sehen ...?

Arbeitsaufträge

1 An Frau Meyers Wunsch, dass ihre weit entfernt wohnenden Kinder sie oft im Altenheim besuchen sollen, wird eine gesellschaftliche Entwicklung ersichtlich, die viele alte Menschen erfahren. Stellen Sie am Beispiel der Familie von Frau Meyer dar, wie sich die Familienstrukturen in unserer Gesellschaft im vergangenen Jahrhundert verändert haben und welche Konsequenzen dies für die Pflege älterer Generationen hat.

2 Die Psychologen Erikson und Havinghurst ordnen jeder Lebensphase entsprechende Entwicklungsaufgaben zu, so auch dem Alter. Beschreiben Sie Ihnen bekannte Entwicklungsaufgaben alter Menschen. Beurteilen Sie, wie Frau Meyer diese Entwicklungsaufgaben bewältigt hat. Berücksichtigen Sie dabei den Umgang mit kritischen Lebensereignissen.

3 Für das Wohlbefinden im Alter ist die nach dem SOK-Modell benannte Alltagskompetenz entscheidend. Erklären Sie, was Sie unter dem Begriff „Alltagskompetenz" und der Abkürzung SOK verstehen.

4 Altern ist keine Krankheit, es wird auch als Biomorphose bezeichnet.
- a Definieren Sie den Begriff „Altern" nach Max Bürger.
- b Beschreiben Sie die Gestaltveränderungen im Alter.
- c Nicht nur die Gestalt, sondern auch die Organe verändern sich. Beschreiben Sie, welche Veränderungen sich an den Organen/Organsystemen – Blutgefäßen, Hirn, Immunsystem, Sinnesorganen – vollziehen.
- d Diskutieren Sie die Aussage: „Wer alt ist, ist auch krank."

5 Zum Alterungsprozess gehören auch die individuellen Erfahrungen des Menschen. Stellen Sie zwei Sichtweisen bezüglich des Älterwerdens dar.

6 Begründen Sie, weshalb sich alte Menschen eher an Erlebnisse aus der Kindheit, Jugend und dem frühen Erwachsenenalter erinnern als an Ereignisse aus der unmittelbaren Vergangenheit.

Lösungsskizzen

1 Heute leben viele Generationen einer Familie, aber nicht mehr an einem Wohnort; Arbeits- und Lebensbedingungen, Lebensstile und Lebensmodelle der Menschen haben sich gewandelt; Frauen sind berufstätig; Generationen leben nicht mehr zusammen, auch alte Menschen wollen den Jungen nicht zur Last fallen und gehen ins Altenheim; Seniorengemeinschaften bilden sich; Konsequenz: Töchter und Schwiegertöchter als Pflegende fallen weg, professioneller Pflegebedarf steigt, Bedarf an Alten- und Seniorenheimen wächst. 2 Hauptentwicklungsaufgabe ist die Anpassung: Anpassung an das veränderte Erscheinungsbild, reduzierte Leistungsfähigkeit, Macht- und Einkommensverlust usw.; weitere wichtige Aufgaben sind das Verlusterleben (Verlust von Selbstständigkeit, nahe stehenden Personen usw.) und die Generativität (Generationenbeziehungen); Frau Meyer hat diese Aufgaben gut bewältigt; kritische Lebensereignisse wie Kriege, Flucht und der Tod ihres ersten Mannes haben sie auf eine harte Probe gestellt. Sie musste lernen, Verluste zu erleiden und sich immer wieder neu anzupassen. Zu ihren Kindern hat sie ein gutes Verhältnis. 3 Alltagskompetenz: Fähigkeit, grundlegende alltägliche Tätigkeiten ausführen zu können (Körperpflege, Essen bereiten, einkaufen, sich im Verkehr bewegen) und Tätigkeiten zur Freizeitgestaltung, zur Wahrnehmung eigener Interessen und zum Umgang mit den Mitmenschen ausführen zu können; SOK: Selektion (Auswahl, z. B. bestimmter Tätigkeiten, die man beherrscht); Optimierung (Üben, Verbessern von Tätigkeiten, die man nicht mehr sicher beherrscht); Kompensation (Ausgleichen, z. B. Nachlassen der Sinnesorgane durch Brille). SOK sind drei Strategien, mit denen Anpassung gelingt. 4 a) Altern ist jede irreversible Veränderung der lebenden Substanz als Funktion der Zeit. Biomorphose ist die lebenslang dauernde Wandlung, der der menschliche Körper, sein Geist und seine Seele unterliegen. b) Körpergröße nimmt ab, Körperumriss verschiebt sich, Haltung verändert sich, Muskulatur verliert an Masse, Haut wird dünner, Wassergehalt geht zurück, Farbstoff in Haut und Haaren wird weniger, Altersflecken, Gang wird unsicher – Gehstock, Akromegalie; c) Blutgefäße: Wände werden starrer und sklerosieren, Blutdruck steigt an; Hirn: Hirnleistung nimmt verhältnismäßig wenig ab, Geschwindigkeit der Informationsübertragung nimmt ab, es gilt hier: wer rastet, der rostet; Immunsystem: lässt nach, Krankheitserreger werden nicht mehr erkannt, Fieberreaktionen bei Infektionen bleiben aus; Sinnesorgane: Alterssichtigkeit, Schwerhörigkeit, Gleichgewichtsstörungen; d) Alter ist mit Krankheit nicht gleichzusetzen. Altern ist ein natürlicher Vorgang und mit Funktionseinbußen verbunden. Jedoch erhöht sich mit zunehmenden Alter die Gefahr zu erkranken. Einige Erkrankungen treten vermehrt im Alter auf (z. B. M. Alzheimer, M. Parkinson). 5 Alter als Verlust erleben (negative Sicht): Schönheit; Leistungsfähigkeit, Vergesslichkeit; Altern als Chance erleben (positive Sicht): Leben eröffnet sich neu, Leben wird verstanden und als Ganzes gesehen, Zeit für sich haben, keine Belastungen durch Arbeit oder Kinder. 6 Für ältere Menschen verengt sich der Lebenskreis der Gegenwart, die Orientierung nach außen nimmt ab, sie leben stärker in der Vergangenheit. Vieles aus der Jugend wird ebenfalls vergessen, man erinnert sich nur an stark emotional getönte Erlebnisse. Die Theorie, dass das Langzeitgedächtnis bei älteren Menschen besser funktioniert als das Kurzzeitgedächtnis, ist umstritten.

Älterwerden, Bewältigung
→ S. 249

Basics

Der Alterungsprozess kann aus vier verschiedenen Perspektiven gesehen werden: aus der psychologischen, der biologischen, der soziologischen Sicht und aus der Sicht persönlicher Erfahrungen. Aus psychologischer Sicht sind die Anpassung, das Verlusterleben und die Generativität Entwicklungsaufgaben alternder Menschen. Durch Selektion, Optimierung und Kompensation (SOK) gelingt die Anpassung (Adaptation). Der biologische Alterungsprozess vollzieht sich durch irreversible Veränderungen des Körpers, der Seele und des Geistes. Altern ist aus soziologischer Sicht nicht selten mit Vereinsamung und Isolation verbunden. Die demografischen Veränderungen unserer Gesellschaft, veränderte Arbeits- und Lebensbedingungen, aber auch veränderte individuelle Lebensstile sind Ursachen dafür. Im Ziehen einer Lebensbilanz sehen viele alte Menschen auch für schwere Erlebnisse einen Sinn.

Demografische Entwicklungen

Themenschwerpunkt aus LF 2.1

Prüfungssituation

Das Alter ist weiblich

Sie waschen sich gründlich die Hände, bevor Sie zur Frühstückspause gehen. In Gedanken sind Sie noch bei Frau Walter, einer neuen Heimbewohnerin, sie ist vergangene Woche ins Altenheim eingezogen. Frau Walter ist bereits 85 Jahre alt. Wie sie es Ihnen erzählt hatte, lebte sie nach dem Tod ihres zweiten Mannes lange Zeit allein in einer Zweizimmerwohnung in der Stadt. Ihr Sohn ist nicht verheiratet und arbeitet seit Jahren im Ausland. Erst als sich Frau Walter nicht mehr allein versorgen konnte, zog sie ins Altenheim. Sie denken, dass es wohl vielen älteren Frauen so geht.

Am Frühstückstisch werden Sie angeregt, Ihre Gedanken dazu wieder aufzunehmen. Altenpfleger Herr Carstens meint spaßig: „Es wird Zeit, dass mal ein paar Männer ins Heim einziehen, die Frauen bilden ja inzwischen eine Übermacht." Es stimmt, zwei Drittel der Bewohner sind Frauen. Sie vertreten gegenüber Herrn Carsten die Ansicht, dass sich das wohl auch in der Zukunft nicht groß ändern wird ...

Arbeitsaufträge

1. Frau Walter ist eine typische Vertreterin der älteren Generation. Beschreiben Sie die Merkmale der älteren Bevölkerung in unserer Gesellschaft. Benennen Sie Ursachen und die für Sie als Altenpflegefachkraft relevanten Folgen dieses Entwicklungstrends.
2. Gehen Sie zu den Skalen auf S. 121 (→ Material) und zeichnen Sie die ungefähren Umrisse der Bevölkerungsstruktur in den jeweiligen geschichtlichen Epochen als so genannte Alterspyramiden ein. Ziehen Sie daraus Ihre Schlussfolgerungen bezüglich des Fürsorge- und Betreuungsbedarfs älterer Menschen in der Zukunft.
3. Nennen Sie die zwei wichtigsten Einflussfaktoren (Stellglieder) und deren Ursachen, die zum demografischen Wandel unserer Gesellschaft führten.
4. Erläutern Sie, was Sie unter dem Begriff „Generationenvertrag" verstehen. Diskutieren Sie Probleme, die Sie gegenwärtig und zukünftig mit diesem Begriff assoziieren.
5. Der demografische Wandel unserer Gesellschaft führt zu einer stetigen Zunahme der älteren Generation mit gleichzeitiger Abnahme der jüngeren Generation. Diskutieren Sie finanzpolitische und gesellschaftspolitische Probleme, die sich zukünftig bezüglich der Versorgung der älteren Generation ergeben werden.
6. Das Netzwerk Familie, das vielen alten Menschen in vergangenen Generationen eine Unterstützung im Alter sicherte, droht durch Kinderlosigkeit und Individualisierungstendenzen der Gesellschaft wegzubrechen. Zeigen Sie Alternativen auf, welche diese Solidargemeinschaft ersetzen könnten.
7. Wie im Fall von Frau Walter ist es in vielen anderen Betreuungssituationen die Realität, dass Kinder, vor allem Töchter und Schwiegertöchter, die Versorgung der Alten nicht mehr übernehmen. Beschreiben Sie mögliche Ursachen für dieses Phänomen.

Lösungsskizzen

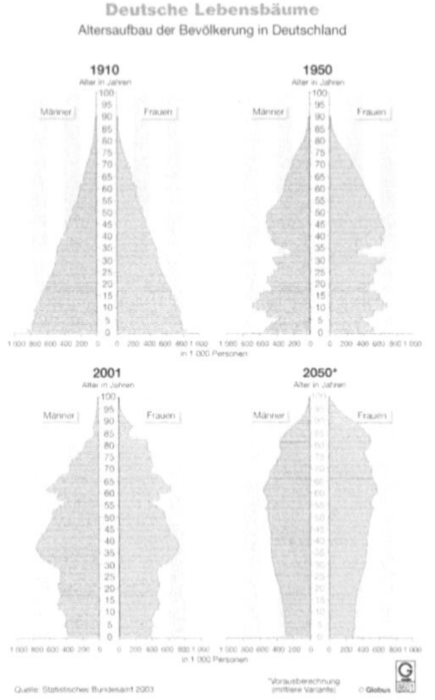

Abb. 1

1 Langlebigkeit (Verjüngung), Feminisierung, Singularisierung; Ursachen: Zunahme der Lebenserwartung, Männer sterben eher als Frauen, Familienangehörige leben getrennt voneinander; Folgen: Da ältere Frauen meist ihre Männer pflegen, diese Männer aber tendenziell eher erkranken und sterben, werden alleinstehende pflegebedürftige ältere Frauen den größeren Anteil der Pflegebedürftigen bilden. 2 Alterspyramiden, → Abb. 1; Eine geringere Anzahl jüngerer Menschen steht einer wachsenden Anzahl älterer Menschen gegenüber. Der Pflege- und Betreuungsbedarf nimmt in den kommenden Jahren weiter zu, verteilt sich aber auf eine geringere Anzahl Menschen, die zur Versorgung zur Verfügung stehen. 3 Steigende Lebenserwartung durch Senkung der Säuglingssterblichkeit, verbesserte Lebens-, Wohn- und Arbeitsbedingungen, verbesserte medizinische Versorgung; Geburtenrückgang: Kontrazeptiva, veränderte Rolle der Frau in der Gesellschaft, Individualisierungstendenzen. 4 Vertrag zur gegenseitigen Fürsorge zwischen den Generationen, ältere Generation sorgt für das Aufwachsen der jüngeren, jüngere Generation versorgt die Alten bis zum Tod; Probleme: Machtkämpfe zwischen den Generationen, viele Junge bleiben kinderlos, Junge lehnen Vertrag ab, sehen Alte als Last; Zukunft: Junge können, selbst wenn sie wollen, Vertrag nicht mehr erfüllen, neue Versorgungsmodelle für die Alten müssen entwickelt werden. 5 Renten- und Gesundheitssystem ist mit herkömmlichen Finanzierungsmodellen (Umlageverfahren) nicht mehr finanzierbar, neue Finanzierungsmodelle, Gesundheitsförderung, Prävention; Pflegebedarf steigt, Gesellschaft hat Verantwortung für Problemlösung, Ressourcen erschließen. 6 Solidargemeinschaft: Nachbarschaft, der Älteren untereinander; der Generationen: gemeinschaftliches Wohnen, Seniorengenossenschaft, Familienpatenschaften. 7 Kinderlosigkeit, Erwerbstätigkeit der Frauen, individuelle Lebensstile, Alte wollen Kindern nicht zur Last fallen, Wohnort der Kinder entfernt vom Wohnort der Eltern, Mobilität am Arbeitsmarkt.

demografische Entwicklung → S. 18

Altersstrukturwandel → S. 259

Basics

Die → demografische Entwicklung unserer Gesellschaft ist gekennzeichnet durch eine steigende Lebenserwartung und durch den Rückgang der Geburtenrate. Man spricht derzeit von einer Überalterung der Bevölkerung, welche u.a. mit einem erhöhten Pflege- und Betreuungsbedarf in der Zukunft verbunden ist.
Die ältere Bevölkerung weist typische Merkmale wie Feminisierung, Singularisierung und Langlebigkeit auf.
Die überalterte Gesellschaft stellt die Menschen in ihr vor neue Herausforderungen. Das Zusammenleben der Generationen muss neu gestaltet werden. Neue Finanzierungsmodelle für Renten und Gesundheitssystem, neue soziale Netzwerke und neue Betreuungsformen müssen zur Versorgung der Älteren geschaffen werden. Gesundheitsförderung und Prävention spielen in absehbarer Zukunft eine stärkere Rolle bei der Einsparung knapper Ressourcen.

Ethniespezifische und interkulturelle Aspekte

Themenschwerpunkt aus LF 2.1

Prüfungssituation

Ein Haus der Kulturen

Sie arbeiten seit zwei Jahren in einer mehrgliedrigen Einrichtung eines großen Trägers in Berlin-Kreuzberg. Sie haben in dieser Zeit Erfahrungen im häuslichen und ambulanten Bereich gesammelt. Derzeitig sind Sie im stationären Bereich – in der Wohngemeinschaft „Interkulti" – tätig. Hier handelt es sich um ein Projekt mit der Zielstellung, Migranten und Migrantinnen aus der Türkei und Griechenland, Russland und Italien zu betreuen. Die Klientel ist zumeist weiblich, über 80 Jahre alt und variiert von leicht bis stark pflegebedürftig, was eine besondere Herausforderung für Ihr altenpflegerisches Handeln darstellt.

Da wäre beispielsweise Frau Kadic, eine türkischstämmige Bewohnerin. Sie hat ständig Besuch von ihren Kindern, Enkeln und Urenkeln. Wie ihr ältester Sohn achtet Frau Kadic auf eine ihrer Tradition und Religion entsprechende Ernährung. Meistens bringt die Familie das Essen. Außerdem lässt sie nur weibliches Personal in ihr Zimmer und hat hauptsächlich Kontakte mit türkischstämmigen Bewohnerinnen der Einrichtung.

Frau Kraschnow kommt aus Russland und hat vor einem halben Jahr ihren Mann verloren. Sie ist oft traurig und zieht sich in ihr Zimmer zurück. Sie versteht die deutsche Sprache gut, hat aber Schwierigkeiten beim Sprechen und ist dadurch in ihrer Kontaktaufnahme sehr gehemmt. Im Zimmer nebenan wohnt Frau Schmidt. Sie ist 88 Jahre alt und „waschechte Berlinerin", wie sie täglich mehrfach betont. Sie ist außerordentlich kontaktfreudig und initiiert oft Kaffee- oder Spielrunden.

Des Weiteren wohnen Herr Dimitri und seine Frau in der Etage, sie sind griechischer Abstammung und erst seit kurzer Zeit in der Wohngemeinschaft. Der Umzug wurde erforderlich, nachdem die Demenz von Frau Dimitri ein Stadium erreicht hat, das ein Wohnen zu Hause nicht mehr ermöglichte.

Arbeitsaufträge

1. Erklären Sie Ihre Auffassung von kultursensibler Altenpflege.
2. Frau Kadic lehnt die Spiel- und Gesprächsrunden im Tagesraum ab. Die Mitbewohnerinnen sind darüber ungehalten und der Meinung, Frau Kadic muss sich anpassen. Zeigen Sie eine Strategie zur Vermittlung zwischen beiden Parteien auf.
3. Die Pflege und Begleitung von Menschen aus anderen Kulturkreisen stellt besondere Aufgaben an Pflegende. Erklären Sie diese.
4. Zwei Ihrer Kolleginnen sind plötzlich erkrankt, Sie haben heute früh eine Leasing-Pflegekraft zugeteilt bekommen, die keine Erfahrungen in der Pflege moslemischer Menschen hat. Dennoch lässt sich nicht vermeiden, dass sie zwei moslemische Bewohnerinnen bei der Körperpflege unterstützen muss.
   a Sie gehen nach dem Modell von Leininger vor. Nennen Sie Hinweise, die Sie in diesem Fall der Leasing-Pflegekraft geben würden.
   b Sie gehen nach dem Modell von Uzarewicz vor. Nennen Sie Hinweise, die Sie in diesem Fall der Leasing-Pflegekraft geben würden.
   c Beziehen Sie kurz zu den beiden Modellen Stellung.
5. Für die kommende Woche hat sich ein Team aus Köln in Ihrer Einrichtung angemeldet. Auch dort ist ein interkulturelles Projekt geplant, das aber noch in der Vorbereitungsphase ist. Sie werden nach den Voraussetzungen, die eine Einrichtung im Sinne eines interkulturellen Projektes erfüllen sollte, gefragt. Benennen und begründen Sie diese Vorrausetzungen aus Ihrer Perspektive.
6. Erklären Sie die Vor- und Nachteile einer interkulturellen Wohngemeinschaft aus Ihrer Sicht.

Lösungsskizzen

Spannungen in Pflegebeziehungen können entstehen.

1 Positive Grundeinstellung gegenüber Menschen anderer Kulturen; Gewährleistung einer eigenen kulturell geprägten Lebenswelt unter Berücksichtigung der kulturbedingten Bedürfnisse und Prägungen. 2 Eine mögliche Ursache für die Ablehnung der Teilnahme von Frau Kadic könnte sein, dass es in ihrem Kulturkreis nicht üblich ist, offen über private Angelegenheiten im Rahmen einer Gruppe zu reden; Möglichkeiten der Vermittlung zwischen beiden Parteien durch die Pflegekraft: Aufklärung, Information über den kulturellen Hintergrund mit dem Ziel der Akzeptanz beider Seiten. 3 Vertrautmachen mit Gewohnheiten und Bedürfnissen der Menschen des anderen Kulturkreises: z. B. Essgewohnheiten, religiöse Vorschriften, Sprache, Gesundheits- und Krankheitsverständnis; positive Grundeinstellung, Akzeptanz anderer Kulturen, Bereitschaft, Motivation, mit anderen Kulturen zusammenzuarbeiten und voneinander zu lernen; grundsätzliche Bereitschaft zum individuellen biografischen Arbeiten. 4 a) Hinweise: Waschen des Körpers am Waschbecken unter fließendem Wasser möglich, bei Ganzkörperwäsche Begießen der Hände und Füße mit Wasser; geschlossene Kleidung, Figur sollte sich nicht abzeichnen, Haar bedecken; Ausscheiden: Wasserkanne zur Reinigung auf Toilette bereitstellen, Reinigung nur mit der linken Hand, Hilfestellung nur durch gleichgeschlechtliche Pflegeperson. b) Befragung der Bewohnerinnen nach ihren individuellen Wünschen unter Berücksichtigung des Kulturkreises; Information von Kolleginnen und kultursensibler Dokumentation nutzen. 5 Leitbild berücksichtigt Idee der kultursensiblen Altenpflege, Kommunikationshilfen (z. B. multikulturelles Pflege- und Betreuungsteam), interkulturelle Teamarbeit, Fortbildungsangebote bezüglich kultursensibler Pflege, hauswirtschaftliche Gegebenheiten anpassen, Mitarbeitermotivation. 6 Vorteile: Sensibilisierung für andere Kulturen; Annäherung, Verständnis, Akzeptanz der Kulturkreise; Möglichkeit des Voneinander-Lernens. Nachteile: Individualität des Kulturkreises kann nicht immer gewahrt werden, Abstriche müssen gemacht werden, Spannungen in Pflegebeziehungen können entstehen.

Basics

In Deutschland lebt eine Vielzahl von Menschen unterschiedlicher Kulturen. Sie haben unterschiedlichste Lebensgewohnheiten und Arten, ihre Religiosität und kulturelle Zugehörigkeit auszudrücken. Zunehmend werden diese Menschen die Leistungen unseres Gesundheits- und Altenhilfesystems in Anspruch nehmen. Zunehmend gilt es für Einrichtungen und Institutionen, Qualitätskriterien für eine kultursensible Altenpflege zu etablieren.

Pflegefachkräfte müssen sich daher nicht nur bewusst mit der eigenen kulturellen Identität auseinander setzen, sondern sich weiterhin zielgerichtet bezüglich fremder Kulturen informieren und dieses Wissen in der täglichen pflegerischen Arbeit umsetzen können.

Es gibt verschiedene Pflegetheorien für die kultursensible bzw. transkulturelle Pflege. Diese Theorien unterscheidet man in statische (z. B. nach Leininger) und dynamische (z. B. nach Uzarewicz) Modelle.

Kultursensible Altenpflege
→ S. 261

Glaubens- und Lebensfragen

Themenschwerpunkt aus LF 2.1

Prüfungssituation

Frau Sauer zieht Bilanz

Es ist Vorweihnachtszeit. Im Seniorenheim „Zur Tanne" werden emsig die Vorbereitungen für das Adventssingen am Sonntag getroffen. Altenpflegerin Frau Schattau probt mit einer kleinen Bewohnergruppe das Programm, als eine der Bewohnerinnen bemerkt: „Schade, dass Frau Sauer in diesem Jahr nicht dabei sein will, als ehemalige Chorleiterin hatte sie so gute Ideen!" Frau Schattau stutzt und nimmt sich vor, die nächste Gelegenheit zu nutzen, um mit Frau Sauer zu sprechen. Frau Sauer hatte im Sommer einen Schlaganfall. Ihre Bewegungsabläufe sind trotz Rehabilitation verändert. Die Sprachstörungen sind jedoch weitestgehend zurückgegangen, sodass das Singen nicht eingeschränkt sein sollte.

Frau Schattau klopft an das Zimmer von Frau Sauer. Diese hört gerade Weihnachtsmusik. Auf die vorsichtige Anfrage, ob Frau Sauer zum Adventsingen kommt, antwortet diese: „Ich habe mit dem Singen und der Chorarbeit abgeschlossen. Seit meinem Schlaganfall fällt mir das Laufen sehr schwer, ich habe Angst, dass ich wieder falle. Den Takt angeben könnte ich auch nur begrenzt, da mein rechter Arm manchmal macht, was er will. Zwanzig Jahre habe ich den Stadtchor geleitet, das war eine schöne Arbeit. Jetzt ist wohl die Zeit für die anderen gekommen. Die kurze Zeit, die ich noch habe, höre ich lieber meine alten Schallplatten und schwelge in den guten Erinnerungen. Das Hier und Jetzt ist traurig genug. Seit meinem 80. Geburtstag ging es nur bergab. Erst der Sturz beim Gartenfest, dann das schlechte Sehen und die Augenoperation und im Sommer der Schlaganfall. Ich glaube, ich müsste auch nur weinen, wenn ich den Chor sehe."

Arbeitsaufträge

1 Gerade in der Arbeit mit alten Menschen stehen Pflegekräfte oft vor einer schwierigen Entscheidung: Soll ich in der Situation zum Leben ermutigen und unterstützen oder die Bereitschaft für ein Ende des Lebens akzeptieren? Zeigen Sie Möglichkeiten auf, die Pflegenden bei einer Entscheidungsfindung hilfreich sein können.

2 Verschiedene Krankheiten im Alter führen wie bei Frau Sauer zu Einschränkungen bei einzelnen Aktivitäten des täglichen Lebens. Oft gehen dadurch soziale Kontakte und Netzwerke verloren. Führen Sie aus, welche Möglichkeiten es gibt, um eine soziale Isolation zu verhindern.

3 Frau Sauer hat ein Problem mit den Einschränkungen, die sich aus ihren Erkrankungen ergeben haben. Sie hat Angst, ihre Alltagskompetenz zu verlieren. Erklären Sie den Begriff Alltagskompetenz und zeigen Sie Möglichkeiten auf, wie diese bei Frau Sauer gestärkt werden könnte.

4 Altenpflegerin Frau Schattau beobachtet, dass Frau Sauer zunehmend ihr Leben bilanziert. Sie erzählt oft von den schönen Chorauftritten oder den Urlaubsreisen mit ihrer Schwester. Manchmal weint sie auch, weil alles vorbei ist. Nennen Sie Möglichkeiten, wie Frau Schattau Frau Sauer bei ihrer Lebensbilanz positiv unterstützen und stärken könnte.

5 Alte Menschen haben im Laufe ihres Lebens einen großen individuell geprägten Erfahrungsschatz gesammelt. Erklären Sie den Begriff Lebenserfahrung und erläutern Sie die Bedeutung für altenpflegerisches Handeln aus Ihrer Sicht.

6 Erklären Sie den Begriff Altersstereotype und begründen sie ihre Bedeutung auf die Sicht des alten Menschen in unserer Gesellschaft.

Lösungsskizzen

1 Selbstreflexion: Wie stehe ich zum Alter, Altwerden, zu Gesundheit und Krankheit? Wie würde ich mich fühlen? Was würde ich mir wünschen?; regelmäßiger Austausch im Team; Supervision; Konfliktlösungsmanagement. 2 Hilfsmittel nutzen: Brille, Rollator; Begegnungsmöglichkeiten auch außerhalb des Singens schaffen, in adäquate Gruppenaktivitäten einbinden, zur Teilnahme an Veranstaltungen ermutigen und motivieren, Kontakte und Beziehungen fördern bzw. erhalten. 3 Alltagskompetenz versteht die Fähigkeiten, die im täglichen Leben notwendig sind, hierzu gehören z. B. Ankleiden, Ernähren und soziale Kontakte pflegen; Frau Sauer kann durch aktivierende Pflege lernen, ihre Ressourcen zu nutzen, z. B. Besuch von Konzerten, da ihr Hörvermögen nicht eingeschränkt ist. 4 Achtung der individuellen Persönlichkeit des alten Menschen; Entscheidungsfreiheit belassen; Selbsteinschätzung akzeptieren; Bewusstsein stärken, dass sie Positives an Kinder und Enkelkinder weitergegeben hat; Bestätigung der Sinnhaftigkeit positiver und negativer Lebenserlebnisse; Erfüllung beruflicher und familiärer Ziele. 5 Lebenserfahrung beinhaltet ein gefestigtes Urteilsvermögen in Bezug auf sich selbst und andere; sie ist Bestandteil und Resultat der eigenen Biografie und kann als solche in biografische Pflege eingebunden werden; hierzu gehört z. B. die Einbindung der musikalischen Fähigkeiten von Frau Sauer in die tägliche Pflege und Betreuung (Hinweise auf Musikveranstaltungen in Radio und Fernsehen, Treffen mit Gleichgesinnten). 6 Altersstereotype: verallgemeinerte Zuordnung von Eigenschaften, Verhaltensweisen oder Rollen auf Grund des kalendarischen Alters; gegenwärtig wird ein defizitäres Bild vom Alter gezeichnet, z. B. „Rentenboom“, „Altenlast“.

Basics

Eine der wesentlichen Aufgaben in der Altenpflege ist es, verschiedenen persönlichen Lebensstilen gerecht zu werden. Voraussetzung dafür ist die wertfreie Akzeptanz der Lebenswelt und der Persönlichkeit alter Menschen. Es gibt keine allgemein gültigen Festlegungen, wie Alter erlebt wird. Alter ist vielmehr als Entwicklungsaufgabe zu verstehen. Das beinhaltet die individuelle Auseinandersetzung mit Verlusten, der eigenen Vergänglichkeit, dem Lebenssinn und der eigenen Religiosität. Pflegenden kommt dabei die anspruchsvolle Aufgabe zu, Menschen in diesem Prozess zu begleiten und zu unterstützen.
Religion und Spiritualität können in solchen Phasen Unterstützung bieten.

Religiosität, Spiritualität
→ S. 282

Alltag und Wohnen im Alter

Themenschwerpunkt aus LF 2.1

Prüfungssituation

Oma möchte umziehen

Wenn es Ihr Dienstplan erlaubt, gehen Sie dienstags zum Kaffeetrinken zu Ihrer Großmutter. Diese freut sich jedes Mal sehr über Ihren Besuch. Sie schätzt Ihre Arbeit im Altenheim und erkundigt sich meistens nach Neuigkeiten in Ihrer Abteilung. Eine ehemalige Nachbarin ist letztes Jahr ins Altenheim „Abendstern" umgezogen. Doch sie selbst kann sich nicht vorstellen, in ein Altenheim einzuziehen.

Heute scheint Oma etwas unruhig zu sein. Als Sie den Einkauf, den Sie für sie getätigt haben, in den Kühlschrank räumen, sagt sie, dass sie unbedingt noch etwas mit Ihnen besprechen muss. Sie zeigt Ihnen einen Brief, in dem die Sanierung ihrer Altbauwohnung angekündigt wird. Ihre Großmutter sagt, dass sie schon damit gerechnet habe, dass so etwas irgendwann kommt und dass sie diese Sanierung nicht mitmachen wolle. Sie denke in letzter Zeit des Öfteren über einen Umzug in eine andere Wohnung nach, da das Treppensteigen in den dritten Stock und das Sauberhalten der großen Wohnung ihr sehr schwer fallen. Auch wolle sie niemandem zur Last fallen. Ihre Freundin wohne in einem Seniorenheim mit Grünanlage und Busanbindung, doch da könne sie doch bestimmt ihre beiden Katzen nicht mitnehmen? „Du kennst dich doch da aus", meint Oma, „kannst du mir nicht helfen, etwas Passendes zu finden?" ...

Arbeitsaufträge

1. Zeigen Sie Ihrer Großmutter auf, welche Wohnformen für alte Menschen in Betracht kommen. Wählen Sie aus diesem Spektrum Wohnformen aus, die ihren Bedürfnissen entsprechen.
2. Sie wissen, dass Ihre Großmutter Schwierigkeiten beim Treppensteigen hat und sich dieses Problem in der Zukunft möglicherweise noch verstärken wird. Beschreiben Sie deshalb Anforderungen an eine „barrierefreie Wohnung".
3. Sie empfehlen Ihrer Großmutter, auf jeden Fall in eine seniorengerechte Wohnung einzuziehen. Eine seniorengerechte Wohnung muss bestimmte Kriterien erfüllen. Erläutern Sie diese.
4. Ihre Großmutter hat Angst, dass sie möglicherweise ihre beiden Katzen nicht mit ins Seniorenheim nehmen darf. Stellen Sie dar, wie Sie sie diesbezüglich beruhigen können.
5. Als Altenpflegefachkraft wissen Sie, wie wichtig das häusliche Umfeld für das Wohlbefinden und die Lebensqualität eines Menschen ist.
   Erklären Sie, weshalb besonders für alte Menschen das Wohnumfeld eine entscheidende Rolle für das Wohlbefinden spielt.
6. Alte Menschen sollten so lange wie möglich in ihrer häuslichen Umgebung wohnen bzw. versorgt oder gepflegt werden.
   Erörtern Sie die Vorteile der häuslichen Pflege aus sozialer, psychologischer und gesundheitspolitischer Sicht. Stellen Sie jedoch auch die Nachteile dieser Pflegeform heraus.

Lösungsskizzen

1 Eigener Haushalt, Wohnen bei den Kindern, Mehr-Generationen-Wohnen, Haus- und Wohngemeinschaften, betreutes Wohnen, Servicewohnen, betreutes Wohnen zu Hause, Wohnen in voll- und teilstationären Altenpflegeeinrichtungen; für die Großmutter: eigener Haushalt in einer seniorengerechten Wohnung, Wohnen bei den Kindern (wenn alle das wollen), Haus- und Wohngemeinschaften, betreutes Wohnen zu Hause, da Hilfe bei der Hausarbeit. 2 Keine Türschwellen, minimale Balkonschwelle, bodengleiche Dusche, entsprechend flacher Hauseingang, Aufzug, ausreichende Bewegungsflächen in allen Räumen, ausreichende Türbreiten, entsprechende Gestaltung des Badezimmers und der Küche. 3 Größe der Wohnung, Zentralheizung, Erreichbarkeit, Sicherheit (Fußbodenbeläge, barrierefrei), Zimmeraufteilung, Beleuchtung, Telefon, Notruf, Sanitäranlagen mit Haltegriffen, bodengleiche Dusche, ergonomische Küche. 4 Bei eigenem Haushalt stellen sich diese Probleme nicht (altersgerechtes Wohnen, betreutes Wohnen zu Hause, Wohnen bei den Kindern usw.); in einer Wohngemeinschaft müssen die anderen Bewohner einverstanden sein; in einigen Seniorenheimen ist die Haustierhaltung erlaubt, Absprachen sind aber auch hier nötig. 5 Das Wohnumfeld bekommt für alte Menschen einen besonderen Stellenwert, da sich ihr Aktionsradius einschränkt und sie zunehmend mehr Zeit zu Hause verbringen. Die Wohnung sollte an die Bedürfnisse der Alten angepasst sein, Gefahrenquellen sollten vermieden werden. Alte Menschen sind auf soziale Kontakte, eine entsprechende Infrastruktur und ein anregendes Wohnumfeld angewiesen. 6 Sozial: Mensch verbleibt in seiner vertrauten Umgebung, Zuhausegefühl vorhanden, evt. Bezugspersonen bleiben erhalten; psychologisch: Mensch fühlt sich sicher, geborgen, teilweise unabhängig und selbstständig, selbstbestimmt; gesundheitspolitisch: Kosteneinsparung, häusliche Ressourcen ausnutzen; Nachteile: Einsamkeit, kurze Betreuungszeiten/Zeitmangel der Pflegenden, rehabilitative/aktivierende Pflege zum Erhalt der Selbstständigkeit wird erschwert, Freizeitgestaltung muss selbstständig erfolgen, Sterben erfolgt möglicherweise einsam.

Basics

Wohnen ist ein Grundbedürfnis des Menschen.
Besonders bei alten Menschen hat die Gestaltung des Wohnumfelds einen erheblichen Einfluss auf das Wohlbefinden und die Lebensqualität, da sich ihr Bewegungsradius mit steigendem Alter zunehmend einschränkt.
Eine angepasste Wohnumgebung ermöglicht dem alten Menschen eine weitestgehend selbstständige und sichere Lebensbewältigung.
Ziel ist es, die Pflege in einer stationären Pflegeeinrichtung solange wie möglich hinauszuzögern. Verschiedene Wohnformen ermöglichen ein an die Bedürfnisse und Ressourcen des alten Menschen angepasstes Wohnen.
Mögliche Wohnformen sind neben dem eigenen Haushalt in einer seniorengerechten Wohnung das Wohnen bei den Kindern, Haus- und Wohngemeinschaften, Betreutes Wohnen zu Hause, Service-Wohnen und das Wohnen in voll- und teilstationären Altenpflegeeinrichtungen.
Seniorengerechte Wohnungen unterliegen entsprechenden Anforderungskriterien, wie Sicherheit, Barrierefreiheit, Erreichbarkeit und Ausstattung mit Telefon und Notruf.

Wohnen → S. 366

Familienbeziehungen und soziale Netzwerke alter Menschen

Themenschwerpunkt aus LF 2.1

Prüfungssituation

Herr Reimann braucht eine Pause

Klaus und Ilse Reimann leben seit 35 Jahren in der Stadtrandsiedlung. Vor drei Jahren ist bei Frau Reimann eine Demenz vom Alzheimer-Typ im Anfangsstadium diagnostiziert worden. Der Verlauf der Erkrankung ist inzwischen weiter vorangeschritten. So kommt es häufig vor, dass Frau Reimann das Haus verlässt und in Richtung Bahnhof läuft. Herr Reimann, der selbst herzkrank ist, regt sich dann immer sehr auf, weil er Angst hat, seiner Frau passiert etwas.

Seit zwei Monaten hat Frau Reimann einen gestörten Schlaf-wach-Rhythmus und ist harninkontinent. „Pünktlich um 02.00 Uhr in der Nacht läuft sie durch die Wohnung, sucht mal die Kinder, mal ihren Mann, obwohl ich neben ihr stehe. Sie erkennt mich dann nicht mehr. Außerdem entfernt sie immer die Inkontinenzmaterialien, sodass ich morgens als Erstes die Bettwäsche waschen muss!", erzählt Herr Reimann unter Tränen.

Die Tochter berichtet über den Leidensdruck des Vaters, der kaum noch Schlaf findet und mit der Situation überfordert scheint. Auf ihren Vorschlag, Frau Reimann in das nahe gelegene Seniorenstift zu geben, reagiert er mit heftiger Ablehnung: „Das kommt nicht in Frage. Ich schaffe das schon!"

Es bleiben viele Fragen und Probleme offen. Auf Rat des Hausarztes gehen Herr Reimann und seine Tochter in eine Beratungsstelle der Altenhilfe.

Arbeitsaufträge

1 Erklären Sie die Bedeutung der Pflege durch die Familie im Gesamtmaßstab der Pflege alter Menschen.

2 Pflege durch Angehörige führt wie im Fall von Herrn Reimann oft zu schweren emotionalen und sozialen Belastungen der Beteiligten. Identifizieren Sie typische Probleme und Belastungen für pflegende Angehörige.

3 Herr Reimann benötigt in seiner Situation Hilfe für sich selbst. Erläutern Sie mögliche Hilfsangebote für pflegende Angehörige.

4 Die Tochter möchte dem Wunsch des Vaters, die Mutter nicht ins Heim zu geben, nachkommen und fragt nach Alternativen für die Versorgung.
- **a** Geben Sie einen Überblick zu möglichen Versorgungsmöglichkeiten von Frau Reimann.
- **b** Favorisieren Sie eine dieser Möglichkeiten und begründen Sie Ihre Entscheidung.

5 Herr Reimann fragt in der Beratungsstelle, ob er Leistungen der Pflegeversicherung für die Pflege seiner Frau in Anspruch nehmen kann und wo er diese Leistungen beantragen könnte. Erklären Sie ihm den Sachverhalt.

6 Schicksale wie das der Familie Reimann gibt es in der Bundesrepublik vielfach. Aus dieser Tatsache heraus haben sich in den letzten Jahren neue Leitziele der Altenarbeit entwickelt. Nennen und interpretieren Sie diese.

Lösungsskizzen

1 Familie ist der größte private Pflegedienst (insbesondere Ehepartner und Töchter), Altern im natürlichen Umfeld hat positive Auswirkungen auf Lebenssituation und Gesundheitsentwicklung der zu Pflegenden, ist die natürlichste Form der Altenhilfe. 2 Belastungen Pflegender: zeitliche Belastung durch „24-Stunden-Dienst", keine eigene Freizeit, Informationsdefizit zur Erkrankung des zu Pflegenden, zu pflegerischen Möglichkeiten, zu technischen und finanziellen Hilfsmitteln, Hilflosigkeit, z. B. im Umgang mit Aggressivität, Inkontinenz, Bezugspersonen/Vertrauenspersonen für entlastende Gespräche. 3 Gesprächsrunden und Selbsthilfegruppen für pflegende Angehörige, Kurzzeitpflege, ambulante Pflegedienste, Fortbildungskurse für pflegende Angehörige, finanzielle Unterstützung z. B. durch Pflegeversicherung, Beratungsstellen. 4 a) Ambulante gesundheits- und sozialpflegerische Dienste: z. B. Sozialstationen, ambulante Pflegedienste, Hauspflege- und Nachbarschaftshilfe; mobile soziale Dienste (z. B. Fahr- und Begleitdienste); Mahlzeitendienste, Hausnotrufdienste; stationäre gesundheits- und sozialpflegerische Dienste: Tagespflegestätten; geriatrische Tageskliniken. b) Möglichkeiten für Frau Reimann: Pflege durch eine Sozialstation oder ambulanten Pflegedienst, dadurch Möglichkeit der Entlastung von Herrn Reimann, seine Frau kann im gewohnten Umfeld verbleiben, Tagesstätte mit gerontopsychiatrischem Profil, hier kann Frau Reimann 6–8 Stunden betreut werden, Aufnahme in ein Heim kann verzögert werden, professionelle Versorgung auch zur Erhaltung der Selbstpflegefähigkeit, Entlastung von Herrn Reimann. Die Tagesstätte bietet den Vorteil der umfangreichen Entlastung von Herrn Reimann und wäre auf Grund seines Gesundheitszustandes empfehlenswert. 5 Bei Frau Reimann liegt eine Pflegebedürftigkeit im Sinne der Pflegeversicherung (§ 14) vor, da sie durch eine Krankheit (Demenz) die gewöhnlichen und täglich wiederkehrenden Verrichtungen im Ablauf des täglichen Lebens auf Dauer nur mit Hilfe verrichten kann (Körperpflege, Ernährung, zielgerichtete Mobilität, hauswirtschaftliche Versorgung); Antragstellung: Herr Reimann muss als gesetzlicher Vertreter (falls er Betreuer seiner Frau ist) einen Antrag bei der Pflegekasse (Krankenkasse) stellen, diese beauftragt den medizinischen Dienst der Krankenkassen, ein Gutachten zur Pflegebedürftigkeit für die entsprechende Person zu stellen. 6 Erhaltung von Selbstbestimmung und Selbstständigkeit, gesellschaftliche Integration statt Ausgrenzung, Erhaltung des persönlichen Lebensumfeldes, Prävention, Therapie und Rehabilitation.

Basics

Durch die zunehmende Veränderung der familiären Netzwerke variieren auch Häufigkeit und Art der Hilfeleistung für alte Menschen. Trotz sich verändernder Familienstrukturen ist die Familie nach wie vor der größte private Pflegedienst. Die Pflege durch Angehörige ist die natürlichste Form der Altenhilfe und wird von den alten Menschen generell der institutionalisierten Pflege vorgezogen. Oft sind pflegende Angehörige schweren emotionalen und sozialen Belastungen ausgesetzt und haben erheblichen Leidensdruck. Hier ist beratende, entlastende und finanzielle Unterstützung durch entsprechende Institutionen zu gewährleisten.

Pflegende Angehörige
→ S. 316

Sexualität im Alter

Themenschwerpunkt aus LF 2.1

Prüfungssituation

Oma hat einen Freund

Katrin ist wie jeden Donnerstag auf dem Weg zu ihrer Großmutter. Die wohnt seit einem halben Jahr in der Seniorenwohnanlage „Herbstlaub". Immer am Donnerstag treffen sich die beiden und unternehmen gemeinsam etwas. Heute wollen sie beim nahe gelegenen Italiener ein Eis essen. So hatte Katrin es am Montag mit ihrer Großmutter am Telefon vereinbart. Oma klang allerdings etwas merkwürdig, sprach von einer Überraschung. Nun, sicher hat sie wieder etwas Schönes für mich gekauft wie das tolle Buch beim letzten Mal oder den Kinogutschein vor drei Wochen, denkt Katrin und freut sich.

Ihre Großmutter ist eine aktive und gesellige Frau, seit dem plötzlichen Tod ihres Mannes vor zwei Jahren hat sie sich in der großen Wohnung nicht mehr wohl gefühlt. Sie fühlte sich einsam und war oft traurig. Vor einem halben Jahr fasste sie dann den Entschluss, in die neue Wohnanlage „Herbstlaub" umzuziehen.

Katrin sitzt im Foyer des Wohnhauses, als ihre Großmutter aus dem Fahrstuhl kommt. Sie ist nicht allein. Ein älterer Herr begleitet sie. „Das ist meine Enkeltochter Katrin. Und das ist Erwin, ein guter Freund. Wir haben uns beim Sonntagstanz kennen gelernt. Erwin begleitet uns ein Stück, er hat den gleichen Weg." Katrin ist sprachlos, Oma ist 82 Jahre alt und hat einen Freund, das kann ich doch keiner meiner Freundinnen erzählen! In dem Alter einen Freund! Auf dem Weg in die Eisdiele unterhalten sich ihre Großmutter und dieser Erwin ausgelassen wie ein junges Paar.
Katrin hat ihre Großmutter lange nicht so glücklich gesehen. Sie ist ratlos. Wie soll ich mich nachher beim Eisessen nur verhalten?

Arbeitsaufträge

1. Als Katrin ihre Großmutter nach dem Eisessen zurück in die Seniorenwohnanlage bringt, beobachtet sie, wie unbeschwert Altenpflegerin Frau Mackenrodt mit den Bewohnern umgeht, mit ihnen scherzt, sie sogar herzlich umarmt. Welche Voraussetzungen müssen Pflegende mitbringen, um Nähe und Distanz zu Pflegebedürftigen gut umzusetzen?
2. Die Intimsphäre eines Menschen zu wahren ist eine bedeutsame Aufgabe in der Altenpflege, die in routinemäßigen Abläufen leider oft zu kurz kommt. Nennen Sie Möglichkeiten, wie Pflegende Sorge dafür tragen können.
3. Oft sind Bewohner von Einrichtungen der Altenhilfe in ihrer Intimität und insbesondere im Aufbau neuer Beziehungen eingeschränkt. Reflektieren Sie über häufig auftretende Probleme aus verschiedenen Perspektiven.
4. Katrin hat ein scheinbares Problem mit der neuen Partnerschaft ihrer Großmutter und weiß nicht, wie sie sich verhalten soll. Sie ist über die Existenz von Sexualität alter Menschen befremdet. Erläutern Sie ihre Haltung zur Bedeutung von Sexualität im Alter.
5. Trotz des Wunsches nach Sexualität bei alten Menschen treten häufig Störungen in diesem Bereich auf. Benennen Sie mögliche Ursachen.
6. Es gibt Situationen im Pflegealltag, in denen Pflegende mit unbefriedigten sexuellen Wünschen von Pflegebedürftigen konfrontiert werden. Zeigen Sie Möglichkeiten auf, wie sich Pflegende verhalten könnten.

Lösungsskizzen

1 Wertfreie Akzeptanz des Bedürfnisses nach Nähe und Sexualität alter Menschen, Selbstreflexion. 2 Regelmäßige Situationsanalyse durchführen und pflegerische Handlungsrichtlinien ableiten: während Pflegemaßnahmen Schutz vor Blicken anderer, Entwürdigungen vermeiden (z. B. geschlechtsspezifische und angemessene Kleidung), Pflegehandlungen von gleichgeschlechtlichen Personen durchführen lassen, Individualität zulassen, Person respektieren. 3 Räumliche Gegebenheiten, konservative Prägung zu Sexualität, Angst und Scham vor dem Urteil der Mitbewohner und/oder Familie, Unterdrückung erotischer Gefühle. 4 Sexualität im Alter ist in unserer Gesellschaft tabuisiert, alte Menschen werden als asexuell stigmatisiert, physiologische Veränderungen im Alter werden als Hindernis für Sexualität gesehen, positive Einstellung gegenüber Alterssexualität erwerben. 5 Ursachen für Störungen in der Sexualität alter Menschen liegen häufig in Krankheiten oder psychosozialen Veränderungen; Erkrankungen oder Eingriffe im Urogenitalsystem bringen oft Einschränkungen, Hemmungen und Unsicherheiten bezüglich der Sexualität mit sich; durch Polymedikation auftretende Nebenwirkungen kann die Sexualfunktion ebenso negativ beeinflusst werden; weitere mögliche Störfaktoren sind z. B. die Kombination von Alkohol und Medikamenten, Folgen chronischer Erkrankungen, psychischer Erkrankungen und negativer Lebenseinstellungen. 6 Gleichbleibende natürliche Distanz wahren; Vermeidung sexueller Übergriffe: bei „Anzüglichkeiten" Hilfe einholen oder zu zweit arbeiten; Selbstreflexion; klare Regeln absprechen und konsequent einhalten.

Basics

Über das Thema Alterssexualität wird bis heute wenig in unserer Gesellschaft gesprochen. Es gilt vielfach als ein Tabuthema, über das man nur allmählich und unsicher diskutiert. Sexuelle Interessen und Verhaltensweisen sind jedoch im Alter ungebrochen vorhanden.

Durch die Institutionalisierung der Altenpflege ist das natürliche Bedürfnis nach körperlicher Nähe und Intimität alter Menschen stark eingeschränkt. Deshalb ist es eine wichtige Aufgabe Pflegender, die Intimsphäre alter Menschen zu akzeptieren und zu respektieren. Für Pflegende ist dabei die Reflexion zur eigenen Sexualität und die Balance von Nähe und Distanz in Pflegebeziehungen eine wichtige Voraussetzung.

Sexualität → S. 327

Sexualität im Alter → S. 133

Menschen mit Behinderung im Alter

Themenschwerpunkt aus LF 2.1

Prüfungssituation

Herr Müller bekommt einen Rollstuhl

Herr Müller ist 74 Jahre alt und seit 15 Jahren an Rheuma erkrankt. Im letzten Jahr hat sich sein Zustand so verschlechtert, dass er nur noch kurze Stecken laufen kann. Auch der Rollator, den er seit drei Monaten hat, bringt ihm nur noch wenig Erleichterung bei der Fortbewegung.

Gestern war er beim Rheumatologen, der hat mit ihm die Verordnung eines Aktivrollstuhls besprochen. Einerseits ist Herr Müller froh über das neue Hilfsmittel. Andererseits hat er Angst, dass er damit nicht zurechtkommt. Bei seinem Umzug vor drei Jahren hatte seine Tochter bei der Wohnungswahl schon auf eine behindertengerechte Wohnung geachtet, das kommt ihm jetzt zugute.

Aber dann muss er wieder an seinen ehemaligen Arbeitskollegen Klaus denken. Der hat seit seinem Unfall vor zwei Jahren einen Rollstuhl und erzählt immer wieder, was er alles nicht mehr alleine bewältigen kann. Nun hat Klaus auch schon den zweiten Rollstuhl, einen mit ganz viel Technik. Herr Müller bekommt Angst...

Arbeitsaufträge

1. Erklären Sie den Begriff Behinderung unter Berücksichtigung der durch die WHO formulierten Komponenten.
2. Herr Müller hat Angst, mit dem Rollstuhl nicht zurechtzukommen. Zeigen Sie Möglichkeiten auf, mit denen Sie Herrn Müller Sicherheit vermitteln können.
3. Behinderungen können unterschiedliche Ursachen haben. Die Wahrscheinlichkeit einer Behinderung nimmt aber mit zunehmendem Alter zu. Führen Sie mögliche Gründe für diesen Sachverhalt auf.
4. Herr Müller soll einen Aktivrollstuhl bekommen. Erklären Sie ihm die Vorteile dieser Rollstuhlart für seine Lebenssituation.
5. Neben der Versorgung mit Hilfsmitteln nimmt Herr Müller eine Reihe von antirheumatisch wirkenden Medikamenten ein.
   Erklären Sie die Wirkungsweise der wichtigsten Medikamente bei rheumatischen Erkrankungen und leiten Sie pflegerelevante Beobachtungskriterien ab.
6. Rheumatische Erkrankungen sind in der Bevölkerung weit verbreitet. Beschreiben Sie typische Veränderungen, die mit der Erkrankung einhergehen.

Lösungsskizzen

1 Schädigung (Impairment): Schädigung auf der Ebene der Organe, durch Krankheiten, angeborene Leiden, Verletzungen, steht in Zusammenhang mit der Beschreibung des jeweiligen Gesundheitszustandes; Fähigkeitsstörungen (Disability): durch Krankheit bedingte Funktionsausfälle (z. B. Bewegungseinschränkungen), funktionelle Einschränkungen im Verhältnis zu gesunden Menschen; Beeinträchtigung (Handicap): schränkt Rolle ein, die Betroffener unter normalen Bedingungen eingenommen hätte (z. B. wenn Herr Müller nicht an Rheuma erkrankt wäre). 2 Beratung bzw. Rollstuhltraining vermitteln, positive Effekte hervorheben (z. B. Mobilität zum Einkaufen bleibt gegeben, Wohnung ist rollstuhlgerecht), Erreichbarkeit von Hilfspersonen organisieren. 3 Innere und äußere Faktoren bedingen eine erhöhte Vulnerabilität, Risikofaktoren: Bewegungsmangel, Gefahr der Behinderung durch Herz-Kreislauf-Erkrankungen und Erkrankungen des Skelettsystems; Ernährungsstörungen: Übergewicht begünstigt Behinderung durch Spätfolgen des Schlaganfalls und Herzinfarkts, Mangelernährung durch Veränderungen des Skelettsystems und Muskelabbau, Seh- und Hörstörungen; Depressionen als Auslöser für Suchterkrankungen und sozialen Rückzug, Multimorbidität, Behinderung durch gegenseitige Verstärkung der Erkrankungen. 4 Vorteile des Aktivrollstuhls für Herrn Müller: variable Anpassung (Sitzbreite, Sitztiefe, Rückenhöhe und Sitz-Fußbrett-Abstand) an körperliche Voraussetzungen des Benutzer möglich, dadurch Steuerung durch Bewegungen des Oberkörpers möglich, günstiges Gewicht des Rollstuhls, da kein Elektroantrieb nötig; Rollstuhl kann damit an die körperliche Situation von Herrn Müller angepasst werden, leichteres Handling für ihn. 5 Entzündungshemmende Medikamente ohne Kortison = nicht-steroidale Antiphlogistika, Beobachtungskriterien: auf Magenbeschwerden achten, bei Vorerkrankungen der Lunge auf zunehmende Symptomatik achten; Erhöhung der Blutungsneigung, Hämatombildung beachten; Glucocorticoide, Beobachtungskriterien: auf Magenbeschwerden achten, Infektionsgefahr, da reduzierte Immunabwehr, Blutzuckerwerte kontrollieren; Basismedikamente: unterdrücken Entzündungen, oft Dauermedikation, prophylaktisch auf Infekte und Sehstörungen achten; auf ausgewogene (besonders vitaminreiche) Ernährung achten; Immunsuppressiva: bremsen den Entzündungsprozess, individuelle, mitunter schwere Nebenwirkungen, kontinuierliche Beobachtung wichtig, auf psychische Veränderungen achten (depressive Verstimmung). 6 Fehlstellungen und Funktionseinbußen, Deformierung der Gelenke, subkutane Rheumaknoten, Bewegungseinschränkung, Anlauf- und Belastungsschmerz, Morgensteifigkeit der Gelenke.

Basics

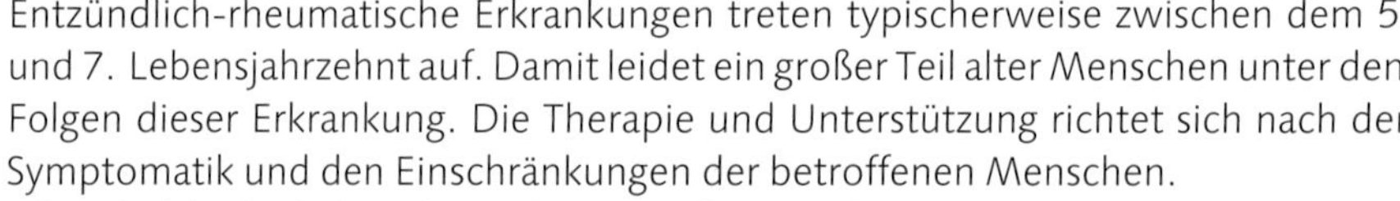

Entzündlich-rheumatische Erkrankungen treten typischerweise zwischen dem 5. und 7. Lebensjahrzehnt auf. Damit leidet ein großer Teil alter Menschen unter den Folgen dieser Erkrankung. Die Therapie und Unterstützung richtet sich nach der Symptomatik und den Einschränkungen der betroffenen Menschen.

Pflegefachkräfte haben die Aufgabe, Defizite in den einzelnen Bereichen des täglichen Lebens zu erfassen und adäquate Pflegeangebote zu machen. Dabei sollten Selbstständigkeit und Selbstbestimmung des Erkrankten so gut wie irgend möglich erhalten bleiben.

Behinderungen treffen Menschen im höheren Lebensalter bedeutend häufiger. Für eine angemessene Versorgung mit Hilfsmitteln zur Aufrechterhaltung der Lebensqualität bedarf es besonderer Strategien. Der Ausgleich von Behinderungen sowie die Förderung vorhandener Ressourcen stehen hierbei im Vordergrund altenpflegerischen Handelns.

Arthritis → S. 465

Hilfsmittel → S. 385

Arbeitsmaterial zu Prüfsituation S. 27

Beurteilung des Schweregrades der Pflegeabhängigkeit von Patienten

	Einschätzung
A – Essen und Trinken	
B – Kontinenz	
C – Körperhaltung	
D – Mobilität	
E – Tag- und Nachtrhythmus	
F – An- und Auskleiden	
G – Körpertemperatur	
H – Körperpflege	
I – Vermeiden von Gefahren	
J – Kommunikation	
K – Kontakte mit Anderen	
L – Sinn für Normen & Werte	
M – Alltagsaktivitäten	
N – Aktivitäten zur sinnvollen Beschäftigung	
O – Lernfähigkeit	
Gesamt: Pflegeabhängigkeit	

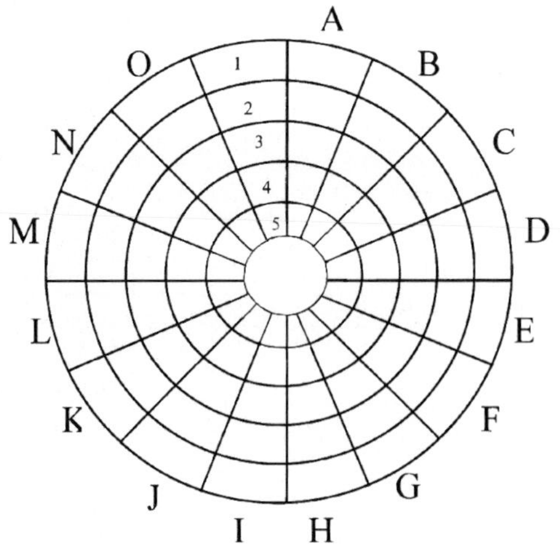

1 = völlig abhängig
2 = überwiegend abhängig
3 = teilweise abhängig
4 = überwiegend unabhängig
5 = völlig unabhängig

Arbeitsmaterial zu Prüfsituation S. 33

Pflegedokumentation

Stammblatt
Bewohnerdaten

Optiplan® ges. gesch.
OP 9600

FINANZIELLE ANGELEGENHEITEN

selbständig ○ ja ○ nein
Barbetrag zur pers. Verfügung ○ ja ○ nein
Geld wird verwaltet von:
Befreiungen:
Rezeptgebühr: ○ ja ○ nein
Rundfunkgebühr: ○ ja ○ nein
Geld / Eigentum hinterlegt: ○ ja ○ nein
wo?

KOSTENSICHERUNG (Kranken- / Pflegekasse)

AOK	BEK	LKK	BKK	IKK	VdAK	AEV	Knappsch.	UV			

Sonstige Kostenträger:
Ansprechpartner:
Tel.:
Krankenversich. Nr. / Aktenz.:

MITGEBRACHTES EIGENTUM ○ ja ○ nein

Testament hinterlegt ○ ja ○ nein
wo?
Hinterlegte Dokumente:
Wäschekennzeichnung:

ÄRZTLICHER AUFNAHMESTATUS

Hz.	Diagnosen bei Aufnahme:	ICD

Ursache für Pflegebedürftigkeit

Fremdbefunde, bisherige Verordnungen etc. siehe Verwaltungstasche

NOTARZT:

Datum	Uhrzeit	Grund:

PFLEGEVERSICHERUNG

Feststellung der Pflegebedürftigkeit am:
durch:
MDK-Ansprechpartner: Tel.:

PFLEGESTUFE (Stufe 1, Stufe 2, Stufe 3, Härtefall):
vor Aufnahme ☐ Ersteinstufung (stationär) ☐

ÄNDERUNGSGUTACHTEN:

Datum	Stufe	Datum	Stufe	Datum	Stufe

KRANKENHAUSAUFENTHALTE / PFLEGEUNTERBRECHUNG:

Unfall?	Krankenhaus / Sonst. Grund	von	bis	Angehörige verständigt? ja	nein	Hz

Stammblatt

PERSONALIEN EDV-Nr.:

Name / Geburtsname:
Vorname:
Geburtsort: Geburtsdat.:
Straße:
PLZ: Ort:
Tel. 1: Tel. 2:
lebt allein: ○ ja ○ nein ○ verh. ○ verw. ○ led. ○ gesch.
Religion:

ANGEHÖRIGE 1 (Bezugsperson)

Name / Vorname:
Straße:
PLZ: Ort:
Verwandschaftsgrad:
Tel. 1: Tel. 2:

ANGEHÖRIGE 2 (Bezugsperson)

Name / Vorname:
Straße:
PLZ: Ort:
Verwandschaftsgrad:
Tel. 1: Tel. 2:

BETREUER (Betreuungsgesetz)

Name / Vorname:
Straße:
PLZ: Ort:
Tel. 1: Tel. 2:
Aktenzeichen:
Aufgabenkreis: befristet bis:
befristet bis:
Einwilligungsvorbeh.: befristet bis:

BEHANDELNDER ARZT

Name / Vorname:
Straße:
PLZ: Ort:
Tel. 1: Tel. 2:
Regelmäßiger Besuchstermin:

KONSILIARÄRZTE

Name / Anschrift: Tel.:

EXTERNE DIENSTLEISTUNGEN (Fußpflege, Friseur, Apotheke, KG etc.)

Name / Bezeichng.: Tel.:

EHRENAMTLICHE HILFEN (Besuchsdienst etc.)

Name / Bezeichng.: Tel.:

ZUSTÄNDIGE KIRCHENGEMEINDE / REL. GEMEINSCHAFT

Name:
Straße:
PLZ: Ort: Tel.:
Seelsorge erwünscht ○ nein ○ ja Krankensalbung am:

Stammblatt
Bewohnerdaten

Raum für Adresse, Anschrift d. Einrichtung

AUFENTHALT

Einzugsdatum: in:
Umzugsdatum: von: nach:
Umzugsdatum: von: nach:
Austrittsdatum:

PFLEGEHILFSMITTEL (Ausleihedatum eintragen:)

Eigentümer:	Bewohner	Kr.kasse	Pfl.Kasse	Station	zurück am:
Toilettenstuhl	○				
Rollstuhl	○				
Gehhilfen	○				
Patientenlifter	○				
Ernährungspumpe	○				
Pflegebett	○				
Bettgitter	○				
Aufrichter	○				
Anti-Deku-Matratze / Bett	○				
Typ					
	○				

WICHTIGE INFORMATIONEN ZUM GESUNDHEITSZUSTAND

(Allergien, Anfallsleiden, Schrittmacher, Depotmed. etc.)
!
Besondere Wünsche im Krankheits- / Todesfall:
Klinikwunsch:
Bestattungswunsch: (Wo hinterlegt?)
○ Erd- ○ Feuer- ○ Anonym ○ Sonst. Bestattung:
Bestattungsinstitut:

Arbeitsmaterial zu Prüfsituation S. 35

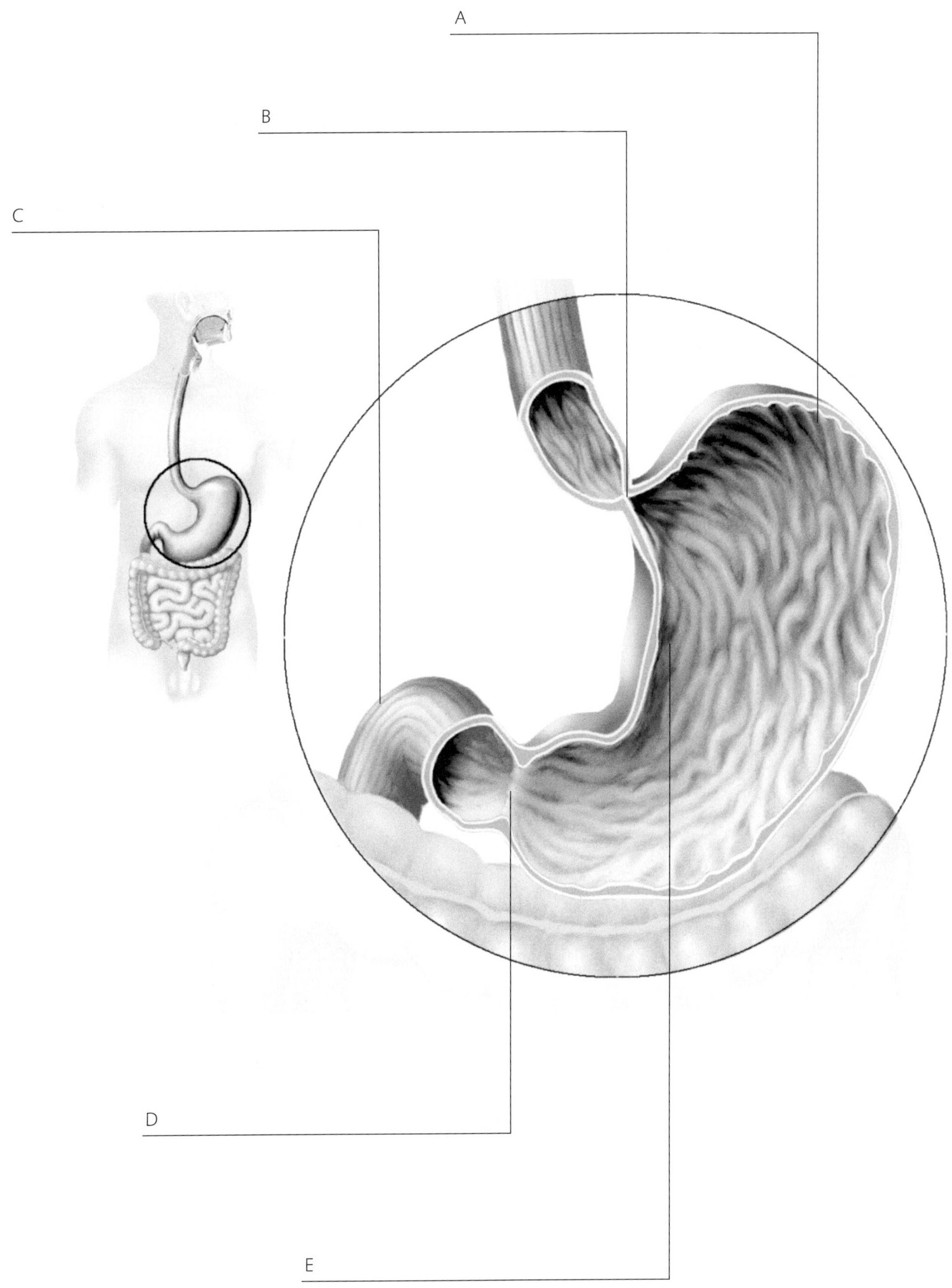

Arbeitsmaterial zu Prüfsituation S. 47

Schematischer Schnitt durch das Ohr

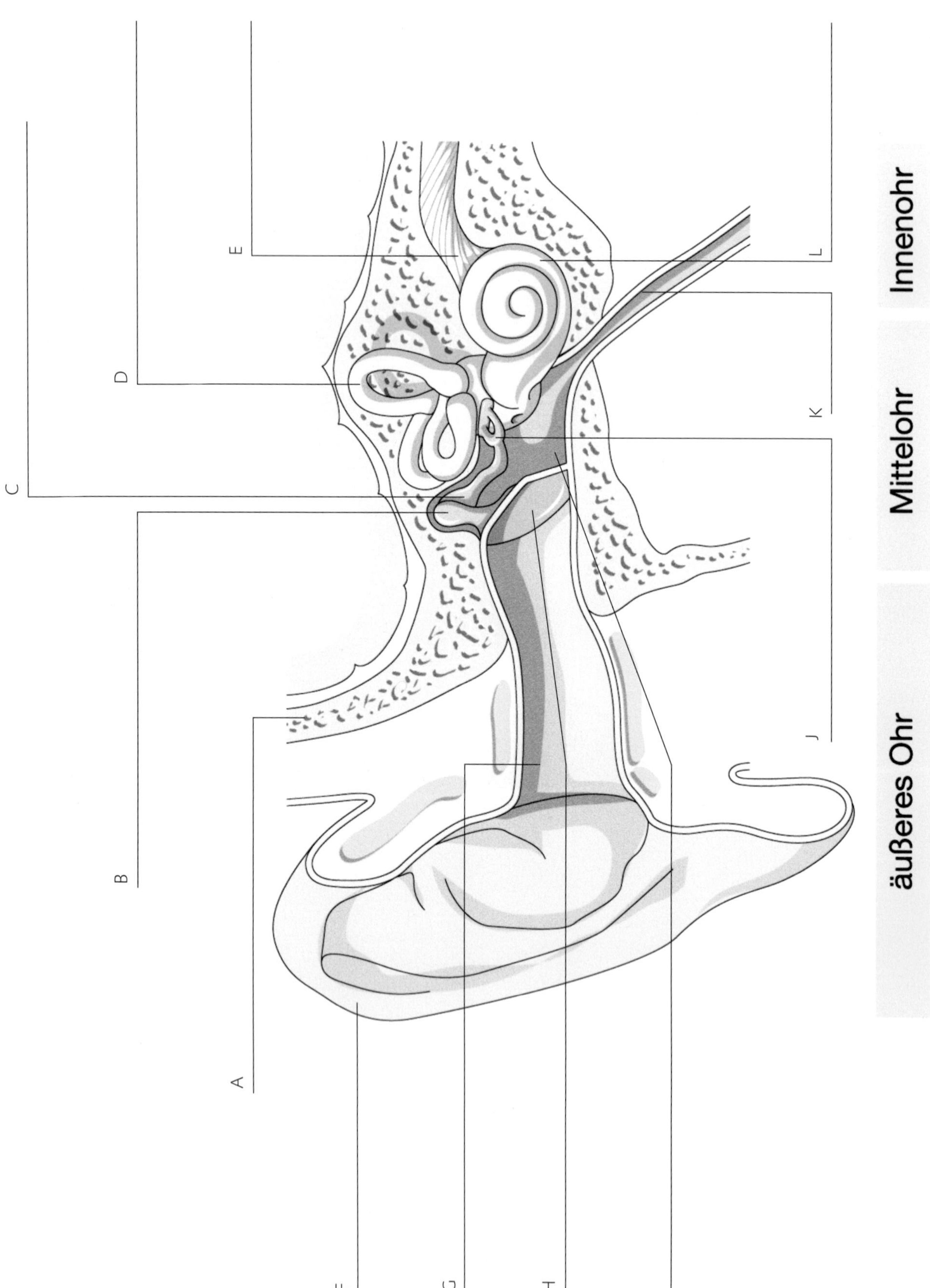

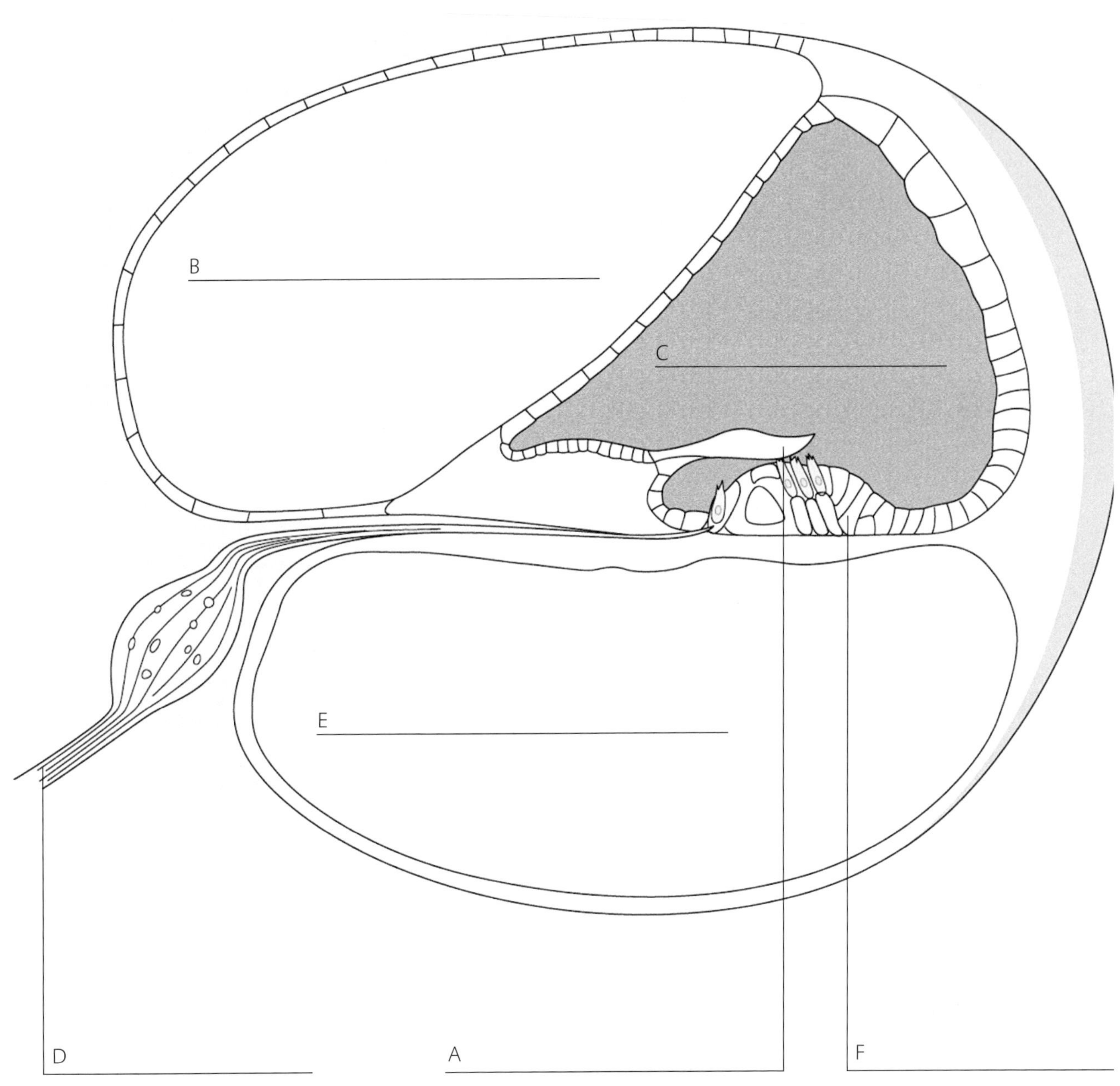
B
C
E
D
A
F

Nasenaufbau mit Riechregion

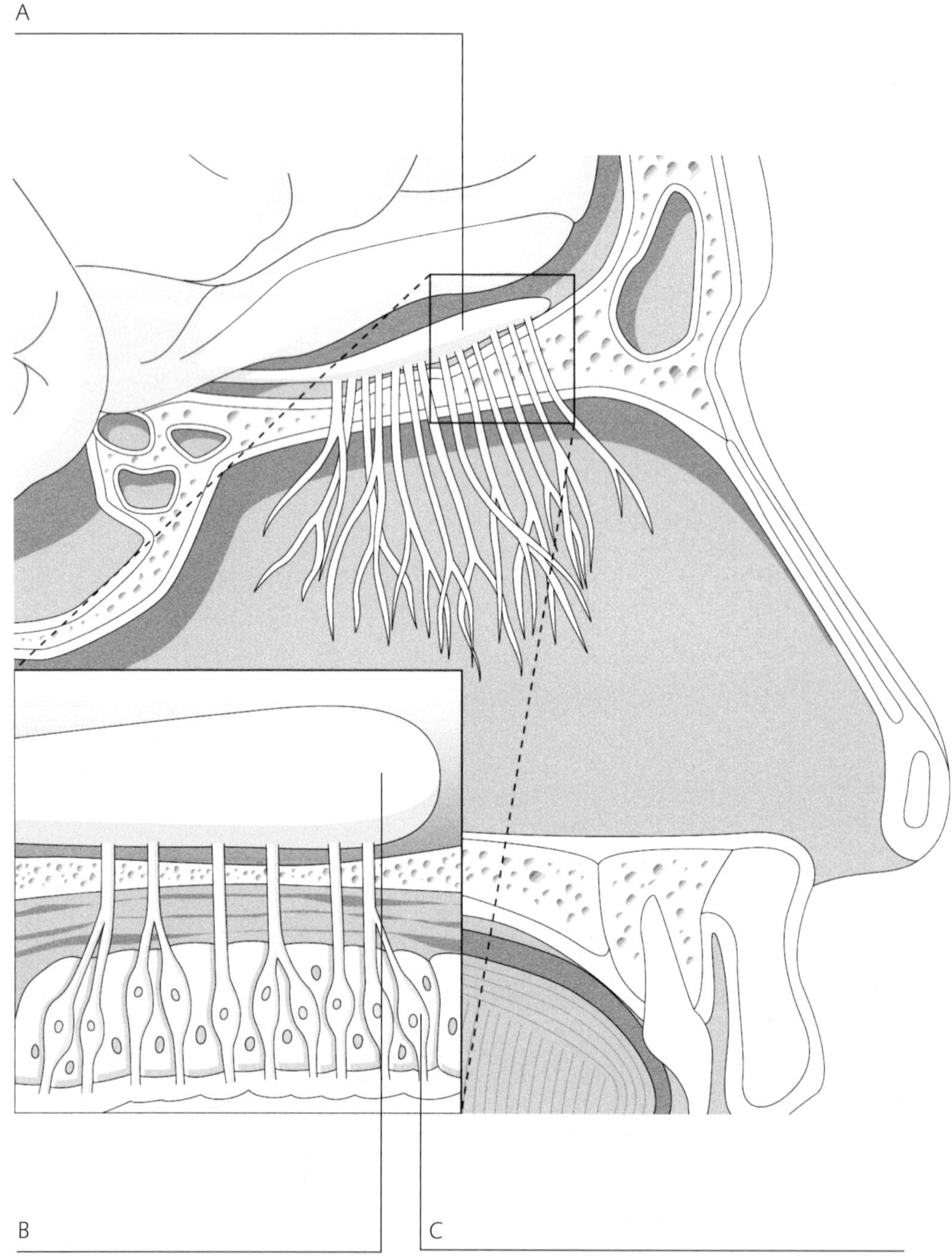

Arbeitsmaterial
zu Prüfsituation S. 47

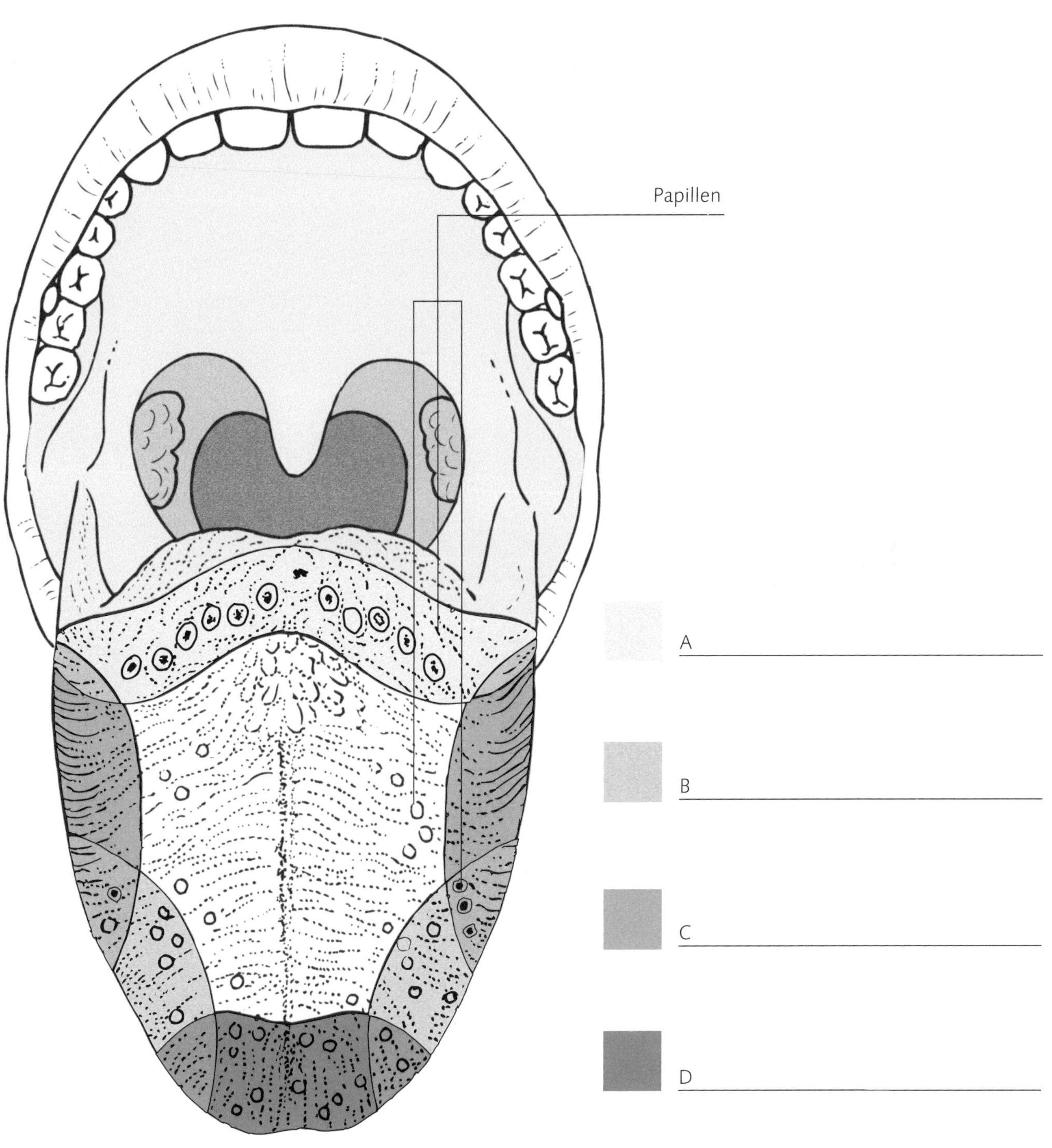

Arbeitsmaterial zu Prüfsituation S. 47

Schematischer Augenaufbau

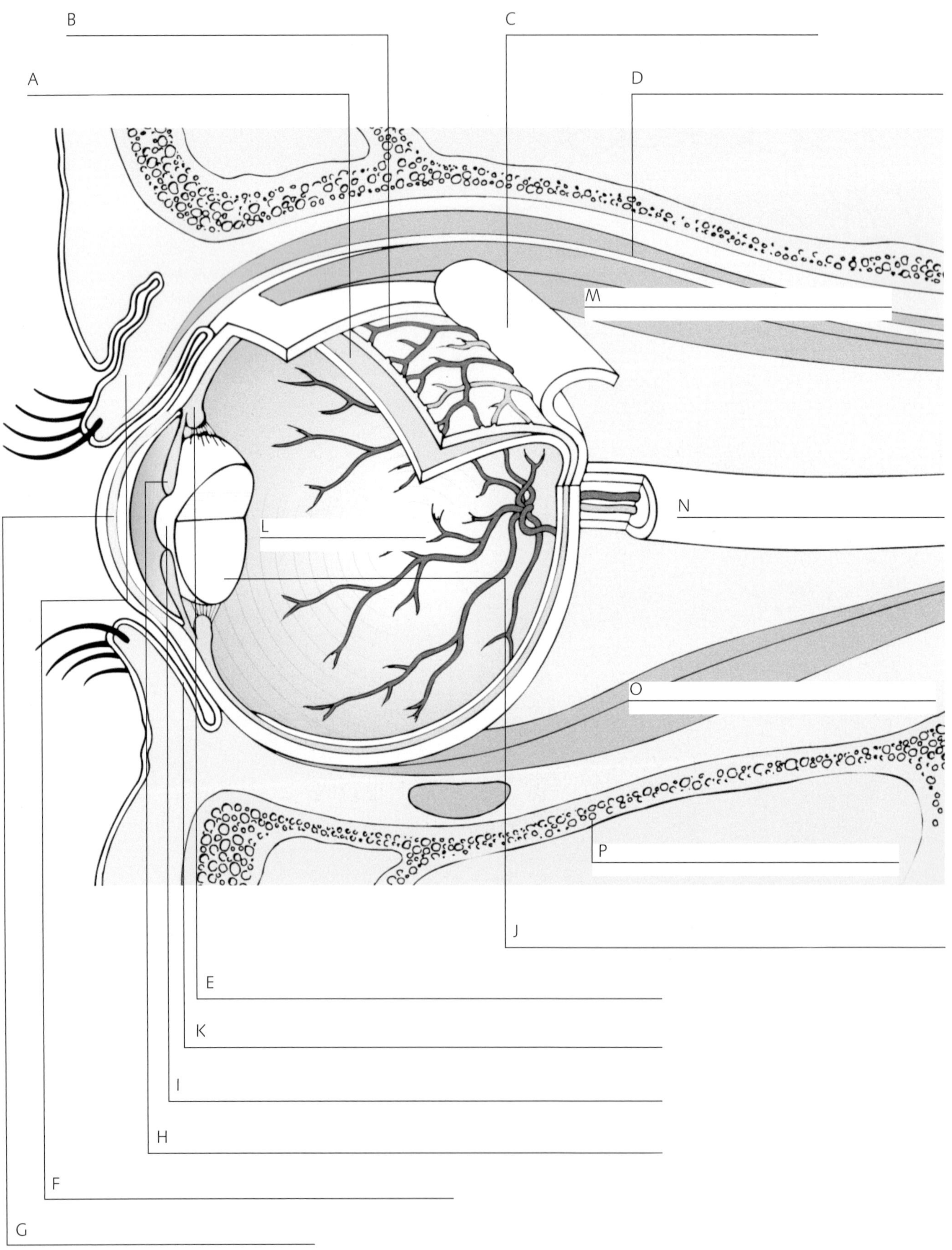

Arbeitsmaterial zu Prüfsituation S. 49

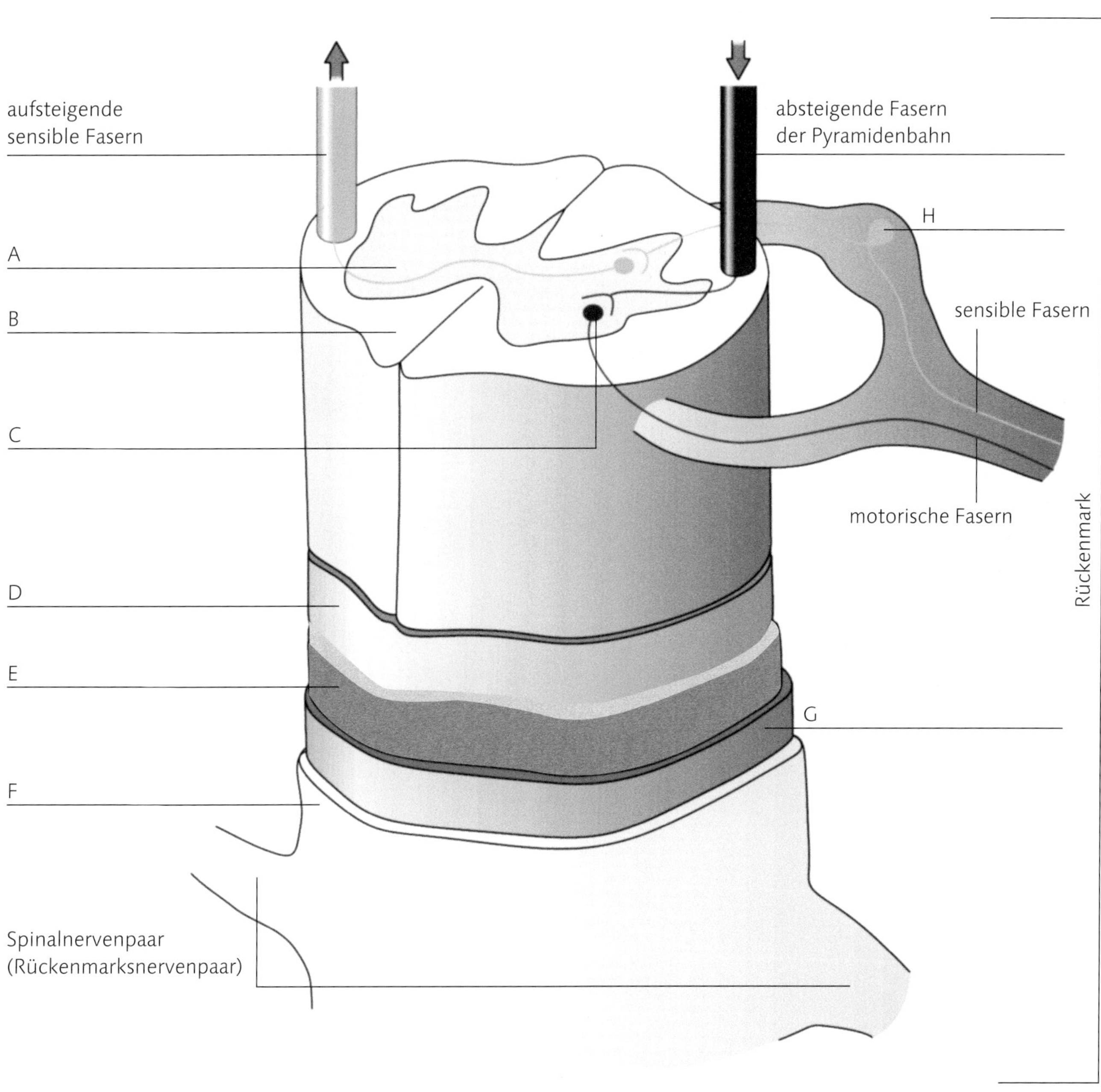

Arbeitsmaterial zu Prüfsituation S. 51

Hinteransicht des Herzens und seiner Gefäße

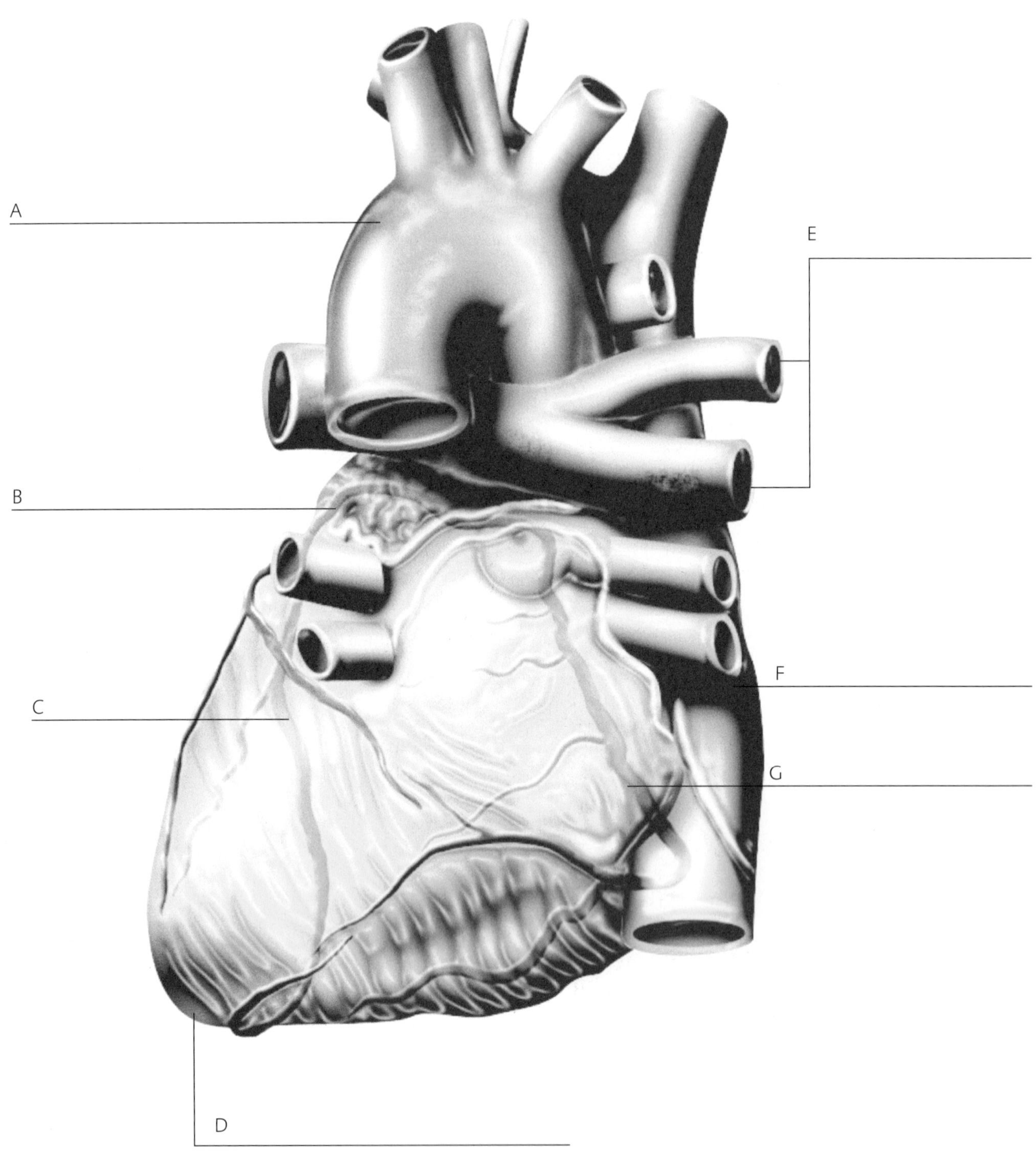

Arbeitsmaterial zu Prüfsituation S. 53

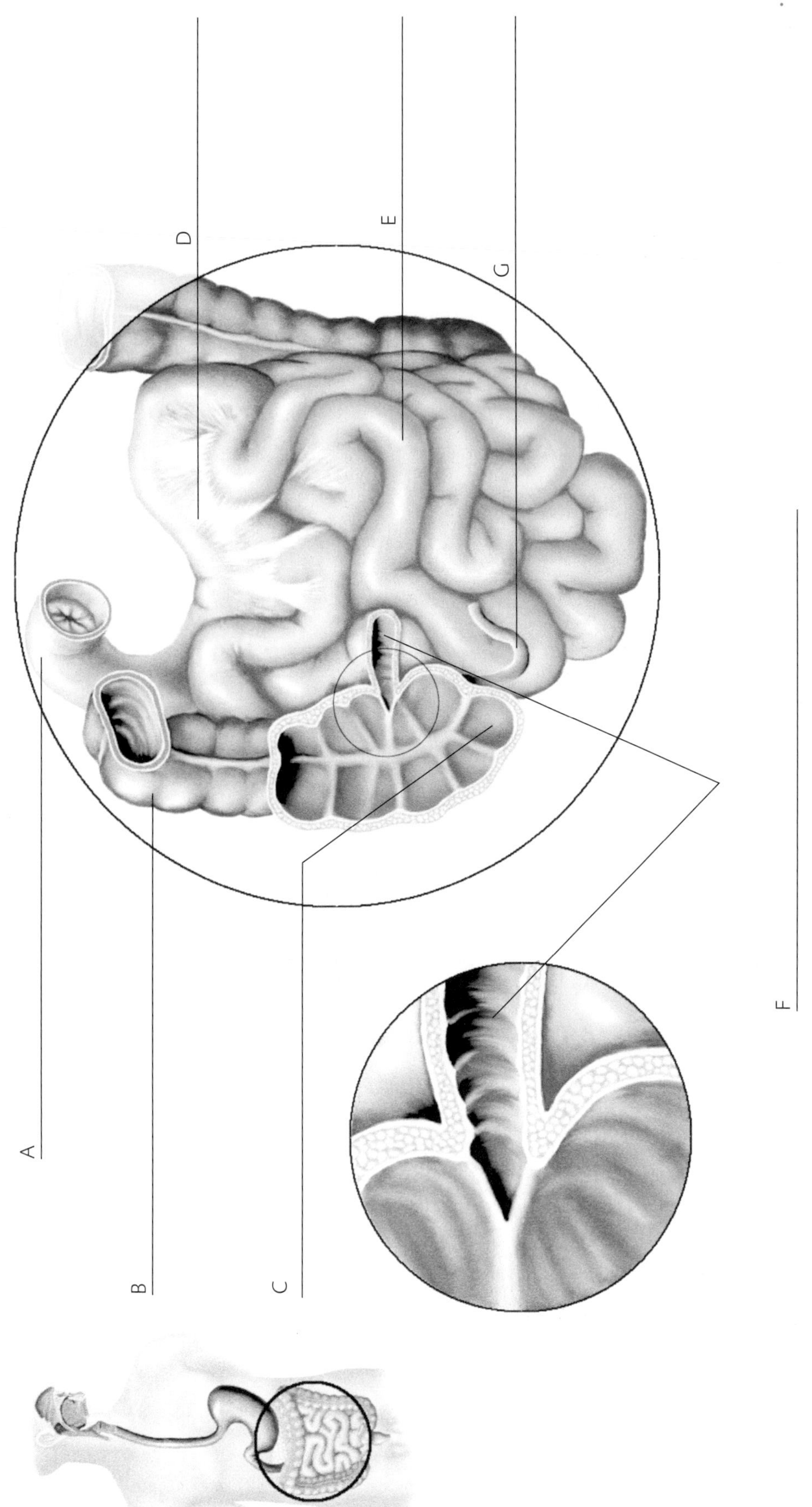

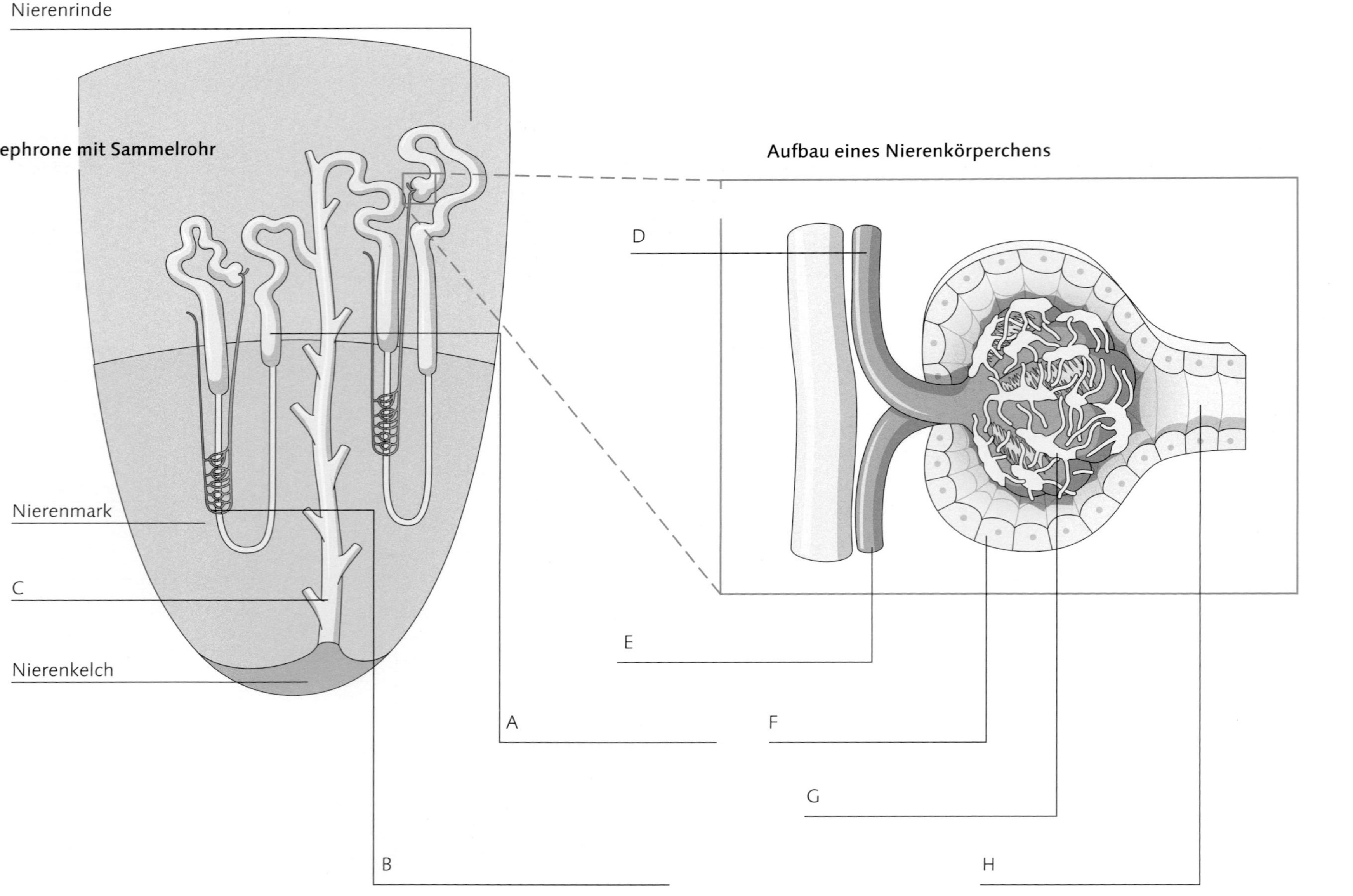
Nephrone mit Sammelrohr
Nierenrinde
Nierenmark
C
Nierenkelch
A
B
Aufbau eines Nierenkörperchens
D
E
F
G
H

Arbeitsmaterial
zu Prüfsituation S. 57

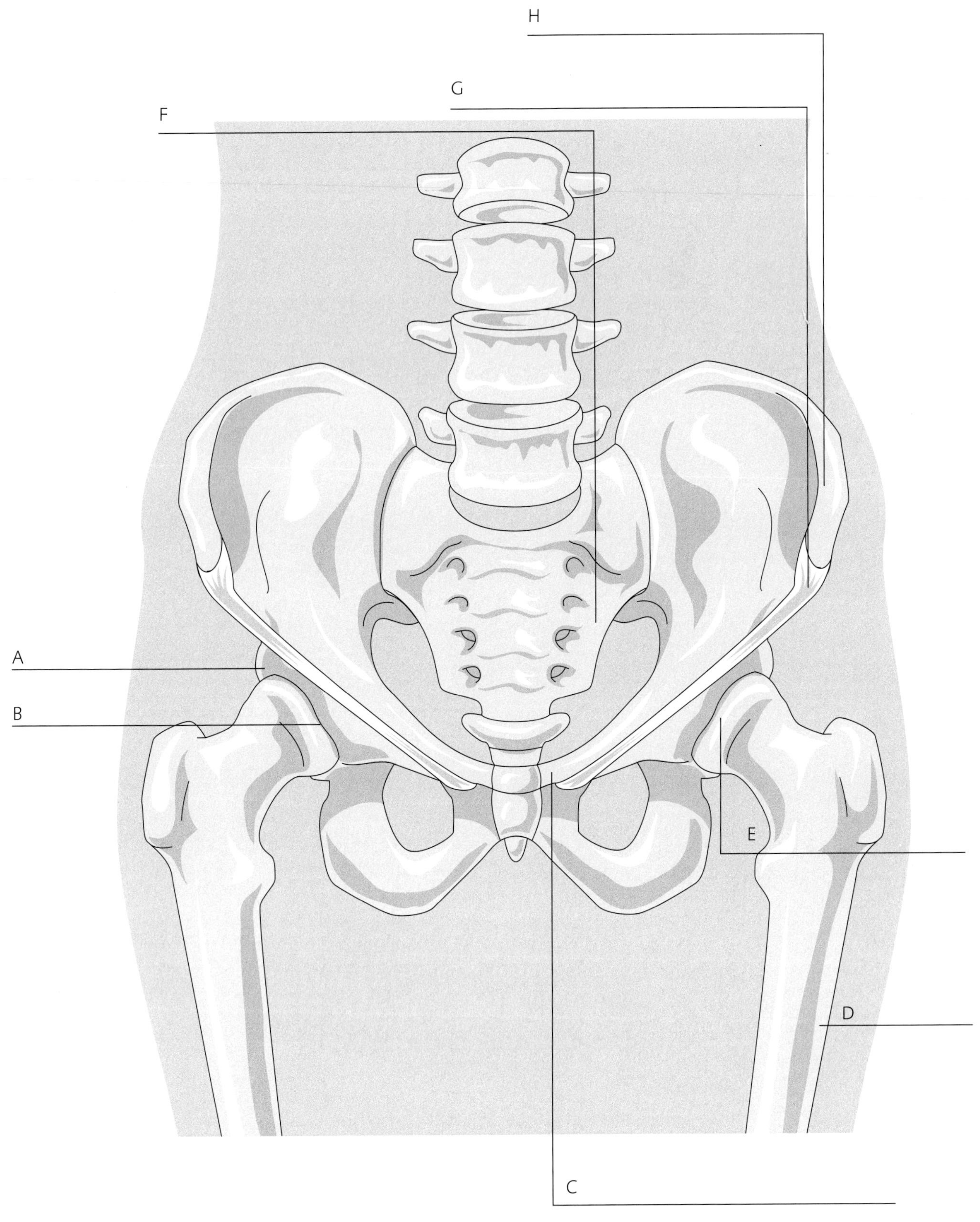

Luftröhre und Teile der Lunge

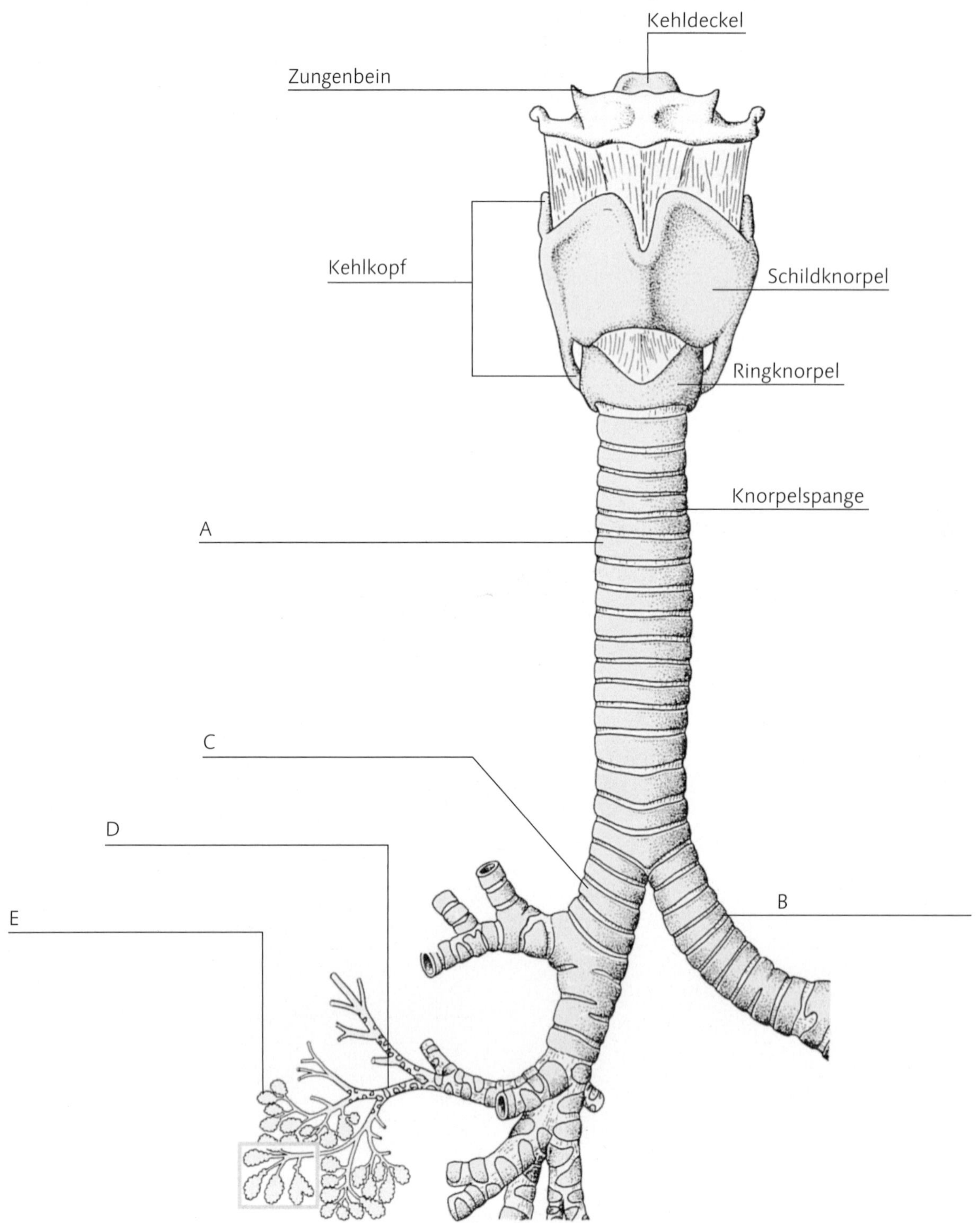

Pflegeüberleitungsbrief
(Erstinformation - ersetzt keine Pflegeanamnese)
(mit Einverständnis des Betroffenen erstellt)

Kreis EUSKIRCHEN
Einfach wohl fühlen!

Patient

Name, Vorname:

Geburtsdatum:

Religion: Familienstand:

Krankenkasse:
Krankenversicherungs-Nr.:

Behandelnde Ärzte/Neurologe:

Medizinische Diagnosen

Frei von ansteckenden Krankheiten
☐ Ja ☐ nein

Entlassung/Überleitung von:..am:...................

An: ☐ Pflegeheim ☐ Pfleg. Angehörige ☐ Amb. Pflegedienst ☐ Krankenhaus

I	**Soziale Aspekte**	☐ Patientenverfügung		
Bezugspersonen (Name, Tel-Nr., Adresse):		☐ ***Alleinstehend***	☐ Betreuer (Name, Tel-Nr., Fax-Nr., Adresse):	
		☐ ***Hilfe durch Angehörige***		
			Umfang:	
Pflegeversicherung	☐ nein	☐ beantragt	☐ bewilligt, Stufe:	
Hilfsmittel	☐ vorhanden	☐ beantragt	☐ empfohlen	
	Welche:			
Sonstiges (z.B. Essen auf Rädern, Hausnotruf):				

II Kommunikation			
	ohne Einschränkung	Einschränkungen	Bemerkungen
Stimmung			☐ gereizt ☐ aggressiv (verbal/tätlich) ☐ gedrückt ☐ kooperativ ☐ ablehnend ☐ Suizidalität ☐ Impulsaggressivität ☐ Pflegeabwehrverhalten
Sprache			
Gehör			Hörgerät ☐ rechts ☐ links
Sehen			☐ Brille ☐ Lesebrille ☐ Kontaktlinsen
Verständigung			
Besonderheiten			

III Körperpflege/Kleidung					
	ohne Hilfe	Braucht Anregung	braucht Hilfe	Übernahme	Bemerkungen
Waschen					☐ Bett ☐ Bad ☐ Waschecke
Duschen					
Mundpflege					
Zahnprothese					
Rasieren					
An- und Auskleiden					
Hautbeschaffenheit	☐ intakt	☐ trocken	Sonstiges:		
Pflegemittel:					
Besonderheiten:					

Überleitungsbrief II

IV Ernährung

Kostform (kcal)			Körpergröße:	Gewicht:
Hilfestellung	☐ nein	☐ ja		
	☐ mundger. Zubereitung	☐ Anreichen	tägl. Menge: Sondenkost ml/ St Tee ml/St	
Tägl. Trinkmenge:	ml		Verabreichung per ☐ Ernährungspumpe / ml / Std.	
Trinkverhalten:	☐ selbständig		☐ Spritze ☐ Schwerkraft	
	☐ Anhalten zum Trinken		Produkt:	
Letzte Mahlzeit:			Sonde gelegt am:	
Besonderheiten				

V Ausscheidungen

Flüssigkeitsbilanzierung	☐ nein ☐ ja	☐ Gewichtskontrolle			
Hilfestellung	☐ nein ☐ ja	☐ Toilette	☐ Nachtstuhl	☐ Urinflasche	☐ Steckbecken
Stuhlgang	abgeführt am:	☐ normal	☐ neigt zu Durchfällen	☐ neigt zu Verstopfung	
Stuhlinkontinenz	☐ nein	☐ gelegentlich	☐ ja		
Anus praeter	Versorgung:	☐ selbständig	☐ mit Hilfe	☐ Übernahme	
	Versorgungssystem:				
Harninkontinenz	☐ nein	☐ gelegentlich	☐ ja		
	☐ transurethral. Katheter		☐ suprapub.: CH:	gelegt/gewechselt am:	
Versorgung bei Harn-/Stuhlinkontinenz (Inkontinenzprodukte, Art/Größe):					
Besonderheiten					

VI Schlaf

☐ ungestört	☐ Schlafstörungen	☐ nächtliche Unruhezustände
☐ Besonderheiten (z.B. Hilfen, Einschlafseite):		
☐ gestörter Schlaf-Wach-Rhythmus		
Bisherige Abhilfen:		
Besonderheiten:		

VII Bewegung/Lagerung

	Ohne Hilfe	braucht Anregung	Braucht Hilfe	Bemerkungen
Aufstehen				
Gehen				Wegstrecke ca.:
Gang zur Toilette				
Gebrauch von Gehhilfen				Art:
Gebrauch von Rollstuhl				
Sitzen im Stuhl				Dauer:
Transfer	☐ aktiv	☐ halbaktiv	☐ passiv	
Bettlägerig	☐ nein	☐ ja	Lagerungsart:	Lagerungswechsel/Häufigkeit:
Freiheitseinschränkende Maßnahmen:	☐ genehmigt;	welche:		
Umtriebig	☐ nein	☐ ja		
Besonderheiten:				

VIII Orientierung

Zeitlich	☐ ja	☐ zeitweise	☐ nein	Örtlich	☐ ja	☐ zeitweise	☐ nein
Zur Person	☐ ja	☐ zeitweise	☐ nein	Situativ	☐ ja	☐ zeitweise	☐ nein
Bemerkungen:							
Bewußtsein	☐ ohne Einschränkungen		☐ Einschränkungen		☐ Bemerkungen:		

IX	**Spezielle Aspekte/Pflegemaßnahmen**		
Dekubitus	☐ nein	☐ ja (Lokalisation s. Grafik)	☐ Gefahr laut Dekubitusrisiko-Skala
☐ Kontrakturen	☐ Pneumonie	☐ Thrombose	
☐ Soor	☐ Verbandswechsel:		**Skizze:**
Wunden (z.B. OP-Wunden, Ulcus cruris u.a.):			
Versorgung	☐ selbständig	☐ Hilfe	
Allergien:			
Besonderheiten:			

X	**Bisherige Therapie/Sonstiges**	
☐ Krankengymnastik	☐ Ergotherapie	☐ Logopädie
☐ Herzschrittmacher	☐ letzte Kontrolle:	
Sonstiges:		
Besonderheiten:		

XI	**Prothetik**				
	vorhanden	mitgegeben		vorhanden	mitgegeben
Lesebrille	☐	☐	Gehhilfe	☐	☐
Fernbrille	☐	☐	Rollstuhl	☐	☐
Oberkieferprothese	☐	☐	Hörgerät	☐	☐
Unterkieferprothese	☐	☐	Orthopädische Schuhe	☐	☐
Sonstiges:					

XII	**Medikation lt. Anordung des Arztes**		
Bisherige Medikation (oral/parenteral):	Insulin	☐ nein	☐ ja
	Menge/Art:		
	Verabreichung per : ☐ Spritze	☐ Pen	☐ Insulinpumpe
	Injektion	☐ selbständig	☐ Angehörige
		☐ Anleitung	☐ Übernahme
	Blutzuckerkontrolle (Häufigkeit):		
	letzter Wert:	Uhrzeit:	
Bedarfsmedikation:			

Einnahme:	☐ selbständig	☐ Bereitstellen der Tagesration		☐ Überwachung der Einnahme
Letzte Medikation:	☐ morgens	☐ mittags	☐ abends	☐ Zeitpunkt

Für Rückfragen stehen wir Ihnen gern zur Verfügung!

Telefon... **Name:**...
(bitte leserlich)

Arbeitsmaterial zu Prüfsituation S. 71

Leber, Galle und zugehörige Gefäße

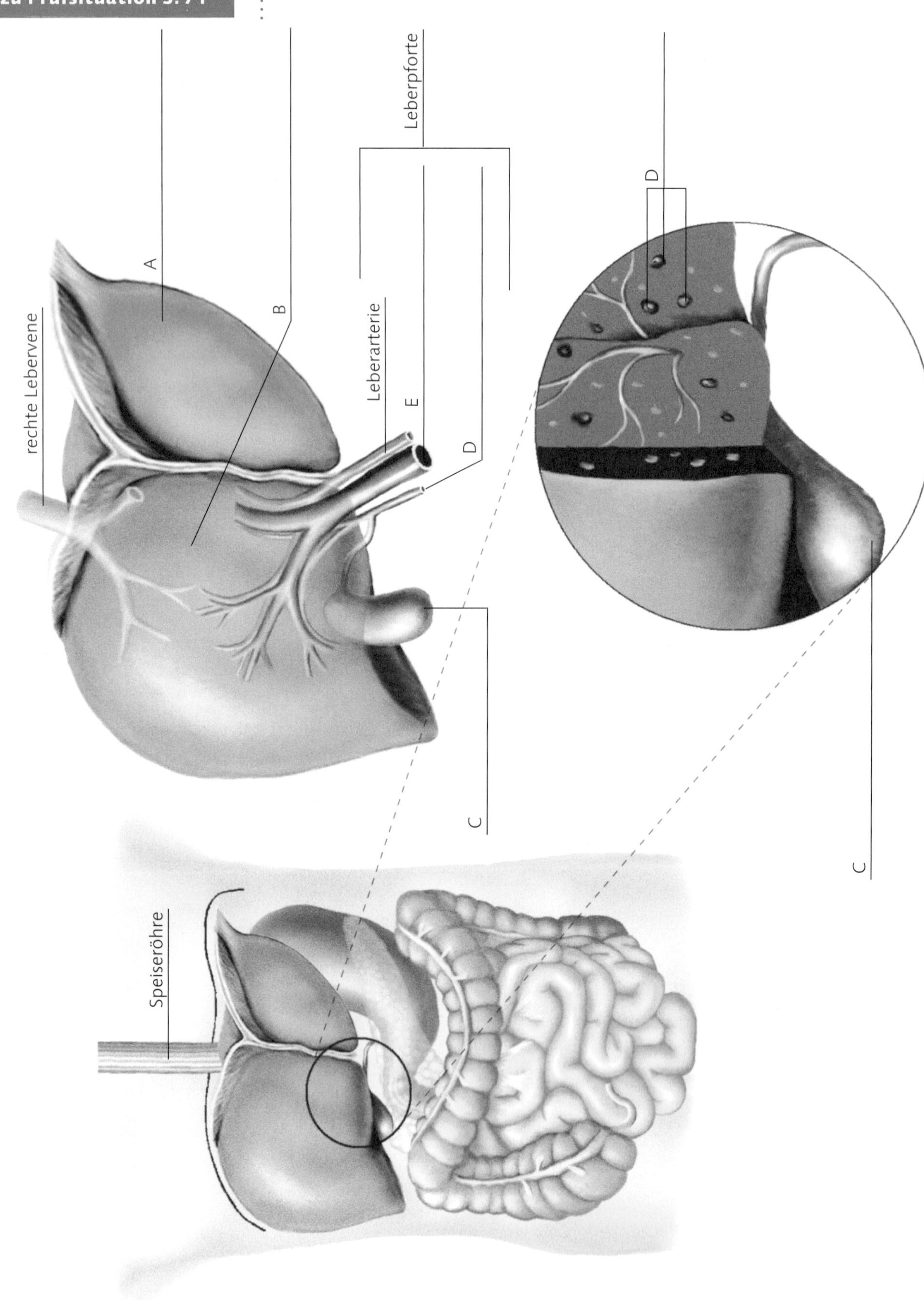

Querschnitt durch die Haut

Arbeitsmaterial zu Prüfsituation S. 73

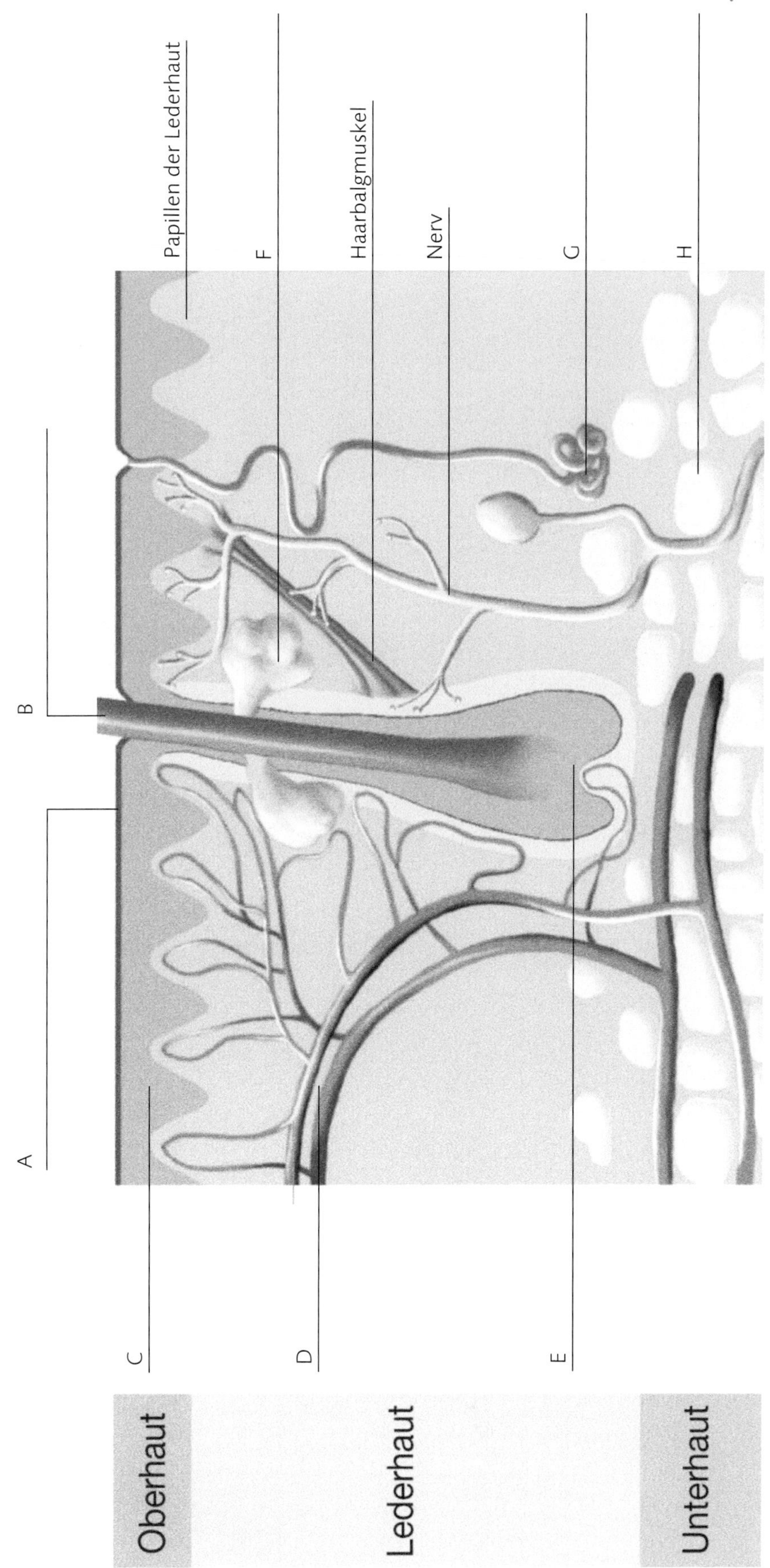

Pflegeassessment

Zur Einschätzung des Dehydratationsrisikos kann folgende LG®-Skala herangezogen werden. Die Dehydratationsprophylaxe ist bei 210 Punkten und weniger erforderlich.

Quelle: J. E. Güttekin, A. Liebchen: Pflegerische Begutachtung, Kohlhammer, Stuttgart 2003, S. 131

	Alter	Compliance	Körperlicher Zustand	Geistiger Zustand	Disposition durch Medikamente	Flüssigkeitsaufnahme	Disposition durch Erkrankungen	Gesamtpunktzahl
	< 15 40	eingeschränkt 40	gut 40	klar 40	keine 40	ohne Hilfe 40	keine 40	
	< 35 30	etwas eingeschränkt 30	mäßig 30	benommen, verwirrt 30	leicht 30	manchmal mit Hilfe 30	je nach Ausprägung imd Anzahl der Erkrankungen 30–10 – Verbrennung – Fieber – Diabetes – Diarrhoe – neurolog. Erkrankung usw.	
	< 65 20	sehr eingeschränkt 20	schlecht 20	somnolent, delirant 20	mittel 20	meistens mit Hilfe 20		
	< 65 10	keine 10	sehr schlecht 10	stuporös, soporös, komatös 10	stark 10	ausschließlich mit Hilfe 10		
Punkte								

Arbeitsmaterial zu Prüfsituation S. 77

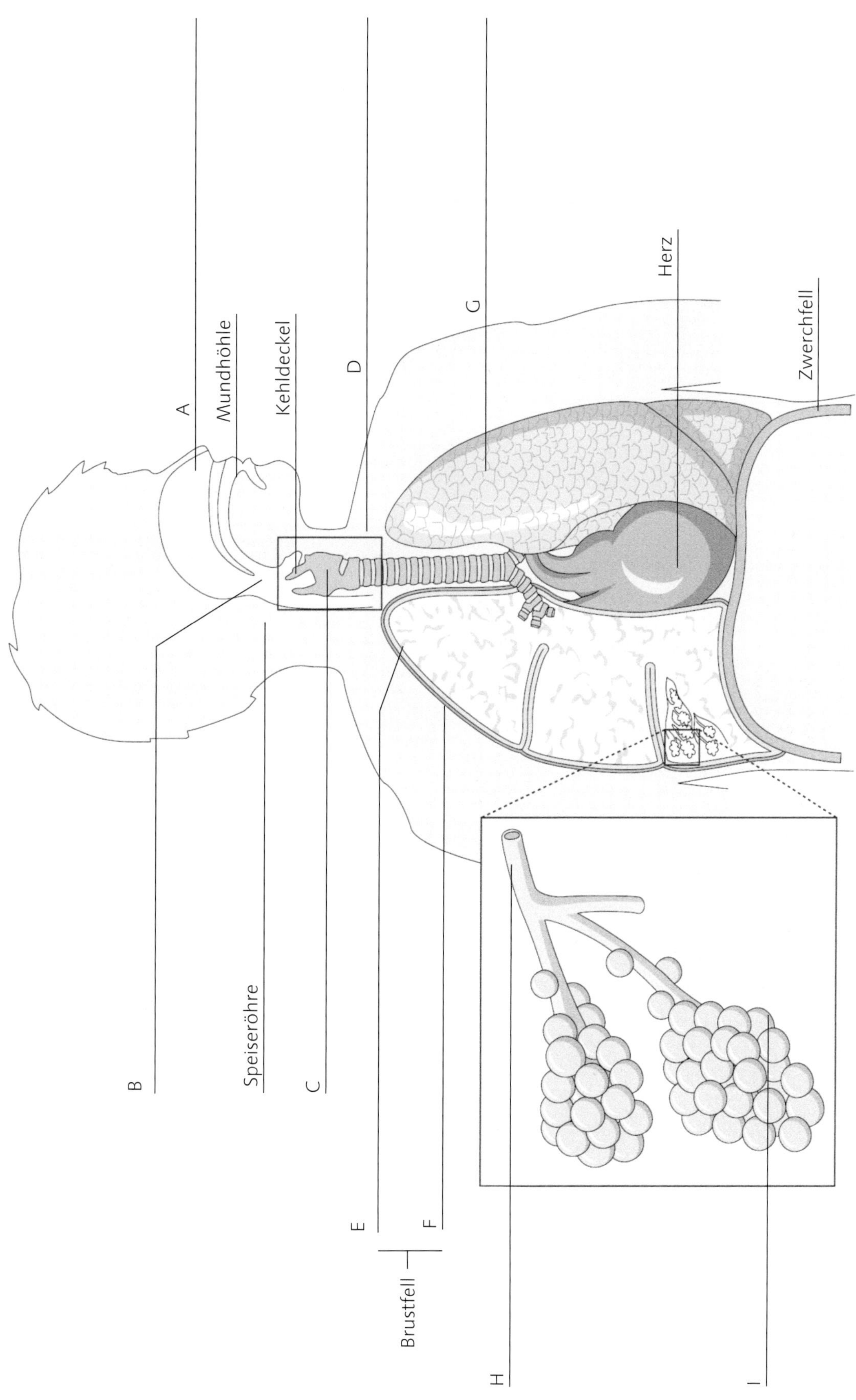

Arbeitsmaterial zu Prüfsituation S. 79

Abschnitte des Dickdarms

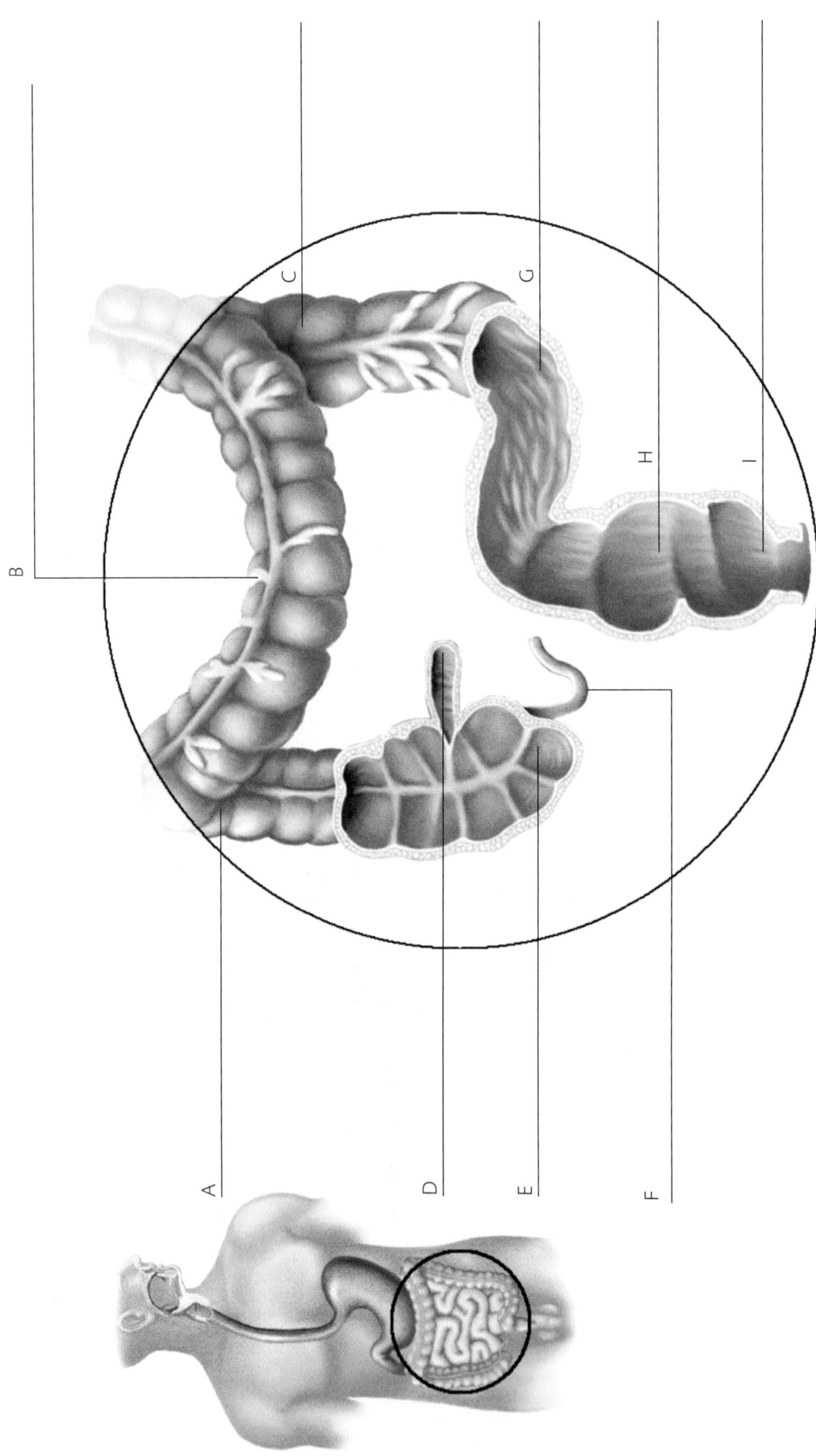

Arbeitsmaterial zu Prüfsituation S. 85

Deutsche Lebensbäume

Altersaufbau der Bevölkerung in Deutschland

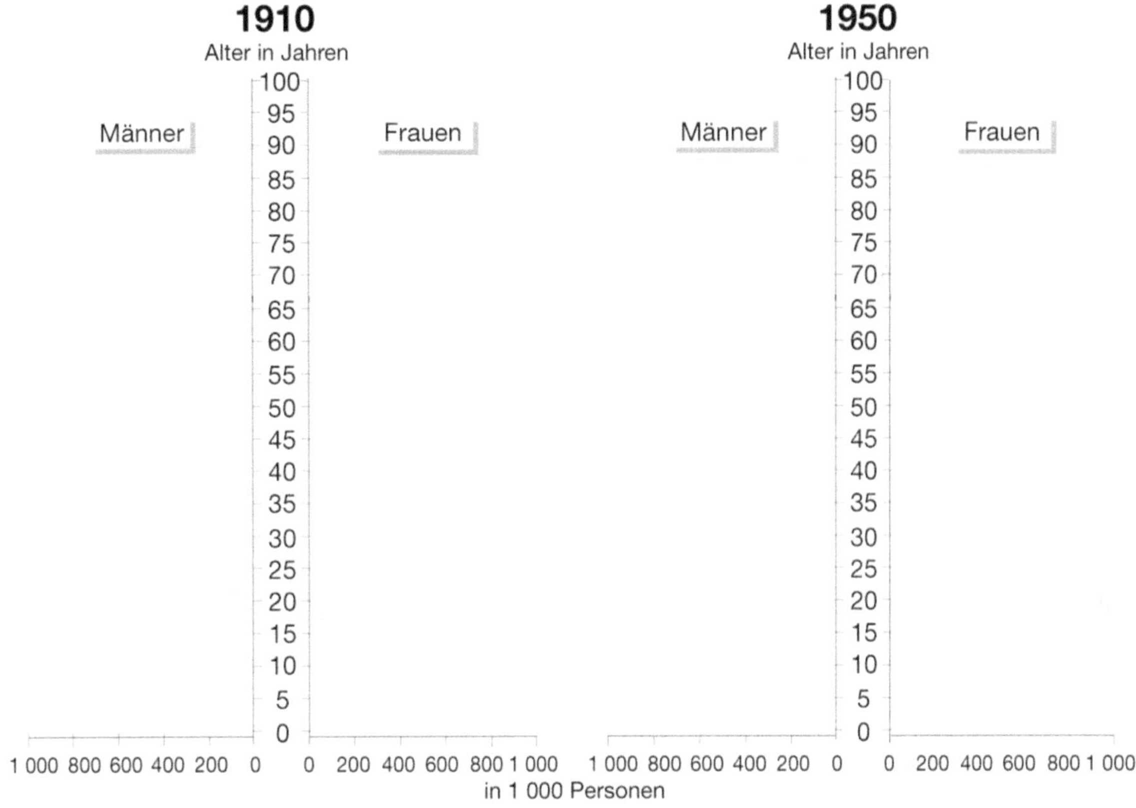

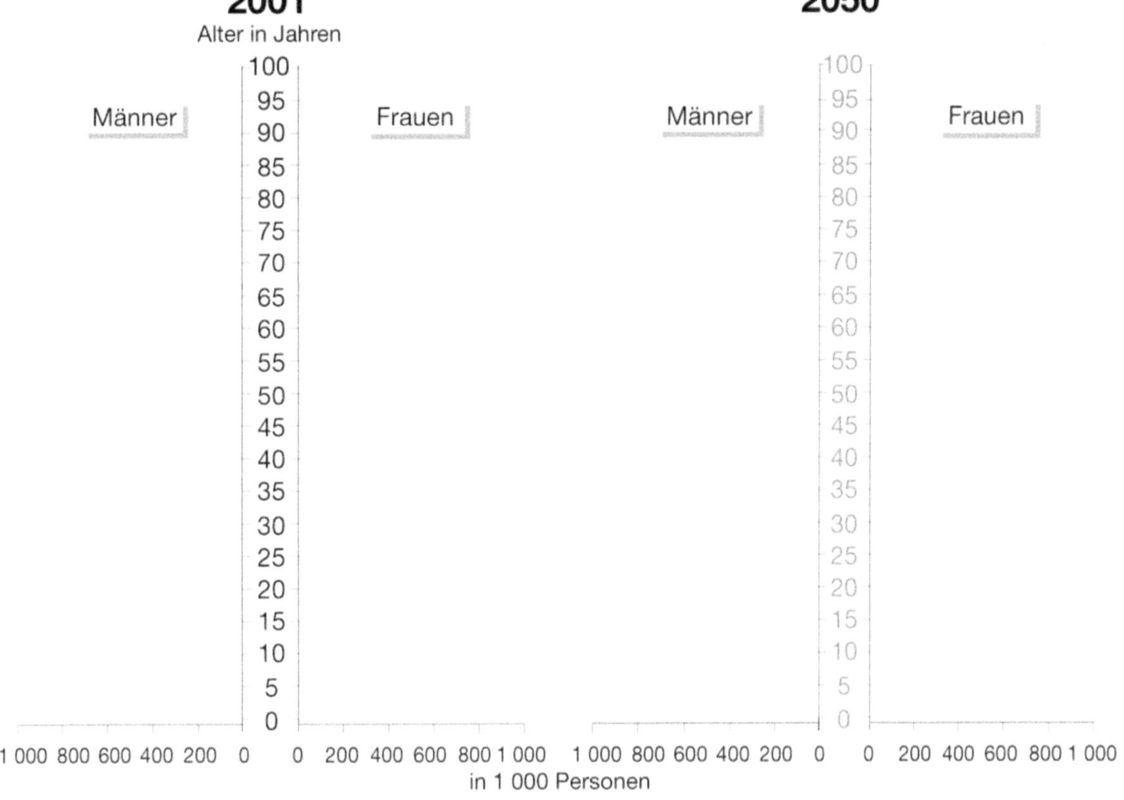

Klausur 1 zu den Lernfeldern 1.1 und 1.2

Schriftliche Klausur Staatsexamen Altenpflege
31.06.2006
Gemeinnützige berufsbildende Schule Musterstadt

Name: ______________________________

Klasse: ______________________________

Pflegerelevante Grundlagen der Ethik: Hin und her gerissen ...

Sie haben heute Spätdienst in der Abteilung III im Altenheim „Abendstern". Es ist Ihnen heute schwer gefallen, zum Dienst zu gehen, denn Frau Schrader liegt im Sterben ...

Frau Schrader ist 90 Jahre alt. Sie haben sie vor zwei Jahren kennen gelernt, als Sie Ihren ersten Praktikumseinsatz, damals noch als Altenpflegeschülerin, im Heim „Abendstern" hatten. Seitdem mögen Sie Frau Schrader sehr. Wenn Sie etwas Zeit hatten, gingen Sie oft auf einen kleinen Plausch zu Frau Schrader oder hörten ihren Geschichten vom Gutshof in Ostpreußen zu.

Doch ausgerechnet heute ist die einzige weitere „Examinierte" in der Schicht kurzfristig erkrankt und Sie müssen im Spätdienst alleine mit der Altenpflegehelferin Frau Kanther zurechtkommen. Sie haben das dringende Bedürfnis, Frau Schrader, die keine Angehörigen hat, im Sterbeprozess zu begleiten. Doch alle anderen Heimbewohner müssen auch versorgt werden und Sie kennen die Arbeitsmoral von Frau Kanther! Wie sollen Sie das alles schaffen? Sie fühlen sich hin und her gerissen. Wenn Sie an Frau Schrader denken, kommen Ihnen die Tränen ...

So eine Situation wollen Sie nicht noch einmal erleben, darum beschließen Sie, dieses Problem morgen im Team anzusprechen!

1. Beschreiben Sie den Zwiespalt, in dem Sie sich innerhalb dieser Situation befinden, und benennen Sie ethische Prinzipien, die sich Ihrer Meinung nach in diesem Falle gegenüberstehen.

2. Benennen Sie weitere
   a allgemeine ethische Prinzipien und
   b ethische Prinzipien aus dem Ethikcode für Pflegekräfte der ICN.
   c Erläutern Sie an einem Beispiel, welche Bedeutung ethische Prinzipien für die Pflegepraxis haben.

3. Erklären Sie, was Sie unter dem Begriff „Ethik" verstehen.

4. Stellen Sie die Ebenen des Modells der Moralentwicklung nach Carol Gilligan (1982) in Form eines Stufenschemas dar. Belegen Sie Ihre Aussage mit einem Beispiel.

5. Ein ethischer Konflikt, wie er Ihnen in der Prüfungssituation widerfahren ist, kann innerhalb eines Teams u. a. mit einer Methode gelöst werden, welche sich „Nijmegener Fallbesprechung" nennt.
   a Erklären Sie die Besonderheiten dieser Methode.
   b Erklären Sie die vier Hauptschritte in der Vorgehensweise nach der Nijmegener Methode.
   c Bringen Sie einen Vorschlag zur Lösung des in der Fallsituation beschriebenen Dilemmas.

6. Erklären Sie, was Sie unter der Sokratischen Methode verstehen und wodurch sich diese Methode von der Nijmegener Fallbesprechung unterscheidet.

7. Ein Grundziel der Ethik ist die Erhaltung der Menschenwürde jedes einzelnen Menschen. Legen Sie anhand eigener Gedanken dar, was Sie als Altenpflegefachkraft unter Erhaltung der Menschenwürde speziell bei Pflegeheimbewohnern verstehen.

Erwartungshorizont

1. Die Sterbebetreuung von Frau Schrader und die Pflege der anderen Heimbewohner sind auf Grund des Personalmangels unvereinbar. Der ethische Konflikt entsteht durch ein ethisches Dilemma, eine Zwangslage zwischen zwei „Übeln". Dem Recht auf Pflege der Heimbewohner steht das Recht auf einen würdevollen Tod von Frau Schrader gegenüber.
2. a Allgemeine ethische Prinzipien: Prinzip der Selbstbestimmung, Prinzip der Gerechtigkeit, Prinzip der Unversehrtheit des Menschen, Fürsorgeprinzip, Vertrauensprinzip

   b Ethische Prinzipien der ICN: Gesundheit fördern und wiederherstellen, Krankheit vermeiden, Leiden lindern, Recht auf Leben, Würde und Respekt

   c Bedeutung ethischer Prinzipien für die Pflegepraxis zeigt sich z. B. im Erstellen von Pflegeleitbildern; Beispiel für ein Pflegeleitbild einer kirchlichen Pflegeeinrichtung: „Die Zuwendung zum Menschen aus christlichem Geist und tätiger Nächstenliebe"

   Ethische Prinzipien können uns im Pflegealltag Grenzen aufzeigen, wie im Falle von Frau Schrader.
3. Ethik ist ein Teilgebiet der Philosophie, sie beobachtet und bewertet menschliches Handeln, Verhalten und menschliche Einstellungen danach, ob es „gut" oder „richtig" ist. Gegenstand sind persönliche (Einstellungen) und gesellschaftliche Moral (Werte und Normen). Glaube spielt in der Ethik keine Rolle. Man unterscheidet eine deskriptive (beschreibende) und eine normative (bewertende) Ethik.
4. Die Ebenen des Stufenschemas nach Gilligan:

   Ebene 1: Orientierung zum individuellen Überleben/Egoismus:

   Beisp.: Ich habe Hunger und nehme mir von meinem Nachbarn ein Stück Brot.

   Ebene 2: Güte als Selbstaufopferung/Güte, Verantwortung:

   Beisp.: Ich habe Hunger und bleibe hungrig.

   Ebene 3: Moral der Gewaltlosigkeit/persönliche Wahrheit:

   Beisp.: Ich habe Hunger, warte auf die Pause und kaufe mir ein Pausenbrot.
5. a Besonderheiten der Nijmegener Fallbesprechung: nicht abstrakt, hat engen Praxisbezug, Entscheidungsfindung im Voraus (prospektiv)

   b 1. Problem formulieren; 2. Fakten sammeln; 3. Einschätzen des/der Pflegebedürftigen; 4. Entscheidungsfindung

   c Eine Lösung wäre möglicherweise, eine Rufbereitschaft für solche Situationen einzurichten oder eine Seelsorge zu organisieren.
6. Die Sokratische Methode wird auch Sokratisches Gespräch genannt und ist im ursprünglichen Sinne eine Unterrichtsmethode. Sie wird eingesetzt, um ein ethisches Problem durch reine Denkarbeit zu lösen. Im Gegensatz zur Nijmegener Fallbesprechung geht die Sokratische Methode retrospektiv vor, sie betrachtet ein Problem im Nachhinein.
7. Alte pflegebedürftige Menschen haben ein Recht auf Selbstbestimmung (Entscheidungen akzeptieren, ernst nehmen), Unversehrtheit der Seele, des Geistes und des Körpers (keine Gewalt), haben Recht auf Fürsorge, Würde und Respekt.

Klausur 2 zum Lernfeld 1.2

Schriftliche Klausur Staatsexamen Altenpflege
31.06.2006
Gemeinnützige berufsbildende Schule Musterstadt

Name: ______________________________

Klasse: ______________________________

Pflegeprozess: Eine Arbeitsmethode mit Struktur

In dem Seniorenstift „Frohsinn" herrscht Betriebsamkeit. Die Pflegefachkräfte erwarten in drei Wochen die Visitatoren einer Zertifizierungsagentur und sind mit letzten inhaltlichen Absprachen beschäftigt. Heute, am Mittwochnachmittag, können mit der anwesenden Qualitätsbeauftragten nochmals bisherige Schwachstellen zur Thematik Pflegeprozess diskutiert werden.

Einige der Mitarbeiter sind leicht verstimmt, da sie der Meinung sind, bereits alles über diese Problematik zu wissen. „Schließlich ist die ewige Schreiberei uns so in Fleisch und Blut übergegangen, dass man das schon routinemäßig abwickelt!" wird argumentiert. Die Qualitätsbeauftragte hat einige Beispiele aus den verschiedenen Wohnbereichen gesammelt und zur Besprechung aufgearbeitet:

„Da ist das Beispiel von Frau M. Bei ihr wurden vor drei Wochen zwei Dekubitalgeschwüre zweiten Grades im Gesäßbereich und an der rechten Ferse festgestellt. Auf die Dekubitalgeschwüre musste uns die Schwiegertochter aufmerksam machen. Sie hatte diese am Sonntag bemerkt, als sie die Frau M. geduscht hat. Im Anschluss hatten wir dann ja eine Teambesprechung zur Fallauswertung einberufen. Da kam heraus, dass in der Pflegedokumentation zwar der Hinweis auf eine Rötung im Gesäßbereich zu lesen war, dies aber ohne Details und pflegerische Konsequenzen blieb. Und so geht es ja schließlich nicht ...!"

Die Pflegekräfte debattieren nun über das „Für und Wider" bestimmter Pflegemöglichkeiten zur Dekubitusprophylaxe und kritisieren den existierenden Pflegestandard. Die Qualitätsbeauftragte initiiert eine Arbeitsgruppe Dekubitus, es gibt eine Menge zu tun.

1. In Deutschland ist die Dokumentationspflicht im Bereich der Pflege in verschiedenen Gesetzen und Richtlinien verankert. Benennen Sie diese.

2. Halten Sie fest, welche Grundsätze in der Pflegedokumentation eingehalten werden müssen.

3. Erklären Sie die Bedeutung einer fachkompetenten Umsetzung der Pflegedokumentation für Pflegekräfte und Klienten.

4. Es gibt unterschiedliche Modelle des Pflegeprozesses. Geben Sie eine Übersicht zu dem 6-Stufen-Modell nach Fiechtner & Meyer!

5. Interpretieren Sie die Aussage: Pflege ist ein Problemlösungs- und Beziehungsprozess.

6. Erklären Sie anhand von zwei Beispielen, wie durch Assessmentinstrumente eine professionelle Informationssammlung im prozessorientierten Pflegehandeln unterstützt wird.

7. Erklären Sie den Begriff Pflegestandard unter Einbeziehung der Begriffe Strukturstandard, Prozessstandard und Ergebnisstandard!

8. Eine Möglichkeit, Arbeitsabläufe in der Pflege zu optimieren, ist die Formulierung von Standardpflegeplänen. Diese werden in Fachkreisen allerdings kontrovers diskutiert. Stellen Sie Pro- und Kontra-Argumente für den Einsatz von standardisierten Pflegeplänen gegenüber.

9. In Deutschland wird seit einigen Jahren vom „Deutschen Netzwerk für Qualitätssicherung in der Pflege (DNQP)" an Nationalen Expertenstandards gearbeitet. Erklären Sie an einem selbst gewählten Expertenstandard dessen Nutzen bzw. Vorteil herkömmlichen Standards gegenüber!

Erwartungshorizont

1. Die Pflegeversicherung nach SGB XI macht im Rahmen der Grundsätze und Maßstäbe für Qualität und Qualitätssicherung der ambulanten und stationären Pflege genaue Vorgaben zur Art und Weise und Qualität der Dokumentation. Damit entsteht für Pflegeeinrichtungen die verbindliche Verpflichtung, entsprechend zu dokumentieren. Die Krankenversicherung nach SGB V gibt keine explizite Form der Dokumentation vor, dennoch ist im Sinne der transparenten Leistungserbringung die Dokumentation sehr hilfreich. Das Heimgesetz HeimG schreibt vor, dass Heime nur betrieben werden dürfen, wenn Pflegeaufwand, Pflegebedarf und Pflegeleistungen in einer entsprechend professionellen Art und Weise dokumentiert werden. Zivil- und Strafrecht können sich in juristischen Streitfällen auf die Pflegedokumentation berufen, da sie die verrichtete Arbeit der Pflegenden rechtsgültig belegt.
2. Die Grundsätze in der Arbeit mit der Pflegedokumentation sind: Kurze, einfache Formulierungen nutzen. Keine Romane oder Geschichten schreiben! Das Dokumentierte muss informativ und konkret sein, es sollte keine persönlichen Wertungen enthalten. Außerdem muss zeitnah, also unmittelbar nach der Pflegehandlung, und kontinuierlich dokumentiert werden (Vergessenseffekt!).
3. Die Pflegedokumentation bringt eine Transparenz der pflegerischen Leistungen, damit ist nachvollziehbar, wann wer was wie oft im Rahmen der Pflege getan hat. Außerdem wird damit eine Sicherung von Pflegequalität angestrebt. Weiterhin ist durch die korrekte Pflegedokumentation eine rechtliche Absicherung für Pflegekräfte garantiert. Für den Klienten ist die Pflegeplanung eine Chance, individuell, professionell und sicher gepflegt zu werden.
4. 6-Stufen-Modell nach Fiechtner & Meyer: 1. Informationssammlung, 2. Erkennen von Problemen und Ressourcen, 3. Festlegen der Pflegeziele, 4. Planung der Pflegeziele, 5. Durchführung der Pflege, 6. Evaluation.
5. Problemlösungsprozess: Pflegeprozess besteht aus einer Reihe von logisch voneinander abhängigen Handlungsschritten, die auf eine Problemlösung, also auf ein Ziel, ausgerichtet sind. Es werden Probleme des zu Pflegenden mit Unterstützung der Pflegekraft gelöst (Hilfe zur Selbsthilfe!).
Beziehungsprozess: Pflege ist ein zwischenmenschlicher Beziehungsprozess, bei dem Pflegende und Gepflegte zueinander in Kontakt treten, um ein gemeinsames Ziel (Pflegeziel) zu erreichen.
6. Assessment (engl. = Einschätzung) ist die Sammlung von pflegerelevanten Informationen bzw. Daten, auch Pflegeanamnese genannt. Assessmentinstrumente sind pflegerische Messinstrumente, die die Möglichkeit der systematischen Einschätzung (Assessment) bestimmter Pflegephänomene bieten. Sie müssen vor ihrem Einsatz auf ihre Messgenauigkeit und Gültigkeit getestet werden. Beispiele: Braden-Skala zur Messung des Dekubitusrisikos, Glaskow-Koma-Skala zur Messung des Bewusstseinszustandes.
7. „Ein Pflegestandard ist ein allgemein zu erreichendes Leistungsniveau, welches durch ein oder mehrere Kriterien umschrieben wird (WHO 1987)." Jeder Standard muss die drei Komponenten Struktur – Prozess – Ergebnis beschreiben. Strukturkriterien geben gewisse Rahmenbedingungen vor, z. B. die bei einer Pflegehandlung erforderliche Qualifikation des Personals oder das zu verwendende Material. Prozesskriterien beziehen sich auf die Art und Weise der Durchführung der Pflegehandlung, sie enthalten häufig eine Auflistung des angestrebten Handlungsablaufes. Ergebniskriterien sind die Pflegeziele, beschreiben also den durch Pflegehandlungen angestrebten Zustand:

8. Pro-Argumente: Möglichkeit, gleichmäßiges Qualitätsmaß für Pflegehandlungen zu etablieren, Arbeitserleichterung für Pflegende, insbesondere bei Pflegemaßnahmen, die regelmäßig durchgeführt werden (z. B. postoperative Pflege); Standardpflegepläne sind eine gute Möglichkeit neuen Mitarbeitern und Auszubildenden eine gewisse Sicherheit im Pflegehandeln zu suggerieren.
   Kontra-Argumente: Häufig sind Standardpflegepläne stark krankheitsorientiert und geben wenig Raum, Ressourcen zu integrieren. Die Individualität in der Pflege kann eingeschränkt werden, alle werden nach dem gleichen Schema gepflegt.
   Innovationen Pflegender gehen verloren, Neues wird zu spät oder gar nicht etabliert, wenn die Standardpflegepläne nicht regelmäßig überarbeitet werden.
9. Expertenstandards basieren auf wissenschaftlich belegten Ergebnissen. Sie bieten einen fachlich verbindlichen Rahmen für die Arbeit von Pflegekräften und stärken durch ihre Wissenschaftlichkeit die Lobby Pflegender. In Deutschland wird zurzeit mit den Expertenstandards Sturz- und Dekubitusprophylaxe, Entlassungsmanagement und Schmerzmanagement gearbeitet. Der Expertenstandard zur Dekubitusprophylaxe bietet die Möglichkeit, dass nur solche Pflegeangebote gemacht werden, deren positiver Effekt nachweislich wissenschaftlich gesichert wurde. Er bearbeitet die Gesamtproblematik der Dekubitusentstehung aus pflegerischer und wirtschaftlicher Sicht. So wird beispielsweise deutlich, dass Mikrobewegungen, die in der Pflege bis dahin keine besondere Bedeutung hatten, außerordentlich wirksam und mit geringem Aufwand realisierbar sind. Der Nutzen veralteter Hilfsmittel, wie z. B. der Einsatz von Fellen, wird eindeutig widerlegt. Damit werden gerade jungen Pflegekräften Argumente geliefert, gegen häufig antiquierte Pflegehandlungen vorzugehen.

Schriftliche Klausur Staatsexamen Altenpflege
31.06.2006
Gemeinnützige berufsbildende Schule Musterstadt

Name: ______________________________

Klasse: ______________________________

Mitwirkung an Rehabilitationskonzepten: Vom Schlag getroffen

Seit drei Wochen sind Sie im Wahleinsatz auf der „Stroke Unit" des Städtischen Klinikums. Heute haben Sie Frühdienst und erhalten von Ihrer Mentorin, Schwester Kerstin, den Auftrag, bei Herrn Krause die Morgenpflege durchzuführen. Herr Krause ist 72 Jahre alt und erlitt vor zwei Tagen einen ausgedehnten Apoplex. Infolge des Apoplexes leidet Herr Krause an Schluckstörung, Aphasie und Halbseitenlähmung der rechten Körperhälfte. Aus diesem Grund hat der Stationsarzt Dr. Rausch bei Herrn Krause eine Elektrolytinfusion zur Aufrechterhaltung des Flüssigkeitshaushalts angesetzt und das Anlegen einer Magensonde zur enteralen Ernährung angeordnet. In der Akutphase erhielt Herr Krause einen Blasenverweilkatheter zur Harndrainage. Alle Mitarbeiter der Stroke-Unit arbeiten nach dem Bobath-Konzept.
In Gedanken planen Sie nun, wie Sie Herrn Krause pflegen und dabei das Bobath-Konzept berücksichtigen können. Herr Krause nickt freundlich, als Sie ihm mitteilen, dass Sie ihn jetzt frisch machen werden. Sie schlagen die Decke zurück und bekommen einen Schreck! Der Blasenkatheter liegt mit aufgeblasener Blockung im Bett. Sie rufen sofort Schwester Kerstin. Ihre Mentorin sagt: „Waschen Sie Herrn Krause erst einmal, um den Katheter kümmern wir uns später." Besorgt fragen Sie: „Sollten wir nicht besser Dr. Rausch Bescheid sagen?"

1. Die Pflege eines Blasenverweilkatheters gehört in den pflegerischen Tätigkeitsbereich. Begründen Sie, weshalb es aber in dieser Situation notwendig ist, den betreuenden Arzt zu verständigen.

2. a) Definieren Sie folgende Begriffe:
   Apoplex
   Stroke-Unit
   b) Benennen Sie mögliche Spätfolgen, an denen Apoplexkranke mitunter leiden.

3. Herr Krause leidet infolge des Apoplexes an einer Halbseitenlähmung, Schluck- und Sprachstörung. Beschreiben Sie eher allgemein,
   a) welche Berufsgruppen an der Frührehabilitation von Herrn Krause mitwirken,
   b) welche Aufgabe jede Berufsgruppe erfüllt und
   c) wer die Leitung des Rehabilitationsteams übernimmt.

4. a) Erklären Sie, was Sie unter dem Bobath-Konzept verstehen. Beziehen Sie sich dabei auch auf Inhalt und Ziele dieses Konzepts.
   b) Beschreiben Sie Möglichkeiten zur Umsetzung dieses Konzepts, die sich für Sie als Pflegefachkraft bei Herrn Krause ergeben.

6. Bei Herrn Krause läuft eine Infusion. Außerdem wird er durch eine Magensonde enteral ernährt. Beschreiben Sie, welche Aufgaben der Stationsarzt und welche Aufgaben Sie als Pflegefachkraft bei der Verabreichung
   a) einer Infusion,
   b) von Sondenkost
   erfüllen.

7. Der Apoplex ist der häufigste Grund für eine Behinderung im Erwachsenenalter. Begründen Sie, weshalb eine frühestmögliche Rehabilitation für die Betroffenen von entscheidender Bedeutung ist.

Erwartungshorizont

1. Die Indikation für die Anlage oder Wiederanlage eines Blasenkatheters (therapeutische Maßnahme) stellt der Arzt. Möglicherweise könnte bei Herrn Krause auch die Harnröhre verletzt sein.
2. a) Ein Apoplex (Hirninfarkt oder auch Schlaganfall) ist ein akutes Ereignis, bei dem es durch einen Durchblutungsstopp (Sauerstoffmangel) zum Untergang von Hirngewebe kommt. Eine Stroke-Unit ist eine Einrichtung/Station zur Erstversorgung von Schlaganfallpatienten, vorrangig mit dem Ziel der Wiedereröffnung der verschlossenen Blutgefäße. Diese Abteilungen arbeiten evidenzbasiert.
   b) Spätfolgen eines Apoplexes: spastische Lähmungen (Schulter-Hand-Syndrom), Depressionen, Schluckstörungen, Aphasie, Neglect, Pusher-Syndrom, eingeschränkte Wahrnehmung, Inkontinenz, neuropsychologische Störungen
3. a) Ärzte, Pflegende, Physiotherapeuten, Ergotherapeuten, Sprachtherapeuten/Logopäden, Sozialarbeiter, Psychologen
   b) Pflegende, Physiotherapeuten – bestmöglichste Wiederherstellung der Sensorik und Motorik nach Bobath, Ergotherapeuten – Hilfe zur Alltags- und Lebensbewältigung, Sprachtherapeuten – Schluck- und Sprachtraining, Sozialarbeiter – Unterstützung zur Lebensbewältigung nach dem Krankenhausaufenthalt, Psychologen – psychische Bewältigung der Krankheit und deren Folgen
   c) der behandelnde Arzt
4. Das Bobath-Konzept ist ursprünglich ein physiotherapeutisches Konzept zur Frührehabilitation von hirngeschädigten Patienten. Durch Maßnahmen nach Bobath wird bei hirngeschädigten Patienten ein Lernprozess zur Wiedererlangung der Kontrolle über seine Muskel- und Bewegungsfunktionen und Anbahnung physiologischer Bewegungsabläufe angestrebt.
5. Die Ansätze des Bobath-Konzepts können Sie bei folgenden Pflegeinterventionen umsetzen: Lagerung, Mobilisation, Handling (Pflegende führt betroffene Körperteile des Patienten zur Ausübung der Funktion), Selbsthilfetraining, aktivierende Pflege, Motivation und Orientierung des Patienten. Weiterhin lassen sich Maßnahmen nach Bobath mit anderen Pflegekonzepten (Basale Stimulation und Propriozeption) verbinden.
6. Aufgaben des Arztes bei Infusionsanlage: Anordnung, Anlage der Venenwerweilkanüle.
   Aufgaben der Pflegekraft bei Infusionsanlage: Vorbereiten, Anschließen, Überwachen, Abstöpseln, Dokumentieren; Aufgaben des Arztes bei der Sondenernährung: Anordnung von Magensonde und Sondenkost (Art, Menge, Intervall), Anlage der Magensonde; Aufgaben der Pflegekraft bei der Sondenernährung: Vorbereitung, Verabreichung, hygienische Aufbewahrung, Überwachung und Dokumentation, evt. Anlage der Magensonde (auf ärztl. Anweisung.)
7. Mit einer frühestmöglichen Rehabilitation können die Spätfolgen minimiert und damit eine Behinderung vermieden bzw. begrenzt werden. Für den Patienten kann dadurch das bestmögliche Ergebnis (Selbstständigkeit) erzielt werden. Entstehende Kosten für das Gesundheitssystem können vermieden werden.